普通高等院校经济管理类“十一五”应用型规划教材

[经济管理类专业基础课系列]

统计学

—Statistics—

张兆丰 主　编

王军 高欣 副主编

机械工业出版社
China Machine Press

统计学是高等学校经济管理类专业的核心课程。本教材共分12章，主要内容有：统计学的基本理论、统计调查、统计分布特征、统计指标、时间序列、统计指数、抽样分布、参数估计、假设检验、方差分析、相关与回归分析等。为了使学习者更好地掌握知识点，在各章都配有学习建议、课后思考与练习，并附有参考答案；为了突出理论联系实际的原则，本书结合教学内容设计了实训内容；考虑到Excel的通用性，在教学内容中穿插介绍了Excel在统计学中的一些应用。

本教材适合作为高等学校经济管理类专业本科、专科统计学课程的教材，也可供统计学领域的社会经济工作者参考。

图书在版编目（CIP）数据

统计学/张兆丰主编．—北京：机械工业出版社，2009.12（2014.7重印）
（普通高等院校经济管理类“十一五”应用型规划教材·经济管理类专业基础课系列）

ISBN 978-7-111-29027-8

Ⅰ．统…　Ⅱ．张…　Ⅲ．统计学－高等学校－教材　Ⅳ．C8

中国版本图书馆CIP数据核字（2009）第204536号

机械工业出版社（北京市西城区百万庄大街22号　邮政编码　100037）
责任编辑：宁　姗　　　　版式设计：刘永青
北京诚信伟业印刷有限公司印刷
2014年7月第1版第8次印刷
184mm×260mm·17.25印张
标准书号：ISBN 978-7-111-29027-8
定价：32.00元

凡购本书，如有缺页、倒页、脱页，由本社发行部调换
客服热线：（010）88379210；88361066
购书热线：（010）68326294；88379649；68995259
投稿热线：（010）88379007
读者信箱：hzjg@hzbook.com

PREFACE 前言

统计学是教育部规定的高等学校经济管理类专业的核心课程之一，是人们认识社会经济现象的基本方法论，是经济管理类专业重要的专业基础课。

为了适应社会经济快速发展以及高等学校培养高素质应用型人才的需要，我们组织编写了这本教材。本教材是在作者多年讲授统计学课程的教学与科研实践基础上，根据经济管理类专业的特点，并吸取国内外优秀统计学教材的成果，凝练而成的。

本教材主要体现了以下特点。

1. 实用性。根据经济管理类专业的教育目标和要求安排教材内容，力求使学生较容易地建立统计思想，掌握统计方法，理解统计概念，从而更好地认识社会经济现象发展的规律性。

2. 简明性。本教材简明扼要，通俗易懂，便于自学。在编写过程中，省略了许多复杂公式的推导过程，用通俗的实例和试验引导学生得到相关的结论。

3. 现实性。在编写例题、习题以及案例过程中，力求以现实的社会经济现象为背景，体现理论与实际相结合的原则。

本教材由张兆丰任主编，王军、高欣任副主编。其中张兆丰负责教材内容的总体设计和总纂，并编写了第8章、第9章；王军审阅了部分章节的初稿，并编写了第4章、第5章、第6章；高欣编写了第1章、第2章；黄小艳编写了第3章、第7章；肖凯编写了第10章、第11章；李东明编写了第12章；张兆丰和肖凯编写了实训应用和附录。

在本教材的编写和出版过程中，参阅了大量文献和相关资料，在此向这些文献的作者表示感谢。

在本教材的出版过程中，机械工业出版社华章分社的编辑人员给予了很多帮助和大力支持，高伟编辑在其中做了大量工作，在此一并表示感谢。

由于编者水平所限，本教材中难免有疏漏和不当之处，恳请同行和读者指正。

编　者

2009年8月16日

教学建议 SUGGESTION

统计学是高等学校经济管理类专业的核心课程，是培养高素质应用型人才的重要专业基础课，所以任课教师要充分认识这门课程的重要地位，认真准备，切实提高这门课程的教学质量。

由于各学校的具体情况不同，各专业的培养目标不同，各任课教师的认识程度也存在很大差异，为了保证统计学的教学质量，对统计学课程的教学工作提出以下建议。

1. 备课。首先，任课教师在上课前要认真阅读所任课程专业的“人才培养计划（方案）”，明确统计学在该专业的作用和地位，先修课程和后续课程的关系，这样才能在总体上把握教学内容的脉络，将课程教学内容融入专业培养目标；其次，要钻研教学大纲，在教学大纲的指导下组织教学内容；再次，研读教材。要对教材的体系、内容、习题和案例等内容进行认真的研读，并根据教学大纲的要求对知识点进行梳理，制定整体备课方案；最后，了解教学对象。在备课前一定要深入了解学生的情况，包括学生的知识结构、认知水平、兴趣爱好等，因为学生的这些状况是有效开展教学的前提条件。

2. 讲授。首先，体现专业特点。各专业对统计学的要求是有差异的，有的体现在内容上，有的体现在程度上，在讲授时要加以区分，如选择与该专业联系紧密的例题和案例进行讲授；其次，照顾教学对象。经济管理类在招生时一般是文理兼收，而文科生的数学程度一般较理科生弱，所以在讲授时要照顾到文科生的特点，此外，专科学生在数学程度上的差异会更加明显，这些都会对教学产生影响。虽然我们在编写本教材时已经注意到这个问题，但还需任课教师在讲授时发挥各自的主观能动性，设计出更好的讲授方法，取得更好的教学效果。

3. 练习和实训。由于统计学课程的特点，在学习时必须进行一定数量的练习，才能很好地掌握学习内容。在教学过程中，要根据各章节知识点安排相关的练习，并记载学生完成练习的情况，作为学业考核的依据；本教材在相关章节安排了实训内容，任课教师可以根据实际情况加以选用或扩充，实训成绩应记入学业成绩。

4. 课时分配。经济管理类专业统计学课程一般在 40 ~ 64 课时，本科和专科的课时数也会有所不同。现以本科 56 课时、专科 48 课时为例说明课时分配，供参考。

统计学课时分配表

教学内容	本科	专科
第 1 章　绪论	4	4
第 2 章　统计调查	2	2
第 3 章　统计整理	6	6
第 4 章　总量指标与相对指标	2	2
第 5 章　平均指标与变异指标	6	6
第 6 章　时间序列	4	6
第 7 章　统计指数	4	4
第 8 章　抽样分布	6	6
第 9 章　参数估计	6	6
第 10 章　假设检验	6	选修
第 11 章　方差分析	4	选修
第 12 章　相关与回归分析	4	4
复习	2	2
合计	56	48

注：各章节课时中包含实训课时。

目 录 CONTENTS

CHAPTER1 第1章

绪论

□学习目标

- 理解统计的含义、特点、性质和职能。
- 掌握统计的研究对象和研究方法。
- 理解统计学中的基本概念及其相互关系。
- 了解统计学的产生和发展过程。

统计学是人们认识社会经济现象规律的强有力的工具之一。在长期的实践中，人们总结出了大量科学的、有效的统计方法，为正确认识社会经济现象、做出科学决策提供了科学的依据。

1.1 统计学的研究对象

1.1.1 统计的含义

在人们的一般认识中，“统计”就是“计数”。小至一个人、一个家庭，大至一个企业、一个国家都有计数的任务。世界各国都有各自的官方统计，负责对人口、资源、环境和社会经济活动等各方面进行“计数”，并将这些数据资料以公共产品的方式定期公布，通常称其为“统计年鉴”。现在关心这些数据的不仅仅有政治家、经济学家和各方学者，还有普通老百姓，由于其收入和物价水平相联系，他们可能不知道CPI（消费者价格指数）的确切含义，但对物价指数还是会投以关注。

“统计”一词由来已久，其含义在历史上是不断发展和变化的。“统计”最早源自中世纪拉丁语“Status”，意思是指各种现象的状态和状况。由这一词根组成的意大利语

"Stato"，意为国家，作为各国的国家结构和国情知识的总称。"统计"最早作为学名使用是在1749年，德国哥丁根大学政治学教授阿亨瓦尔（G. Achenwall）将课程"国势学"定为"Statistik"（统计）。此后，各国相继沿用"统计"一词，并将其译为各国文字，法国译为Statistique，意大利译为Statistica，英国译为Statistics。该词不断被赋予新的内容并逐渐传播到各国，在20世纪初由日本传入我国。"统计"一词成为记述国家和社会状况数量关系的总称。

随着人类社会活动及国家管理的需要而不断发展完善，社会的各个领域都涉及统计。"统计"一词广泛的运用使得它在不同的场合具有不同的含义，归纳起来为：统计工作、统计资料和统计科学。

统计工作。统计工作即统计实践，是指关于搜集、整理、分析和预测社会经济现象以及自然现象总体数量方面资料的活动过程，具体包括统计设计、统计搜集、统计整理、统计分析和预测。

统计资料。统计资料即统计信息，是指通过统计工作所获得的反映客观现象的各项数据资料以及与之相关的其他资料的总称。统计资料具体表现为各种统计图、统计表、统计公报、统计年鉴、统计手册及统计分析报告等。统计资料能反映客观现象发展的规模、水平、速度、结构、比例以及有关情况。

统计科学。统计科学即统计理论，是指研究如何搜集、整理、分析和预测社会经济现象以及自然现象统计资料的方法论科学。统计科学所包含的一系列搜集、处理、分析统计数据的方法来源于对统计数据资料的研究，其目的是探索事物的内在数量规律性，以达到对客观现象的科学认识。

"统计"的这三种含义既有区别又有联系。

统计工作与统计资料是过程与成果的关系，即统计资料是统计工作的成果。

统计科学与统计工作是理论和实践的关系，即统计科学是统计工作的经验总结与理论概括，统计科学对统计工作具有指导作用。

1.1.2 统计学的研究对象

1. 统计学的性质

统计学有其自身特定的研究对象和特有的研究方法。统计学的任务就在于研究客观现象数量方面的规律性并为其提供科学的方法。这里所指的方法包括指导统计活动的原理原则、统计过程所应用的核算和分析方法、统计组织和管理方法以及统计估计和推断的方法，其核心内容是统计数据的搜集、整理、描述、分析的原理和方法，所以统计学也被称为"数据的科学"。这些方法论构成了统计学的科学体系，所以统计学是一门认识客观现象总体数量特征和数量关系的方法论科学，即它是研究如何搜集数据、整理数据、分析数据，以便对客观现象总体的规律做出正确推断的方法论科学，这些方法既可用于对社会经济现象数量方面的研究，也可用于对自然现象数量方面的研究。

统计学与相关的实质性学科，如经济学、哲学、社会学、物理学、医学、生物学等，虽然有共同的研究对象，但它与实质性学科的性质是不同的。统计学是一门方法论学科，而实质性学科是研究该领域现象与本质关系和发展变化规律的。然而统计学与这些实质性学科有着或多或少的联系。在实质性学科的基础理论指导下，统计学帮助各实质性学科探索其学科的内在关系与数量规律性，再由该实质性学科对于数量的规律性做出理论的解释并进一步研究本学科内在的规律。例如，用统计方法得出新生婴儿男女性别的比例（自然出生性别比）约为107:100的结论，然而为什么会是这样的比例，这一比例的形成原因是由医学或人类遗传学来研究和解释，而不是统计方法所能解决的。反过来，统计学的实证研究又可以检验实质性学科理论的可靠性和完善程度。统计归纳分析所获得的新知识往往又为实质性学科开辟了新的领域，这在哲学、经济学的历史上屡见不鲜。

2. 统计学的研究对象

统计学的研究对象是指统计研究所要认识的客体，它决定着统计科学的研究领域以及相应的研究方法。一般地说，统计学的研究对象是客观现象的总体数量特征和数量关系，以反映其发展过程及规律性。

为了研究客观现象的总体数量特征和数量关系，必须掌握反映客观现象的数据。但是，一切事物都有质和量两个方面，事物的本质都表现为一定的数量，质总是因具有一定的量而存在的，数量的积累达到一定界限将会引起质的变化。只有对客观现象的数量方面进行分析研究，才能把握事物本质的特点。因此，要研究客观现象的存在、发展并掌握其规律，必须研究事物的量，研究事物在一定时间、地点、条件下的数量表现所反映的发展规律性。

客观现象的质和量是对立统一的两个方面，统计学在研究客观现象数量方面时，也不能离开质，应以对事物的质的分析为基础，来明确事物数量表现的范围，同时要最终说明事物本质的变化。例如，只有弄清国内生产总值的本质和经济内容的范围，才能对其进行正确的统计和计算，而统计的目的最终又要说明国内生产总值的产业结构以及分配的发展变化情况。

3. 统计学研究对象的特点

（1）数量性

数量性是统计学研究对象的基本特点。由于统计学的研究对象是客观现象的数量特征和数量关系，即它通过数量来反映客观现象的类型、量的顺序、量的大小、量的关系、质量互变的数量界限，并通过对研究对象数量方面的调查、整理、分析，以数字为语言，用以说明事物的规模、水平、发展速度、构成及比例关系，进而认识事物的本质和规律。

（2）总体性

统计学是通过对大量事物进行观察研究，或对一个事物的变化多次观察研究，才能得出反映现象总体的数量特征、反映事物必然性的结论。这是因为客观现象的个别现象通常有其偶然性、特殊性，而现象总体则具有相对的普遍性、稳定性，是有规律可循的。然而统计研究是从个别事物开始的，从个别入手，对个别单位的具体事实进行调查研究，但其目的是为了认识总体的数量特征。例如，城镇居民调查，虽然是对每户居民进行调查，但目的不在于研究个别居民户的家计状况，而是通过大量的调查来反映一个城市、一个地区、一个国家的居民收入水平、收入分配、消费水平、消费结构等。

（3）具体性

统计学的研究对象是客观现象某一具体事物的数量方面，而不是像数学那样研究抽象的“纯数量”。客观现象的具体事物，都是在一定时间、地点、条件下的数量表现，它总是与时间、空间、事物紧密地联系在一起，具体地、历史地描述客观现象的发展过程，由此反映其本质和规律性。当然，由于统计学是研究客观现象总体的数量特征及关系的科学，因而它也要遵循数学法则并运用许多数学方法进行运算及统计分析。

1.1.3 统计学的产生和发展

自从有了国家，便有了统计实践活动。统计的出现已有几千年的历史，由于社会生产的发展和国家管理的需要（如人口、田亩、赋税、征兵等）而产生和发展的。我国在原始社会末期，在奴隶制形成的过程中，就已经出现了统计的萌芽。由于封建社会生产力十分低下，经济落后，统计发展缓慢，统计还处于对事物原始调查登记和简单计数汇总分析的阶段。资本主义生产方式的建立，使社会生产力水平得到不断提高。为了满足统治阶级追求利润、争夺市场和对外扩张的需要，包括人口、工业和农业在内的“国情普查”逐步成为制度。18 世纪末，西欧各国相继建立了专门的统计机构负责全国的统计工作，并定期举行人口普查和专门调查。1886 年在罗马召开了第一届国际统计学会议，有力地促进了各国统计学家间的交流与协作，促使统计进一步发展。

统计学始创于 17 世纪中叶，经历了以下时期，产生了众多的统计学派。

1. 古典统计学时代

这个时代大致是从 17 世纪中叶至 18 世纪末，其代表学派是“政治算术派”和“国势学派”。

“政治算术派”创始人是英国的威廉·配第，他于 1690 年出版了《政治算术》一书，他用实际资料、数字、重量和尺度来论述英国的经济情况；另一代表人物是英国人约翰·格朗特，代表作是《关于死亡公报的自然和政治观察》。

国势学派又称记述学派或国情学派，其创始人是德国人海尔曼·康令，国势学派最早提出了“统计学”的名词。

2. 近代统计学时代

这个时代大致是从18世纪末到19世纪末。著名的大数法则、最小平方法、相关与回归分析、指数分析法、时间数列分析法以及正态分布等理论都是这个时期建立和发展起来的。代表学派主要有数理统计学派和社会统计学派。

数理统计学派产生于19世纪中叶，创始人是比利时学者阿道夫·凯特勒，创立了大数法则，认为统计学就是数理统计学。社会统计学派产生于19世纪末期，首创者是德国人克尼斯，主要代表人物有梅尔、恩格尔，他们认为统计学的研究对象是社会现象，研究方法是大量观察法，提出统计学是一门实质性的社会科学。

3. 现代统计学时代

1900年，英国统计学家卡尔·皮尔逊推导了卡方（χ^2）检验法，1908年，“学生”[William Seely Gosset（戈塞特）的笔名]发表t分布的论文，创立了小样本代替大样本理论，费雪又对小样本理论进一步研究，发展为实验设计理论，标志着现代统计学的开端。1930年，尼曼与小皮尔逊共同对假设检验理论做了系统的研究，创立了“尼曼－皮尔逊”理论，同时尼曼又创立了区间估计理论。美国统计学家瓦尔德把统计学中的估计和假设理论予以归纳，创立了“决策理论”。这些研究和发现大大充实了现代统计学的内容。

20世纪60年代以后，随着计算机技术和网络技术的不断完善和各种新技术的不断创新，统计学的发展有如下趋势：首先，统计学从面对小批量的数据转变为面对海量数据，因此使用计算机统计分析软件对数据进行处理成为必然；其次，统计学从有关领域中吸取的养分越来越多，如卫星技术的发展催生了空间统计学，越来越多的数学方法被引入，又被越来越多地应用到各个领域，如医学界的新药研制、企业中的过程控制，等等。2003年诺贝尔经济学奖授予了著名计量经济学家恩格尔（Robert F. Engle）和格兰杰（Clive Granger），两位首创了新的统计方法来处理许多经济时间数列中的时变性和非平稳性，涉及金融、人口等，这证明了统计方法应用的领域越来越广泛。统计学可以应用于各行各业的数据分析，这使得它成为一门“万能”的方法论学科。美国Sciencfy有一篇文章列出近百年来最有用的科学，统计学位居前10名。

4. 中国统计学的发展

中国是世界文明古国之一，统计工作的开展及某些统计方法的使用都大大早于欧美各国，但中国的统计工作却没有能发展成为一门系统的现代科学。解放前，在旧中国的大学里，统计教学是照搬欧美数理统计学的一些东西，认为那是唯一的统计学，从来不考虑联系实际的问题，统计教学与统计工作脱节。解放后，根据新中国社会主义建设的需要，全面引进了苏联的社会经济统计理论和统计制度，在我国第一次建立了全国统一的统计体系，并且在以后很长的一段时间内，我国的统计理论与方法基本上是沿袭苏联社会经济统计学的传统内容。十一届三中全会后，社会经济统计学和统计制度在我国有了一定的发展。在改革和建设实践经验的基础上，在建设具有中国特色社会主义的理论指导下，在信息革命巨大浪潮的冲击中，特别是在我国社会主义市场经济体制确立之后，经过我国统计学界的共同探讨，形成了社会经济统计学与其他门类和学派的统计学（包括数理统计学和自然科学领域的统计学）同时并存、相互渗透、共同发展；统计要体现社会、经济、科技协调发展的要求；加强统计领域的社会主义民主与法制建设等新观点、新思想。正是这些新观点、新思想的推动，现代社会经济统计学在我国正迅速地向前发展。

1.2 统计学中的基本概念

1.2.1 统计总体与总体单位

1. 统计总体

统计总体又称总体，它是指客观存在的、在某种同一性质基础上结合起来的许多个别事物（单位）组成的整体，同质性是统计总体的主要特征。例如，某企业的职工组成的集合就是一个总体；某出租车公司的所有出租车也构成一个总体。

按组成总体包含个别事物的数量多少，统计总体可以分为无限总体和有限总体。例如，大量连续生产的小件产品，因昼夜不停地生产，我们可以认为其产量是无限的，其组成的总体就是无限总体；而人口数、工业企业数，因其能够计量出总数且总体范围能够明确确定，为有限总体。

2. 总体单位

总体单位又称为单位，它是指构成统计总体的个别事物，即构成总体的各个事物。如果说统计总体是集合的概念，那么总体单位就是集合体的元素。例如，某企业的职工组成的集合就是一个总体，这家企业的每一名职工就是一个总体单位；某出租车公司的所有出租车也构成一个总体，该出租车公司的每一辆出租车就是一个总体单位。

3. 总体与总体单位的关系

确定总体和总体单位必须注意两方面：一是构成总体的单位必须是同质的，不能把不同质的单位混在总体中；二是总体与总体单位具有相对性，随着研究目的和任务的改变而改变。例如，随着研究目的的不同，总体与总体单位可以互相转化。若研究一个企业的职工人数，则企业是总体，职工是单位；若研究一个城市的企业规模，则该市所有企业是总体，企业又成为单位，而企业的职工人数只是单位的标志。

1.2.2　标志与变量

1. 标志

标志是说明总体单位属性和特征的名称，理解这个概念时要注意标志是“特征的名称”。例如，某企业全体职工作为一个总体，每一位职工是总体单位，职工的性别、年龄、籍贯、民族、文化程度、工龄、工资水平等都是说明每一名职工的特征的名称，都是标志；而某职工是男性，年龄32岁等，虽然说明了这个职工具体的特征，但这些并不是“特征的名称”，而是特征的具体表现，我们称标志的具体表现为标志表现或标志值。显然，总体单位是标志的承担者。

2. 标志的种类

标志按其表现形式的不同，可分为品质标志和数量标志。

品质标志。表示事物质属性的特征，其具体表现只能用文字表示。例如，性别、职务、专业、民族、工种、籍贯、企业的所有制类型等，产品等级虽然可以表示为一等品、二等品，但也是品质标志。

数量标志。表示事物量数量的特征，其具体表现可以用数字表示。例如，年龄、产值、身高、体重、工资、成绩等。

3. 变异与变量

(1) 变异

一般来说，标志的具体表现是各不相同的，这种现象称为变异。标志变异可分为属性变异和数量变异。例如，性别标志分男、女；企业职工人数有60人、70人等变化。变异是统计的基础，如果没有变异也就不需要统计了。

(2) 变量

狭义地讲可变的数量标志是变量，广义地讲标志就是变量；一般情况下我们都从狭义的角度来理解变量，例如，年龄、产值、身高、体重、工资、成绩等都是变量。变量的具体数值表现称为变量值，例如，年龄15岁、16岁、30岁等。变量与变量值是两个既有密切联系又有明显区别的不同概念，不能混淆。例如，职工人数是一个变量，因为各个工厂的职工人数可能是不同的，如甲工厂有852人，乙工厂有1 686人，丙工厂有964人，都是“职工人数”这个“变量”的具体数值，也就是变量值；而它们的平均数，不能说是3个“变量”的平均数，因为这里只有“职工人数”1个变量，并没有3个变量，而所要平均的是这个变量的3个数值，即3个变量值。

(3) 变量的分类

1）按计数的特点分。①连续变量：指变量值在相邻的两值之间可无穷分割，可以表现为无穷小数。例如，粮食产量、身高、体重、总产值、资金、利润等。②离散变量：变量值只能表现为整数。如人口数、工厂数、机器台数等。

2）按其性质不同分。①确定性变量：是指变量的取值可以事先预知或可以控制的变量。例如，在农业生产中，施肥数量与农作物产量之间是有一定相关性的，在这两个变量中，施肥数量的取值是可以事先预知或可以控制的变量，它是确定性变量。②随机性变量：是指变量的取值受到不确定因素的影响，事先无法预知或无法控制的变量。例如，在农业生产中，施肥数量与农作物产量之间是有一定相关性的，但是，农作物产量的取值在事先是无法预知和控制的，它是随机性变量。

1.2.3 统计指标与指标体系

1. 统计指标的定义

(1) 统计指标

统计指标也称指标，是说明总体现象数量特征的概念及其数值，是反映社会经济现象总体数量特征的概念和具体数值。其构成主要有两部分：①指标名称，是指标内容和所包括的范围，即指标质的规定性；②指标数值，指数量的特征，是指标量的规定性。统计指标离不开数值。例如，2008年我国进出口总额25 616亿美元，其中“进出口总额”是名称，“25 616亿美元”为数值。从完整的意义上讲，指标由6个要素构成：时间限制、空间限制、指标名称、指标数值、计量单位、计算方法。

(2) 统计指标的特点

1）统计指标都能用数字表示；

2）统计指标是说明总体综合特征的；

3）统计指标是反映一定社会经济范畴的数量。

(3) 统计指标的分类

1）按其反映总体特征的性质不同，有数量指标和质量指标两类。数量指标反映总体某一特征的绝对量，这类指标主要说明总体的规模、工作总量和水平，一般用绝对数表示，例如，人口总数、工业企业总数等；质量指标是反映总体的强度、密度、效果、工作质量等内容的指标，例如，人口密度、劳动生产率、资金利润率等，这类指标一般用平均数、相对数表示。

2）按其反映的时间属性不同，有时点指标和时期指标两类。时点指标是反映总体特征在某一时点上的数量表现，常用的是期末数字，反映的是“存量”，如人口数、商品库存量、企业设备台数、外汇储备额等；时期指标是反映总体特征在某一时期的数量表现，反映的是“流量”，如产品产量、进出口总额、商品销售量（额）、人口增长量等。

3）按其计量单位的特点，有实物指标、价值指标和劳动指标。

（4）指标和标志的区别和联系

1）区别。①指标是说明总体数量特征的概念，而标志是说明总体单位特征的概念，两者说明的对象不同；②指标都是用数值表示的，而标志有的是用数字表示，有的是用文字表示；③指标是由数量标志汇总得出来的，而标志仅是某一个体现象，未经过任何汇总；④标志不具备时间、地点条件，而指标一定要有时间、地点等条件。

2）联系。许多统计指标是由各单位的数量标志值汇总而来的；指标和标志之间存在转化关系。

2. 统计指标体系

统计指标体系是指由若干个相互联系的统计指标所构成的有机整体，用以说明所研究的总体现象各方面的相互依存和相互制约的关系。

单个的统计指标只能反映总体现象的某一个侧面的特征，而一个总体往往具有多种数量表现和数量特征，并且彼此不是孤立的。如果要全面地认识总体的基本特征，必须将反映总体各方面特征的一系列统计指标结合起来，形成统计指标体系，使得我们对总体有更全面、更系统、更深入的认识，更好地发挥统计的整体功能。

由于总体现象本身的联系是多种多样的，那么统计指标之间的联系也是多种多样的，相应地可以建立各种各样的统计指标体系。例如，要反映工业企业的全面情况，就用一系列关于人力资源、资金、物资、生产技术、供应及销售等相互联系的指标来组成工业企业统计指标体系。如果只反映工业企业的产品生产量的情况，就可用产品实物量、产品品种、质量、总产值、净产值、原材料消耗、产品成本、销售利润等一系列统计指标构成产品生产量统计指标体系。如果要从宏观经济的角度反映国民经济运行不同环节之间的经济联系，就必须从生产、分配、流通、使用等过程相应地建立一系列指标，构建反映国民经济运行状况的统计指标体系。统计指标体系还可以用下列形式表示：

$$商品销售额=商品销售量\times商品价格$$

$$农作物产量=播种面积\times亩产量$$

社会经济统计指标体系可以分为两大类：基本统计指标体系和专题统计指标体系。

基本统计指标体系是反映和研究国民经济与社会发展及其各个组成部分基本情况的指标体系，分为3个层次：最高层是反映整个国民经济与社会发展的统计指标体系，由社会统计指标体系、经济统计指标体系、科技统计指标体系3个子系统构成；中间层则是各个地区和各个部门的统计指标体系，它是最高层统计指标体系的横向分支和纵向分支，是为了满足本地区和本部门的社会经济管理、检查、监督的需要而设置的指标体系；第3个层次是基层统计指标体系，是指各种企业和事业单位的统计指标体系，它既要满足本企业和本单位的管理和监督的需要，同时也要满足中间层和最高层建立统计指标体系的需要。

专题统计指标体系是针对社会经济的某一个专门问题而制定的统计指标体系。例如，经济效益指标体系、小康生活水平指标体系、和谐社会指标体系等。

1.2.4 统计数据

统计数据是总体单位标志或统计指标的具体数量表现。在统计工作中，我们会面对成千上万的各种数据，用以表示各种研究对象。由于不同的数据所代表的意义不同，所以不能对所有的数据都用同一种统计方法进行分析。因此，我们必须分辨出数据的类型，以搜集要研究的数据。

根据对研究对象计量的不同精确程度，人们将数据分为定类数据、定序数据、定距数据和定比数据。

1. 定类数据

定类数据是按照客观现象的某种属性对其进行分类。这一场合所使用的数值只是作为各种分类的代码，并不反映各类的优劣、量的大小或顺序。例如，商品编码，它只能起到区别商品的作用，而不能代表商品的优劣、量的大小或顺序。

定类数据的主要数学特征是“=”或“≠”。在统计处理中，对于不同的类别，虽然可以计算单位数，但它不能表明第一类的一个单位可以相当于第二类的几个单位。

2. 定序数据

定序数据是对客观现象各类之间的等级差或顺序差的一种测度。利用定序数据不仅可以将研究对象分成不同的类别，而且还可以反映各类的优劣、量的大小或顺序。例如，对于投资工具可以按其风险程度分为高、中、低3类，并用3，2，1表示，说明风险的高低。但是3，2，1所代表的风险之间的差距可能是不一样的。

在这里，定序数据虽然无法表明一个“3”等于几个“2”，但却能确切地表明“3”高于“2”，“2”又高于“1”。定序数据的主要数学特征是“<”或“>”，定序数据的性质包含了定类数据的性质。

3. **定距数据**

定距数据是对现象类别或次序之间间距的测度。定距数据不但可以用数表示现象各类别的不同和顺序大小的差异，而且可以用确切的数值反映现象之间在量方面的差异。定距数据使用的计量单位一般为实物单位（自然或物理）或者价值单位。定距数据的主要数学特征是“+”或“-”。统计中的总量指标就是运用定距数据计量的。定距数据的性质包含了定序数据和定类数据的性质。

4. **定比数据**

定比数据是在定距数据的基础上，确定相应的比较基数，然后将两种相关的数加以对比而形成相对数（或平均数），用于反映现象的结构、比重、速度、密度等数量关系。例如，将一个企业创造的增加值与该企业的职工人数对比，计算全员劳动生产率，以此反映该企业的生产效率。定比数据的主要数学特征是“×”或“÷”。定比数据的性质包含了定距数据、定序数据和定类数据的性质。

在实际工作中，大量的数据是定距数据和定比数据。

1.3 统计学的研究方法

统计学有其独特的研究方法，归纳起来有以下几种。

1. **大量观察法**

大量观察法是指统计研究各种现象和过程要从总体上加以考察，对现象总体中的全部或足够多的个体进行调查研究，将充分占有的实际数据作为认识的基础。统计学的研究对象是客观现象总体的数量，这个总体是由同一性质的许多个体单位构成的，由于客观现象的错综复杂性，这些个体的特征和数量表现会存在很大的差异，但是如果我们综合大量的个体，则偶然性的数量差异又会相互抵消，从而清晰地呈现出现象的数量特征。因此，统计研究各种现象和过程是就总体中的全部或足够多数量的个体进行调查并综合分析，而不能只取个别或少数个体。

2. **统计描述法**

统计描述法是对由调查或实验得到的统计数据资料进行整理、归类，计算出各种能反映总体数量特征的综合指标，并加以分析研究，从而得出需要的数据资料信息，用表格、图形和统计指标数值来表示的统计方法。统计描述是统计研究的基础，它为统计推断、统计咨询和统计决策提供必要的统计数据资料。统计描述法的具体方法是应用统计分组法、综合归纳法等得到现象总体的数量特征，反映客观现象的内在数量规律性，以达到统计分析和研究的目的。

统计分组法是将总体中的个体分为若干个组，以研究总体内部差异的一种常用统计方法。通过统计分组法，可以研究总体中不同类型的性质以及构成、分布特征。例如，三次产业的划分，可以分析研究三次产业的结构以及发展变化的趋势。

综合归纳法是指由个别到一般，由具体事实到抽象概括的推理方法。在统计分析研究中，我们经常将观察到的各种特征归纳得出关于总体的某种信息。例如，平均数概括地反映了总体某一数量标志的一般水平，它与总体中各个体的标志值不同，但它又是从总体中各个体的标志值中归纳出来的。通过综合归纳法，可以计算出现象在具体时间、地点条件下的总量规模、集中趋势、离散程度以及分布特征等，并可以进一步从动态上研究现象的发展规律和变化趋势。

3. 综合指标法

综合指标法是在大量资料整理的基础上，计算各种综合指标，利用综合指标对现象的数量方面进行概括和分析的方法。在长期的统计实践中，人们积累了认识客观现象的指标体系，通过计算各种综合指标，分析这些指标的变化过程和趋势，对客观现象进行综合评价，得出符合实际的结论，做出正确的决策。综合指标法是统计研究的基本方法之一。

4. 统计推断法

统计推断法是指以一定的置信水平，根据样本数据资料来判断总体数量特征的归纳推理方法。通常进行观察的只有部分或有限单位，而需要判断的总体对象范围是大量的，甚至是无限的，这样就产生了根据局部的样本数据资料对全部总体数量特征所作判断的置信度问题。例如，要对一批商品的质量进行破坏性检验，我们只能根据部分商品质量结果来推断该批商品的质量。又如，根据某市部分职工家庭，如1 000户职工家庭的平均收入，推断该市全部职工家庭的平均收入水平。解决这些问题的方法就是统计推断法。

5. 统计模型法

模型是以实体、图形或符号等为手段，对真实系统的结构或运动过程的一种表达方式，它是对所研究的真实系统或过程的一种简化、抽象和类比的表示。模型可以分为两类：一是物理模型，它以真实系统的结构和构造作为模型的组成元素，用缩放后的尺寸制作与实物系统相似的模型，模型的变量与真实系统的变量完全一样。二是思考模型，它是在认识实体系统之后，根据一定的逻辑变换规则而建立起来的刻画系统结构、特征及运动过程的一种表达方式。

统计模型是一种思考模型。它是根据统计资料，运用统计方法，对研究现象的结构和运动过程的一种表达方式，它既是人们认识事物的手段，又是人们对事物认识结果的描述，统计模型与真实系统的符合程度取决于人们的认识能力和认识程度，随着人们认识能力的不断提高和认识程度的深化，统计模型也会逐渐向其所描述的真实系统逼近，此外，统计模型的精度还受随机因素的影响。统计模型一般包括4个基本要素：变量、基本关系式、模型参数和随机扰动项。

统计模型法是根据一定的理论和假定条件，用数学方程模拟现实现象相互关系的一种研究方法。利用这种方法可以对现象和过程中存在的数量关系进行比较完整和近似的描述，从而简化了客观存在的复杂的其他关系，以便利用模型对现象状态和变化过程进行数量上的评价、预测和控制。

统计模型法是贯穿统计认识全过程的基本方法，也是统计分析的最普遍、最严密的方法。计算机技术的飞速发展，为其应用开辟了广阔的领域。

1.4　统计工作的组织

1.4.1　统计工作的过程

任何学科的实践都是为了解决主观对客观的认识问题。统计工作是对社会经济现象和自然现象进行调查研究以认识其本质和规律性的一种工作，这种调查研究的过程是对客观现象的一种认识过程。

1. 统计设计

统计设计是根据统计对象的性质和统计研究的目的，对统计工作涉及的各个方面和环节进行规划。统计设计是在正式开展具体统计工作之前，根据统计研究的目的和统计对象的性质，对统计工作的各个方面和各个环节所进行的总体规划和全面安排。统计设计的结果表现为各种设计方案，如国民经济核算体系方案、统计指标体系、统计分类目录、统计报表制度、统计调查方案、资料汇总或整理方案以及统计分析提纲等。统计设计是统计工作的第一阶段，它是整个统计工作协调、有序、顺利进行的必要条件，是保证统计工作质量的重要前提。

2. 统计调查

统计调查是根据统计研究的任务和统计设计规定的调查方案的要求，运用科学的调查方法，有组织地搜集被研究对象的相关数据的工作过程。统计调查是认识事物的起点，这个阶段所搜集的数据是否完整、准确、及时，直接关系到统计整理的好坏，关系到统计分析的结果正确与否，决定着统计工作的质量，因此，这个环节是整个统计工作的基础。

3. 统计整理

统计整理是指根据统计研究的目的，将统计调查所得的资料进行科学的分组、汇总、列表的加工处理过程。统计整理使分散的、不系统的原始数据条理化、系统化，从而能够说明现象总体的数量特征，为统计分析打下基础。统计整理处于统计工作的中间环节，起着承前启后的作用。

4. 统计分析

统计分析是根据统计研究的目的，综合运用各种分析方法和统计指标，对加工整理后的数据和具体情况进行定性和定量的分析，并对现象未来进行趋势预测的工作过程。统计分析是统计工作的最后阶段，能揭示出现象的本质，得到发展变化规律的结论，是统计工作获取成果的阶段。

统计工作的过程是经过统计设计（定性）到统计调查和统计整理（定量），最后通过分析而达到对事物本质和规律性认识（定性）的目的，这种"质—量—质"的认识过程是统计认识的一个主要特点。

1.4.2 统计工作的任务与职能

1. 统计工作的任务

《中华人民共和国统计法》于1983年12月8日第六届全国人民代表大会常务委员会第三次会议通过，后根据1996年5月15日第八届全国人民代表大会常务委员会第十九次会议《关于修改〈中华人民共和国统计法〉的决定》进行修正，再经2009年6月27日第十一届全国人民代表大会常务委员会第九次会议修订，自2010年1月1日起施行。《中华人民共和国统计法》第二条中明确规定："统计的基本任务是对国民经济和社会发展情况进行统计调查、统计分析，提供统计资料和统计咨询意见，实行统计监督"。在社会主义市场经济的条件下，统计工作的具体任务是：全面、准确、及时地提供有关社会经济发展情况的资料，为党和国家决策管理服务；为科学编制计划提供依据，对计划执行情况进行统计检查和监督；为加强各部门、各地区、各单位的经济管理提供所需要的统计资料和分析资料；为积累统计资料和开展社会科学研究提供依据。

2. 统计的基本功能

统计的基本功能是信息功能，统计信息是社会经济信息的主体。所以统计的基本职能有以下几个方面。

统计信息功能。指各级统计部门根据科学的统计指标体系和统计调查方法，灵敏、系统地搜集、处理、传输、存储和提供大量的以数量描述为基本特征的统计信息。

统计咨询功能。指利用已经掌握的丰富的统计信息资源，运用科学的分析方法和先进的技术手段，深入开展综合分析和专题研究，为科学决策和管理提供各种可供选择的咨询建议与对策方案。

统计监督功能。指根据统计调查和统计分析，及时、准确地从总体上反映经济、社会和科技的运行状态，并对其实行全面、系统地定量检查、监测和预报，以使国民经济和社会生产持续、稳定、协调地发展。

1.4.3 统计的组织体制

国家统计管理体制是国家根据完成统计工作的任务和发挥统计工作的作用要求，对统计机构组织形式的基本规定。为了保证统计工作的正常进行，必须建立相应的统计工作管理体制。由于世界各国社会经济状况、宏观经济管理体制和历史等方面的原因，世界各国政府的统计管理体制大体有两种模式：分散型统计体制和集中型统计体制。

分散型国家统计规划的管理和实施，由政府几个机关主管，国家没有统一的统计机构。所需的统计数据是通过不同的部门来搜集的。美国、英国、日本属于这一类型。

集中型国家统计规划的管理和实施，完全由一个政府机构负责，并以政府的统计长官为首长。德国、加拿大属于这一类型。根据集中程度不同又将其划分为两种类型。一种是集中单轨型体制，即中央统计机构对全国的统计业务实行完全的控制，地方统计机构由中央统计机构垂直领导，以加拿大最为典型。另一种是集中双轨型体制，即统计业务由中央统计机构统一布置，但具体实施则通过两条途径：一是由中央统计系统的各基层机构承担社会经济基本情况的调查与统计；二是中央各职能部门附设的统计机构负责对本系统全国业务状况作专项调查统计。法国、中国及南亚各国等采用的是这种体制。

不论是分散型国家统计还是集中型国家统计，都是为了把政府的统计活动综合成为一个整体，因此都设有一个全国性的统计工作协调机关。如美国的预算局统计标准处，对各部门的统计工作进行协调，使统计工作向协调统一的方向发展，这是当前世界各国统计体制的一般趋势。

新中国成立以来，我国的统计组织体制经历了多次变化。到1978年，国家统计局重新设立，政府重申建立国家统计系统。目前我国统计机构的设置有以下几个方面。

在国务院设立直属的国家统计局，县以上地方各级政府设立独立的统计机构，乡镇人民政府设置专职或兼职统计员。另外，国家统计局还设立城市社会经济、农村社会经济和企业三支抽样调查总队，各省、市、自治区及抽中的市、县设城市、农村、企业抽样调查队。

国务院及地方各级政府的各部门，根据统计任务的需要设立统计机构，或在有关机构中设置统计人员。

企事业单位根据统计任务的需要设立统计机构，或在有关机构中设置统计人员。

1.5 统计设计

1.5.1 统计设计的含义

统计设计是根据统计研究对象的性质和统计研究的目的，在进行统计定量研究之前，对统计工作的各个方面和全部过程所做的通盘考虑和统筹安排。

这里所说的统计工作，范围可大可小。从大范围来说，如对全国的整个社会经济统计工作进行考虑和安排；对全国某一项专业方面的统计工作进行考虑和安排；对某一个省的某一项专业方面的统计工作进行考虑和安排等。从小范围来说，如对某一个企业的整个统计工作进行考虑和安排；对企业中的某一项统计工作进行考虑和安排；对一项具体的科学实验进行统计考虑和安排等。所有这些工作，都有一个需要进行统计设计的问题。

这里所说的各个方面，是指统计工作所涉及的各个组成部分。例如，从全国的社会经济统计工作角度来说，它包括社会经济生活的条件、社会扩大再生产的成果、社会生产发展的因素（生产力）、社会生产的国民经济效果、人民生活水平等各方面的内容。从一个工业企业的统计工作来说，它包括人力、物资、资金、生产、供应、销售以及生产经营的外部条件等各个方面的内容。对所有这些方面，都需要进行通盘考虑和适当安排。使诸因素和诸水平之间最优配合，也涉及统计工作的各个方面。

这里的所谓全部过程，是指统计工作所经历的各个阶段和环节。例如，统计指标体系的建立，统计资料的搜集，统计资料的整理以及对统计资料的分析方法、储存方式、提供范围等。对这些阶段和环节，都需要进行通盘考虑和适当安排，使各个阶段和环节的统计工作能顺利进行。在实验设计中，如明确实验目的，确定实验指标，挑选因素、水平，选用正交表，设计表头，列出实验方案，实际进行实验并分析实验结果等，都属于统计工作必须经历的阶段。

这里所说的各个方面，是对统计工作的横向方面的设计；全部过程，是对统计工作的纵向方面的设计。统计设计就是要从纵横两个方面对整个统计工作做出通盘考虑和适当安排。

从统计设计的结果来说，表现为各种设计方案，如统计指标体系、各种分类目录、统计报表、统计调查方案、统计整理方案、实验设计方案等。

这里所讲的统计设计既包括从无到有的设计，也包括对原有设计方案的改进。

1.5.2 统计设计的作用

任何统计工作，在开展之初，都需要进行统计设计，这是客观存在的事实。但是，过去几乎所有的社会经济统计学，都将统计工作的过程划分为三个阶段，即统计调查、统计整理和统计分析。没有把统计设计这个阶段包括在内。

在这里，把统计工作过程划分为三个阶段，是根据长期的统计工作实践归纳出来的。从历史发展角度来看，统计工作被理解为一项一项的调查研究工作。例如，人口普查、工业普查等。每一项调查，从搜集资料开始，经过汇总整理，做出统计分析，这项调查工作就算结束了。我们把这种统计活动叫做单项统计活动。在这些统计活动的开始，都要安排普查方案，都要进行统计设计。但它通常被作为统计调查、统计整理和统计分析的一个组成部分。因此，从历史的角度说，将统计工作过程划分为三个阶段是合理的。

从理论上讲，统计工作并不是从搜集资料开始的，而是从对客观现象（统计研究对象）的定性认识开始的。不经过定性认识阶段，对统计研究对象的性质一无了解，就不知道去调查什么和怎么调查；也不知道去研究什么和怎么研究。在把统计研究对象作为一个整体看待时，这个问题就显得更为突出了。例如，要用统计方法了解和研究一个工业企业，就必须首先对这个工业企业的生产经营活动的性质、特点等有全面的了解，在这个基础上才能设计出一套统计指标体系并确定搜集、整理、分析资料的方法，然后才能去搜集各种数据并加以分析研究。所以，统计设计是统计工作中定性认识和定量认识的连接点，是从定性认识过渡到定量认识的开始阶段。

1.5.3 统计设计的分类

从不同的角度出发，对统计设计可作如下分类。

1. 按设计包括的研究对象的范围，可分为整体设计和单项设计两类

整体设计是从现象的整体出发，对整个统计工作所进行的全面设计。所谓现象的整体，范围可以比较大，如把整个国家的经济和社会发展情况作为一个整体；把一个省的经济和社会发展情况作为一个整体。范围也可以比较小，如把一个工业企业作为一个整体，反映它的人财物、供产销的全貌。

单项设计是从现象的某一组成部分出发，对某一具体统计工作项目的设计。这个具体统计工作项目，可以大到全国规模，如对全国人口普查的设计；对全国工业生产统计工作的设计。也可以小到几家几户，如对几户个体经营者联合经营情况的典型调查的设计。

整体设计和单项设计是相对的，它们要随所研究问题的范围不同而转化。两者相比较，整体设计是主要的，单项设计要服从整体设计。

2. 按设计包括的统计研究工作阶段，可分为全过程设计和单阶段设计两类

全过程设计是对统计工作所经历的各个阶段的全面设计。包括统计内容的确定、统计指标和统计指标体系的设计、统计调查方法的抉择、统计整理方案的制定、统计资料分析方法的选择等。

单阶段设计是对统计工作过程中某一个阶段的设计。如统计调查的设计、统计整理的设计、统计分析的设计等。

全过程设计和单阶段设计相比较，全过程设计是主要的，单阶段设计要在全过程设计的基础上进行，并且服从全过程设计的安排。

3. 按设计包括的统计工作时期，可分为长期设计、中期设计和短期设计三类

长期设计是对较长时期的统计工作的设计。通常是指对 5 年以上的统计工作进行设计。

中期设计是指对 1 年以上 5 年以下的统计工作进行设计。

短期设计是指对较短时期的统计工作的设计。通常是对 1 个年度、半年、季度甚至更短的统计工作进行设计。

1.5.4 统计设计的内容

统计设计既然是对统计工作各个方面、全部过程适当安排和考虑，它涉及的面很广，包括整个统计工作过程的全部内容。许多具体的内容要根据工作的开展，一步一步地调整和充实，在统计工作的开始阶段是不可能做出十分细致的安排的。而且统计设计的内容按设计种类不同而有区别，在单项设计中，这一项统计的设计与那一项统计的设计也会有所不同。但是，各种统计设计也有共通之处，其内容包括：

- 明确统计研究的任务和目的；
- 确定统计指标和统计指标体系，以及与此相联系的统计分类和分组；
- 决定统计研究的分析内容；
- 制定统计调查方案；
- 制定统计整理方案；
- 对各阶段的工作进度和时间进行安排；
- 考虑各部门之间的配合和协调；
- 对统计力量的组织和安排。

1.5.5 统计指标和指标体系的设计

统计是借助于指标和指标体系刻画社会经济现象总体。因此，统计指标和指标体系的设计是统计设计工作中一个十分重要的环节。

1. 指标和指标体系设计的内容

(1) 确定统计指标的名称和含义

确定统计指标的名称和含义要以相应学科理论为依据。如国内生产总值、国民收入、工资、利润、劳动生产率等统计指标的概念，就离不开经济学的有关理论。但是，某些学科的概念是通过科学抽象得出来的理论概念，而统计指标是反映客观现实数量特征的概念，它不可能完全照搬理论，而应当在统计实践中对其加以“改造”，即在设计和构建统计指标时，凡借用有关学科的理论概念，都必须结合统计对象和统计指标的特点，准确界定指标的内涵，使之成为可以计量的数量概念。统计指标的内涵确定以后，还需要明确其外延，应统计哪些内容，不应统计哪些内容，即确定指标口径。

(2) 确定统计指标的空间范围和时间标准

统计指标数值的大小受一定的空间范围影响，空间范围包括全国范围、地区范围和系统范围等，如职工人数统计指标有全国职工人数、某省职工人数、某部门职工人数之分，如果空间范围发生变化，就要规定具体的处理方法。统计指标的时间标准有两种，即时期指标和时点指标。时期指标要规定时间长度（如月、季、半年、一年）和具体的起止日期；时点指标要规定统一的标准时点，如第一次至第四次全国人口普查就规定为当年7月1日零时，第五次全国人口普查规定为2000年11月1日零时。

(3) 确定统计指标的计量单位和计算方法

统计指标有无名数指标和有名数指标。无名数指标是一种抽象化的数值，大多数用百分数、系数、倍数等形式表示，多用于质量指标。有名数指标包括实物量、价值量、劳动量等，多用于数量指标。实物量指标要规定用自然实物计量单位或标准实物计量单位，并且还要规定自然实物量折合为标准实物量的方法。复合计量单位适用于表现强度一类的相对指标的数值，如人口密度用“人/平方公里”、医疗床位保证程度用“人/张”计量等。统计指标计量单位的确定，主要取决于所研究的社会经济现象的内容特征。

有些统计指标通过登记、点数、测量和简单的加总即可求得指标数值，如职工人数、播种面积、牲畜存栏数、在校大学生人数等。这类指标在确定了总体范围和指标口径之后，一般不需要再规定具体计算方法。有些统计指标的计算则比较复杂，如国内生产总值、国民收入、社会劳动生产率等，这类指标必须以一定的经济理论为依据来确定其计算方法。理论概念是反映客观现象一般的、本质特征的一种思维形式，而统计指标是认识、管理的工具，它既要正确反映事物的本质特征及其相互之间的内在联系，又要符合客观实际，满足人们认识和管理的需要。因此，这类指标的计算方法必须结合统计实践加以具体化，使之能够度量。

(4) 统计指标的体系设计

统计研究的对象是客观现象总体的数量方面，而一个总体往往具有多种数量表现和数量特征。因此，必须借助统计指标体系，分析哪些指标是指标体系中的核心指标，指标体系内的各指标间有什么样的联系，以便揭示现象总体的特征及其发展变化的规律性。

2. 统计指标和指标体系设计的原则

由于统计研究目的不同，指标体系的设计也会有所变化，不同指标体系突出的重点会有所区别，具体内容更是各具差异，但其基本要求是一致的，都要遵循以下原则。

(1) 目的性原则

只有明确了研究目的，才能确定选择哪些指标进行观察和考核。例如对国民经济活动进行统计核算，反映生产过程时要设置一套指标体系，而反映分配过程时又有一套指标体系。

(2) 科学性原则

科学性原则包括两层含义。一是指标体系的设置必须以正确的、科学的理论为指导；二是指标体系的设置必须符合客观现象本身的性质和特点，反映客观现象内部及其彼此之间的关系。

(3) 联系性原则

指标体系内的各个指标间不能是杂乱无章的，而应存在着一定的结构和层次的联系，因此在设计时应明确何为核心指标，何为次要指标，它们之间的联系如何等。只有明确了指标间的结构层次联系，才能使指标显示其固有的功能。

(4) 一致性原则

该原则要求指标体系中各指标在指标口径、分类标准和计算方法等方面要协调一致。如企业核算中的业务核算、会计核算、统计核算三方面中的指标应协调一致。

(5) 适应性原则

统计指标和统计指标体系的设计必须适应现象所处的时间、空间等客观条件。因为在不同的条件下，同一现象的性质往往可以由不同的测度特征来体现，可以有不同的表现形式，不同的计量标准和不同的计算方法。而且，随着客观条件的变化，某些原有的统计指标也将因不适应变化后的情况而需要增删修订，甚至重新设计。

(6) 可行性原则

又称可能性原则。在设计统计指标和指标体系时，要考虑实际条件，考虑人力、物力和财力状况等。如我国目前的国民经济核算指标体系是结合我国当前的社会经济状况制定的，如果不顾现实，盲目地将西方国民经济核算体系完全照搬，就不可能如实反映我国的国民经济活动的结果。

❑本章小结

统计学是搜集、整理和分析关于研究对象方面的数据资料，并根据取得的数据资料进行推断，以研究大量统计数据所反映出来的规律性的一门科学。统计学的研究对象是客观现象的总体数量特征和数量关系，统计研究方法主要有大量观察法、统计描述法、综合指标法、统计推断法、统计模型法。统计工作的过程是经过统计设计（定性）到统计调查和统计整理（定量），最后通过分析而达到对事物本质和规律性的认识（定性），这种“质—量—质”的认识过程，这些原理、方法既适用于社会经济现象，也适用于自然现象；既适用于科学技术，也适应于生产和管理。

❑学习建议

统计学是“数据的科学”，在学习中要正确理解统计的含义，掌握统计学中的基本概念和相互关系，掌握统计学研究的基本方法。

1. 本章重点

掌握统计的研究对象、研究方法以及统计学中的基本概念及其相互关系。

2. 本章难点

统计的研究对象、统计学中的几组基本概念及其相互关系。

❑核心概念

统计　统计数据　统计总体　总体单位　标志　变量　指标　指标体系

❑课后思考与练习

1. 简述统计和统计学的含义。
2. 统计研究对象和特点如何？
3. 简述统计学的发展历程和发展趋势。
4. 简述统计学的研究方法。
5. 统计工作一般包括哪几个阶段？
6. 要调查某商店正在销售的全部彩电情况，试指出总体、总体单位是什么？试举出若干品质标志、数量标志、数量指标、质量指标。

第2章 CHAPTER 2

统 计 调 查

□学习目标

- 理解统计调查的概念，掌握统计调查的基本要求以及分类。
- 了解统计调查方案的设计。
- 掌握统计调查的不同组织方式、特点与应用。

统计工作的任务是揭示客观现象的数量特征和数量关系，作为需要研究的材料——统计数据。统计设计阶段解决了统计工作在认识过程中对客观现象如何定性并加以量化的问题，在定性和量化方法已经确定的条件下，如何对客观现象进行定量认识，即如何搜集具体的统计数据，则是统计调查阶段的任务。

2.1 统计调查的意义和种类

2.1.1 统计调查的概念和意义

统计调查就是根据统计研究预定的目的、要求和任务，运用各种科学的调查方法，有计划、有组织地搜集考察对象的各个单位的数据，对客观事物进行登记，取得真实可靠的原始数据的工作过程。统计调查所搜集的是反映大量社会经济现象的综合数据和表示个别单位的数据，这有别于通常所说的调查研究。统计调查是取得社会经济数据的重要手段，其中有统计部门进行的统计调查，也有其他部门或机构为特定目的而进行的调查，如市场调查等。

统计调查在现代社会发展过程中发挥着越来越重要的作用，统计调查从对客观事物的描述出发，测度社会经济活动特征，从而准确把握社会经济发展基本动向，例如，可以通过问卷调查了解居民消费、投资等问题，为国家宏观经济检测、预警和适时调控提供客观依据。

2.1.2 统计调查的基本要求

统计调查的目的是搜集统计数据，这个环节既是统计工作的基础，又是统计整理和统计分析的前提，是决定整个统计工作质量的主要环节。统计调查工作质量的好坏，会影响到统计整理和统计分析结果的可靠性、真实性，关系到是否能确切反映客观实际、得出正确的结论。因此统计调查必须坚持实事求是的原则，深入实际，全面了解情况，以取得准确、及时、完整的数据。

准确性是统计工作的生命，统计调查必须准确地反映社会经济的实际情况，保证各项统计资料真实、可靠，只有这样，才能据以做出正确的判断，得出科学的结论，为决策提供真实可靠的依据。

及时性就是要求保证统计调查所得到的数据的时效性，及时完成各项调查数据的上报。资料提供得越及时，其时间效用就越大，越能提高数据的使用价值。当今无论是宏观经济的适时调控，还是企业对瞬息万变的市场的把握，都需要对数据及时把握。如果数据提供不及时，即使资料是准确无误的，也犹如“雨后送伞”，同样起不到应有的作用。

完整性是指统计调查提供的数据要全面。统计研究的目的，就在于从事物的全部中掌握事物内部的联系，从而认识社会经济现象的规律性。如果数据不全面或不系统，就会给后续的统计整理和统计分析工作带来不便，达不到更准确认识社会的目的。

2.1.3 统计调查的种类

社会经济现象错综复杂，调查对象各种各样，实际调查中应根据调查对象的特点、调查目的，选用适当的调查方法。不同的调查方法各有特点，与人力、技术、物力、时间和经费的投入直接相关，会影响调查的效率和社会经济效益。

1. 统计调查按调查范围不同，可以分为全面调查和非全面调查

全面调查是指对总体中的个体逐一进行调查。全面调查可以反映事物的全貌，有利于对事物的现状及其发展趋势做出全面、正确的判断，但是全面调查耗费较多的人力、物力、财力和时间，组织工作也较复杂，出现误差的可能性也更大。例如，2000 年 11 月 1 日零时的全国第五次人口普查就是全面调查。

非全面调查则是对调查单位中的一部分单位进行调查，同样是为了了解和研究总体的某些特征，抽样调查、重点调查和典型调查都属于非全面调查。非全面调查具有灵活简便，能及时取得调查资料，节省人力、物力、财力和时间的优点。例如，城乡居民住户调查，只须调查部分家庭即可。

2. 按登记时间是否连续，可以分为经常性调查和一次性调查

经常性调查又称为连续调查，它要求随着调查对象的发展变化，随时进行连续不断的登记。例如，工厂生产的产品产量、原材料的消耗量的调查，都属于经常性调查。

一次性调查又称为不连续调查，它是间隔一段时间进行的调查，一般是为了对总体在一定时点的状态进行研究，例如，工业企业固定资产总量、耕地数量的调查，都属于一次性调查。

3. 按组织方式不同，可以分为统计报表制度和专门调查

统计报表制度是按照国家统一规定的表式要求，自上而下统一布置，自下而上逐级提供统计资料的一种报告制度。这种调查组织方式在我国政府统计工作中，经过几十年的改进和完善，已形成了一套比较完备的统计报告制度，它要求以原始数据为基础，按照统一的表式、指标、报送时间和报送程序填报，已成为国家和地方政府部门获取统计数据的主要统计调查组织方式。统计报表反映国家经济发展的各项基本指标，为国家制定方针、政策提供依据，如工业统计报表制度、农业统计报表制度等。

专门调查是针对调查对象的特点，为了某一特定目的而组织的一种搜集资料的调查组织形式，主要有普查、抽样调查、重点调查和典型调查。后面有专门章节详细阐述。

2.1.4 统计调查中搜集数据的方法

不论采用哪种方式组织调查，都要运用具体的数据搜集方法采集统计数据。

1. 直接观察法

直接观察法也称为现场调查法，是调查人员直接对被调查对象进行登记的调查方法。直接观察法是调查人员深入现场或进入一定环境，观察调查对象，获取第一手数据的方法，故可更多地了解实际。如农产品产量抽样调查中的实割实测就采用直接观察法。

2. 采访法

采访法又称派员调查，是调查者与被调查者通过面对面交谈从而得到所需数据的调查方法。又可分为标准式访问和非标准式访问两种。标准式访问又称结构式访问，是按照调查人员事先设计好的，有固定格式的标准化问卷或表格，有顺序地依次提问，并由受访者做出回答。其优点是能够对调查过程加以控制，从而获得比较可靠的调查结果。非标准式访问又称为非结构式访问，事先不制作统一的问卷或表格，没有统一的提问顺序，调查人员只是给一个题目或提纲，由调查人员和受访者自由交谈，从中获得所需资料。

3. 报告法

报告法指被调查者按隶属关系，以各种原始记录和核算资料为基础，逐级向上提供统计资料的方法。定期统计报表和一些一次性调查表多使用这种方法。如果报告系统健全，原始记录和核算数据完整，采用报告法可以取得比较精确的资料。

4. 邮寄调查

邮寄调查是通过邮寄方式将调查表或问卷送至被调查者手中，由被调查者填写，然后将调查表寄回或投放到收集点的一种调查方法。这是一种标准化调查，其特点是，调查人员和受调查者没有直接的语言交流，信息的传递完全依赖于调查表。但是邮寄调查的缺点是回收率往往比较低。

5. 电话调查

电话调查是调查人员利用电话同受访者进行语言交流，从而获得信息的一种调查方法。该方法具有时效快、费用低等特点。随着电话的普及，电话调查也越来越广泛。电话调查可以按照事先设计好的问卷进行，也可以针对某一专门问题进行电话采访。电话调查所提问题要明确，且数量不宜过多。

6. 网络调查

网络调查也叫做网上调查，是指通过互联网所进行的统计调查，它具有其他统计调查方式方法所没有的优势，比如，组织方便，费用低廉，可全天候运作，消除了时间、空间的限制，缩短调查时间等。当然，网络调查也有局限性，主要是调查对象只能限于网络用户，另外网上资料的保密性和可信度也是控制难点。

2.2 统计调查方案

统计调查方案是统计调查前所制定的实施计划，是全部调查过程的指导性文件。是调查工作有计划、有组织、有系统进行的保证。统计调查方案应确定的内容有：调查目的与任务、调查对象与调查单位、调查项目与调查表、调查时间和调查时限、调查方式方法、调查的组织实施计划。

一份完整的调查方案，应包括以下基本内容：确定调查目的和任务，确定调查对象和调查单位，确定调查项目，拟定调查表，确定调查时间、时限和方式方法，制定调查工作的组织实施计划。

1. 确定调查目的和任务

确定调查目的是制定统计调查方案的首要问题，这是统计调查的第一步工作，首先明确所要解决“调查什么”的问题。因为统计调查的目的和任务决定着统计调查对象、调查内容和搜集数据的方法，统计调查的目的和任务不同，调查的对象、范围、方法也不同。

2. 确定调查对象和调查单位

在确定了调查目的后，接下来的问题是要确定向谁调查的问题，也就是要确定调查对象和调查单位。

调查对象是被研究对象的总体，调查单位是构成总体的每一个单位，填报单位是指受征集资料的单位。

3. 确定调查项目，拟定调查表

调查项目是指调查时所要登记的标志。例如，在评估职工队伍时，我们要调查职工的“学历”、“专业”、“工作年限”等项目。

在设计调查项目时，还要注意以下几点：①拟定的项目应当是满足调查目的所必需的；②拟定调查项目应本着需要与可能的原则，只能列出能得到确切答案的项目，对项目的提法要明确、具体；③确定的项目之间应尽可能做到互相联系，以便于核对答案的准确性；④调查项目中问题的提法应尽可能是被调查者能回答的问题；⑤调查项目中所提的问题应该是被调查者愿意回答的问题，尽量避免被调查者的抵触情绪；⑥调查项目中问题的提法应尽量不带倾向性。

在确定了调查项目后，可以根据需要拟定提纲和调查表。

4. 确定调查时间和调查期限

调查时间包含两个方面的含义：一是调查数据所属的时间；二是调查工作的起止时间。

调查数据所属的时间属性可能是时期，也可能是时点，而这两种属性在统计和计算上存在很大的差异，所以在调查过程中正确区别这两种时间属性是非常重要的。

5. 制定调查的组织实施计划

为保证统计调查工作顺利进行，还必须制定出调查的组织实施计划。主要包括：①组织领导；②调查前的准备工作；③其他方面的调查组织工作。

2.3 统计调查的组织方式

统计调查的组织方式通常有普查、统计报表、抽样调查、重点调查、典型调查等。这些调查方式具有不同的优势和不足，在统计调查实际工作中根据需要结合应用，才能保证统计资料的准确、及时。

2.3.1 普查

普查是一种专门组织的一次性的全面调查，是指对所要研究的总体中的所有个体进行计量和登记的一种统计调查方式。一般来说，国家为了掌握有关国情、国力的重要事项，常采用普查搜集属于一定时点上的社会经济现象的总量。如人口普查、工业普查、农业普查、第三产业普查，等等。

1. 普查的组织方式有两种

1）组织专门的普查机构，配备一定数量的普查人员直接对调查单位进行登记。

2）利用被调查单位的原始记录、统计和核算资料，颁发一定的普查表格，由被调查单位填报。要求有普查机构和专门人员负责普查的组织领导。

2. 普查组织方式的特点

普查作为一种特殊的数据搜集方式，具有以下几个特点：

1）普查通常是一次性的或周期性的。由于普查涉及面广，调查单位多，需要耗费大量的人力、物力和财力，通常需要间隔较长的时间，一般每隔 10 年进行一次。如我国的人口普查 1953 ~ 2000 年共进行了 5 次。

2）规定统一的标准时点。标准时点是指对被调查对象登记时所依据的统一时点。调查资料必须反映调查对象的这一时点上的状况，以避免调查时因情况变动而产生重复登记或遗漏现象。例如，我国第五次人口普查的标准时点为 2000 年 11 月 1 日零时，就是要反映这一时点上我国人口的实际状况。

3）规定统一的普查期限。在普查范围内各调查单位或调查点尽可能同时进行登记，并在最短的期限内完成，以便在方法和步调上保持一致，保证资料的准确性和时效性。

4）规定普查的项目和指标。普查时必须按照统一规定的项目和指标进行登记，不准任意改变或增减，以免影响汇总和综合，降低资料质量。同一种普查，每次调查的项目和指标应力求一致，以便于历次调查资料的对比分析和观察社会经济现象发展变化情况。

5）普查的数据一般比较准确，规范化程度也较高，因此它可以为抽样调查或其他调查提供基本依据。

6）普查的使用范围比较窄，只能调查一些最基本及特定的现象。

2.3.2 统计报表

统计报表是按照统一规定的表格形式，自上而下地统一布置、自下而上地逐级提供统计资料的一种统计调查方式。统计报表要以一定的原始记录为基础，按照统一的表式、统一的指标、统一的报送时间和报送程序进行填报。

统计报表按实施范围不同，可分为全面统计报表和非全面统计报表；按报送周期长短不同，可分为日报、旬报、月报、季报、年报等；按填报单位不同，可分为基层报表和综合报表；按报表内容和实施范围不同，可分为国家统计报表、部门或行业统计报表和地方统计报表。

随着计算机网络技术和数据库技术的不断发展，通过计算机网络进行统计报表的申报越来越普及，通过这种方式极大地提高了数据的搜集、传输、汇总和传播的速度，提高了统计工作的效率。

2.3.3 非全面调查的种类

1. 重点调查

重点调查是一种非全面的调查，是指在调查对象中，选择其中的一部分重点单位所进行的调查。重点调查是专门组织的一种非全面调查，它是在总体中选择个别的或部分重点单位进行调查，以了解总体的基本情况。所谓重点单位，是指在总体中具有举足轻重地位的单位。这些单位虽然少，但它们调查的标志值在总体标志值总量中比重很大，通过对这些单位的调查，就能掌握总体的基本情况。例如，鞍钢、武钢、首钢、包钢和宝钢等特大型钢铁企业，虽然在全国钢铁企业中只是少数，但它们的产量却占全国钢铁产量的绝大部分。对这些重大企业进行调查，便能省时省力而且及时地了解全国钢铁生产的基本情况，满足调查任务的要求。

重点调查的优点在于调查单位少，可以调查较多项目的指标，了解较详细的情况，取得及时的数据，使用较少的人力和时间，取得较好的效果，当调查任务只要求掌握总体的基本情况，而且总体中确实存在重点单位时，采用重点调查是比较适宜的。但必须指出，由于重点单位与一般单位的差别较大，通常不能由重点调查的结果来推算整个调查对象的总体指标。

2. 典型调查

典型调查也是专门组织的一种非全面调查，它是根据调查研究的目的和要求，在对总体进行全面分析的基础上，有意识地选择其中有代表性的典型单位进行深入细致的调查，借以认识事物的本质特征、因果关系和发展变化的趋势。所谓有代表性的典型单位，是指那些最充分、最集中地体现总体某方面共性的单位。只要客观地、正确地选择典型单位，通过对典型单位的深入细致的调查，既搜集详细的第一手数字资料，又掌握生动具体的情况，就可以获得对总体本质特征的深刻认识，特别是对一些复杂的社会经济问题的研究，典型调查可以了解得更深入、更具体、更详尽。在总体内部差别不大，或分类后各类型内部差别不大的情况下，典型单位的代表性很显著，也可以用典型调查资料来补充和验证全面调查的数字。

典型调查的中心问题是如何正确选择典型单位。选择典型单位必须依据正确的理论进行全面的分析，切忌主观片面性和随意性；它不仅要求调查者有客观的、正确的态度，而且要有科学的方法。根据不同的研究目的和要求，有以下三种选择典型的方法。

“解剖麻雀”的方法。这种方法适用于总体内各单位差别不太大的情况。通过对个别代表性单位的调查，即可估计总体的一般情况。

“划类选典”的方法。总体内部差异明显，但可以划分为若干个类型组，使各类型组内部差异较小。从各类型组中分别抽选一两个具有代表性的单位进行调查，即称为划类选典。这种调查既可用于分析总体内部各类型特征，以及它们的差异和联系，也可综合各种类型对总体情况做出大致的估计。

“抓两头”的方法。从社会经济组织管理和指导工作的需要出发，可以分别从先进单位和落后单位中选择典型，以便总结经验和教训，带动中间状态的单位，推动整体的发展。

3. 抽样调查

抽样调查又称抽样推断，是指为了特定的研究目的，按照随机原则从总体中抽取部分个体组成样本进行调查，然后根据样本调查数据从数量上推断总体的数量特征。抽样调查既可用于经常性调查，如产品质量抽样检验与控制，也可用于一次性调查。

（1）抽样调查的特点

①样本单位是按随机原则抽取的；②抽样调查的目的是用样本数据推断总体的数量特征；③抽样调查的误差是不可避免的，但可以计算和控制。

（2）抽样调查的应用

①不可能进行全面调查的现象只能采用抽样调查，如具有破坏性的产品质量检验；②不必要进行全面调查的现象可采用抽样调查，如城乡居民生活收支调查；③可作全面调查的现象，为了节省时间、人力和调查费用，亦可采用抽样调查；④用抽样调查弥补全面调查的不足或修正补充全面调查的数据。

抽样调查的组织方式有简单随机抽样、分层抽样、系统抽样、整群抽样、二重抽样、多阶段抽样等。

2.4 调查问卷

问卷又称调查表或询问表，是以问题的形式系统地记载调查内容的一种印件。问卷可以是表格式、卡片式或簿记式。设计问卷是询问调查的关键。完美的问卷必须具备两个功能，即能将问题传达给被问的人和使被问者乐于回答。要完成这两个功能，问卷设计时应当遵循一定的原则和程序，运用一定的技巧。

2.4.1 问卷设计的原则

1）有明确的主题。根据调查主题，从实际出发拟题，问题目的明确，重点突出，没有可有可无的问题。

2）结构合理、逻辑性强。问题的排列应有一定的逻辑顺序，符合应答者的思维习惯。一般是先易后难、先简后繁、先具体后抽象。

3）通俗易懂。问卷应使应答者一目了然，并愿意如实回答。问卷中语气要亲切，符合应答者的理解能力和认识能力，避免使用专业术语。对敏感性问题采取一定的技巧调查，使问卷具有合理性和可答性，避免主观性和暗示性，以免答案失真。

4）控制问卷的长度。回答问卷的时间控制在 20 分钟左右，问卷中既不要浪费一个问句，也不要遗漏一个问句。

5）便于资料的校验、整理和统计。

2.4.2 问卷设计的程序

1）确定主题和资料范围。根据调查目的的要求，研究调查内容、所需收集的资料及资料来源、调查范围等，酝酿问卷的整体构思，将所需要的资料一一列出，分析哪些是主要资料，哪些是次要资料，哪些是可要可不要的资料，淘汰那些不需要的资料，再分析哪些资料需要通过问卷取得、需要向谁调查等，并确定调查地点、时间及对象。

2）分析样本特征。分析了解各类调查对象的社会阶层、社会环境、行为规范、观念习俗等社会特征；需求动机、潜在欲望等心理特征；理解能力、文化程度、知识水平等学识特征，以便针对其特征来拟题。

3）拟定并编排问题。首先构想每项资料需要用什么样的句型来提问，尽量详尽地列出问题，然后对问题进行检查、筛选，看有无多余的问题，有无遗漏的问题，有无不适当的问句，以便进行删、补、换。

4）进行试问试答。站在调查者的立场上试行提问，看看问题是否清楚明白，是否便于资料的记录、整理；站在应答者的立场上试行回答，看看是否能答和愿答所有的问题，问题的顺序是否符合思维逻辑。估计回答时间是否合乎要求。有必要在小范围进行实地试答，以检查问卷的质量。

5）修改、付印。根据试答情况，进行修改，再试答，再修改，直到完全合格以后再定稿付印，制成正式问卷。

2.4.3 问题的形式

1. 开放式问题

开放式问题又称无结构的问答题。在采用开放式问题时，应答者可以用自己的语言自由地发表意见，在问卷上没有已拟定的答案。

例如，您抽烟多久了？您喜欢看哪一类的电视节目？您认为加入 WTO 对我国政府管理体制有何影响？

显然，应答者可以自由回答以上问题，并不需要按照问卷上已拟定的答案加以选择，因此应答者可以充分地表达自己的看法和理由，并且比较深入，有时还可获得研究者始料未及的答案。通常而言，问卷上的第一个问题采用自由式问题，让应答者有机会尽量发表意见，这样可制造有利的调查气氛，缩短调查者与应答者之间的距离。

然而，开放式问题亦有其缺点。例如调查者的偏见，因记录应答者答案是由调查者执笔，极可能失真，或并非应答者原来的意思。如果调查者按照他自己的理解来记录，就有出现偏差的可能。但这些不足可运用录音机来弥补。开放式问题的第二个主要缺点是资料整理与分析的困难。由于各种应答者的答案可能不同，所用字眼各异，因此在答案分类时难免出现困难，整个过程相当耗费时间，而且免不了夹杂整理者个人的偏见。因此，开放性问题在探索性调研中是很有帮助的，但在大规模的抽样调查中，它就弊大于利了。

2. 封闭式问题

封闭式问题又称有结构的问答题。与开放式问题相反，封闭式问题规定了一组可供选择的答案和固定的回答格式。

例如，你购买雕牌洗衣粉的主要原因是（选择最主要两种）

A. 洗衣较洁白

B. 售价较廉

C. 任何商店都有出售

D. 不伤手

E. 价格与已有的牌子相同，但分量较多

F. 朋友介绍

封闭式问题的优点包括以下几个方面。

①答案是标准化的，对答案进行编码和分析都比较容易；②回答者易于作答，有利于提高问卷的回收率；③问题的含义比较清楚。因为所提供的答案有助于理解题意，这样就可以避免回答者由于不理解题意而拒绝回答。

封闭式问题也存在一些缺点。

①回答者对题目不正确理解的，难以觉察出来；②可能产生“顺序偏差”或“位置偏差”，即被调查者选择答案可能与该答案的排列位置有关。研究表明，对陈述性答案被调查者趋向于选第一个或最后一个答案，特别是第一个答案。而对一组数字（数量或价格）则趋向于取中间位置的。为了减少顺序偏差，可以准备几种形式的问卷，每种形式的问卷答案排列的顺序都不同。

2.4.4 问卷调查设计技巧

1. 事实性问题

事实性问题主要是要求应答者回答一些有关事实的问题。例如，你通常什么时候看电视？

事实性问题的主要目的在于求取事实资料，因此问题中的字眼定义必须清楚，让应答者了解后能正确回答。

市场调查中，许多问题均属“事实性问题”，例如，应答者的个人资料：职业、收入、家庭状况、居住环境、教育程度等。这些问题又称为“分类性问题”，因为可根据所获得的资料而将应答者分类。在问卷之中，通常将事实性问题放在后边，以免应答者在回答有关个人的问题时有所顾忌，因而影响以后的答案。如果抽样方法是采用配额抽样，则分类性问题应置于问卷之首，否则不知道应答者是否符合样本所规定的条件。

2. 意见性问题

在问卷中，往往会询问应答者一些有关意见或态度的问题。

例如，你是否喜欢××电视节目？

意见性问题事实上即态度调查问题。应答者是否愿意表达他真正的态度，固然要考虑，而态度强度亦有不同，如何从答案中衡量其强弱，显然也是一个需要克服的问题。通常而言，应答者会受到问题所用字眼和问题次序的影响，即不同反应，因而答案也有所不同。对于事实性问题，可将答案与已知资料加以比较。但在意见性问题方面则较难作比较工作，因应答者对同样问题所作的反应各不相同。因此意见性问题的设计远比事实性问题困难。这种问题通常有两种处理方法：其一是对意见性问题的答案只用百分比表示，例如有的应答者同意某一看法等。另一方法则旨在衡量应答者的态度，故可将答案化成分数。

3. 困窘性问题

困窘性问题是指应答者不愿在调查员面前作答的某些问题，比如关于私人的问题，或不为一般社会道德所接纳的行为、态度，或属有碍声誉的问题。例如，平均说来，每个月你打几次麻将？如果你的汽车是分期购买的，一共分多少期？你是否向银行抵押借款购股票？除了你工作收入外，尚有其他收入吗？

如果一定要想获得困窘性问题的答案，又避免应答作不真实回答，可采用以下方法。

间接问题法。不直接询问应答者对某事项的观点，而改问他认为其他该事项的看法如何。

例如，用间接问题旨在套取应答者回答认为是旁人的观点。所以在他回答后，应立即再加上问题："你同他们的看法是否一样？"

卡片整理法。将困窘性问题的答案分为"是"与"否"两类，调查员可暂时走开，让应答者自己取卡片投入箱中，以减低困窘气氛。应答者在无调查员看见的情况下，选取正确答案的可能性会提高不少。

随机反应法。根据随机反应法，可估计出回答困窘问题的人数。

断定性问题。有些问题是先假定应答者已有该种态度或行为。例如，你每天抽多少支香烟？事实上该应答者极可能根本不抽烟，这种问题则为断定性问题。正确处理这种问题的方法是在断定性问题之前加一条"过滤"问题。例如，你抽烟吗？如果应答者回答"是"，用断定问题继续问下去才有意义，否则在"过滤"问题后就应停止。

假设性问题。有许多问题是先假定一种情况，然后询问应答者在该种情况下，他会采取什么行动。例如，如果××晚报涨价至2元，你是否将改看另一种未涨价的晚报？如果××牌洗衣粉跌价1元，你是否愿意用它？你是否赞成公共汽车公司改善服务？

以上皆属假设性问题，应答者对这种问题多数会答"是"。这种探测应答者未来行为的问题，应答者的答案事实上没有多大意义，因为多数人都愿意尝试一种新东西，或获得一些新经验。

2.4.5 问卷的结构

调查问卷一般可以看成是由3部分组成：卷首语（开场白）正文和结尾。

1. 卷首语

问卷的卷首语或开场白是致被调查者的信或问候语。其内容一般包括下列几个方面：①称呼、问候，如"××先生、女士：您好"；②调查人员自我说明调查的主办单位和个人的身份；③简要地说明调查的内容、目的、填写方法；④说明作答的意义或重要性；⑤说明所需时间；⑥保证作答对被调查者无负面作用，并替他保守秘密；⑦表示真诚的感谢，或说明将赠送小礼品。

信的语气应该是亲切、诚恳而礼貌的，简明扼要，切忌啰嗦。问卷的开头是十分重要的。大量的实践表明，几乎所有拒绝合作的人都是在开始接触的前几秒钟内就表示不愿参与的。如果潜在的调查对象在听取介绍调查来意的一开始就愿意参与的话，那么绝大部分都会合作，而且一旦开始回答，就几乎都会继续并完成，除非在非常特殊的情况下才会中止。

2. 正文

问卷的正文实际上也包含了三大部分。

第一部分包括向被调查者了解最一般的问题。这些问题应该是适用于所有的被调查者，并能很快很容易回答的问题。在这一部分不应有任何难答的或敏感的问题，以免吓坏被调查者。

第二部分是主要的内容，包括涉及调查的主题的实质和细节的大量的题目。这一部分的结构组织安排要符合逻辑性并对被调查者来说应是有意义的。

第三部分一般包括两部分的内容，一是敏感性或复杂的问题，以及测量被调查者的态度或特性的问题；二是人口基本状况、经济状况，等等。

3. 结尾

问卷的结尾一般可以加上1~2道开放式题目，给被调查者一个自由发表意见的机会。然后，对被调查者的合作表示感谢。在问卷的最后，一般应附上一个“调查情况记录”。这个记录一般包括：①调查人员（访问员）姓名、编号；②受访者的姓名、地址、电话号码等；③问卷编号；④访问时间；⑤其他，如设计分组等。

2.4.6 问卷设计应注意的问题

1. 问卷的开场白

问卷的开场白，必须慎重对待，要以亲切的口吻询问，措辞应精心切磋，做到言简意赅，亲切诚恳，使被查者自愿与之合作，认真填好问卷。

2. 问题的语言

由于不同的字眼会对被调查者产生不同的影响，因此往往看起来差不多的相同的问题，会因所用字眼不同，而使应答者有不同的反应，做出不同的回答。故问题所用的字眼必须小心，以免影响答案的准确性。一般来说，在设计问题时应留意以下几个原则：

1）避免一般性问题。如果问题的本来目的是在求取某种特定资料，但由于问题过于一般化，使应答者所提供的答案资料无多大意义。

例如，某酒店想了解旅客对该酒店房租与服务是否满意，因而作以下询问：

你对本酒店是否感到满意？

这样的问题，显然有欠具体。由于所需资料涉及房租与服务两个问题，故应分别询问，以免混乱，如，

你对本酒店的房租是否满意？

你对本酒店的服务是否满意？

2）问卷的语言要口语化，符合人们交谈的习惯，避免书面化和文人腔调。

3. 问题的选择及顺序

通常问卷的头几个问题可采用开放式问题，旨在使应答者多多讲话，多发表意见，使应答者感到十分自在，不受拘束，能充分发挥自己的见解。当应答者话题多，其与调查者之间的陌生距离自然缩短。不过要留意，最初安排的开放式问题必须较易回答，不可具有高敏感性如困窘性问题。否则一开始就被拒绝回答的话，以后的问题就难继续了。因此问题应是容易回答且具有趣味性，旨在提高应答者的兴趣。核心问题往往置于问卷中间部分，分类性问题如收入、职业、年龄通常置于问卷之末。

问卷中问题的顺序一般按下列规则排列。

1）容易回答的问题放前面，较难回答的问题放稍后，困窘性问题放后面，个人资料的事实性问题放卷尾。

2）封闭式问题放前面，自由式问题放后面。由于自由式问题往往需要时间来考虑答案和语言的组织，放在前面会引起应答者的厌烦情绪。

3）要注意问题的逻辑顺序，一般按时间顺序、类别顺序等合理排列。

□本章小结

统计调查是统计工作的基础，其目的是搜集统计数据。统计调查是统计整理和统计分析的前提，是决定整个统计工作质量的重要环节。准确性、及时性、完整性是统计调查的基本要求。统计调查按调查范围不同，可以分为全面调查和非全面调查；按登记时间是否连续，可以分为经常性调查和一次性调查；按组织方式不同，可以分为统计报表制度和专门调查。不论采用哪种方式组织调查，都要运用具体的数据搜集方法采集统计数据，搜集资料的方法主要有：直接观察法、采访法、报告法、邮寄调查、电话调查、网络调查等。

统计调查方案设计成功与否直接关系到统计调查工作的效率与成效，其内容包括确定调查目的；确定调查对象和调查单位；确定调查项目；确定调查时间和调查时限；确定调查方式方法；制定调查的组织实施计划。

统计调查的组织方式包括统计报表制度、普查、抽样调查、典型调查、重点调查等。普查是专门组织的一次性的全面调查。抽样调查、典型调查、重点调查都是非全面调查，三者之间的区别主要表现在选取调查单位的不同。

□学习建议

学习本章内容应结合社会实践，开展调查活动，以便掌握各种调查方法其相互关系。

1. 本章重点

调查方案设计的内容，统计调查的各种方法。

2. 本章难点

正确使用统计调查方法搜集准确、及时、全面、系统的原始数据。

❑核心概念

统计调查　全面调查　重点调查　典型调查　抽样调查

❑课后思考与练习

1. 试述统计调查的意义及其基本情况。
2. 统计调查的种类？非全面调查的组织方式包括哪些？各有哪些优缺点？
3. 试述普查的意义、特点和作用。组织好普查应注意哪些问题？
4. 什么是重点调查、典型调查和抽样调查？它们各自有哪些特点和作用？
5. 统计数据的具体搜集方法有哪些？
6. 一个周密的调查方案应该包括哪些内容？这些内容的意义怎样？
7. 指出下列调查的调查对象和调查单位：

   ①城市职工家庭生活调查；②机械工业设备调查；③科技人员调查；④商店网点调查；⑤商品部门零售物价调查；⑥住宅调查；⑦行车质量调查；⑧产品成本调查；⑨基本建设大、中型企业投资效果调查；⑩进出口货运情况调查。
8. 某家用电器生产厂家想通过市场调查了解以下问题：企业产品的知名度；产品的市场占有率；用户对产品质量的评价及满意程度。

   (1) 你认为这项调查采取哪种调查方式比较合适？

   (2) 设计出一份调查问卷。
9. 假设某人口普查的标准时点规定为6月30日24时，并以常住人口为普查对象，在标准时间后几天，调查人员遇到下列情况，该如何处理？

   (1) 7月3日在第一家调查时，得知这家7月2日死去1人，在普查表上应列为“死亡”或“不死亡”？

   (2) 同日在第二家遇到婚礼，10天以前，新婚夫妇办理好结婚登记，调查人员应如何登记这对青年人的“婚否”项目？

   (3) 7月4日到第三家，这家6月30日出生1个孩子，应如何登记？

   (4) 7月4日到第四家，户主告诉调查员：他在7月1日已办理离婚手续，对被询问者的婚姻状况应如何填写？

   (5) 7月5日在第五家，遇到户主的儿子从外地回家探亲，户主对调查员说：他儿子6月25日回家后在派出所办理了一个月的临时户口，试问他的户籍应如何登记？

CHAPTER 3 第3章

统计整理

□学习目标

- 理解统计整理的作用、原则及分类。
- 掌握分配数列的分类及其编制方法。
- 掌握统计图表的编制方法。

通过统计调查或其他途径搜集到的统计数据一般是原始数据，往往是零散杂乱或不系统的，为了进行统计分析，就必须通过有效的统计整理，使之条理化、系统化。而统计整理必须按照统计研究的目的和要求有序进行，其中统计分组尤为重要。统计分组后形成了分配数列，并通过统计图、统计表的形式直观体现出来，能够较好说明客观现象的实际状态，从而进行有效的统计分析。

3.1 统计整理

3.1.1 统计整理的概念

统计整理是指根据特定的统计研究目的与要求，对统计调查所搜集到的个体的原始数据进行分组、汇总，或对二次数据进行再分组或汇总，使之条理化、系统化的工作过程。

3.1.2 统计整理的原则

统计活动是从个体的实际表现到总体的综合表现的认识过程，也是从对现象的感性认识到对现象的理性认识的过程。统计整理正是从对现象个体量的观察到对现象总体量的认识的连接点，是从统计调查到统计分析的中间环节，是统计调查的继续，统计分析的前提和基础，在统计工作中起着承前启后的作用。统计数据整理的质量，将直接影响统计对现象总体数量描述的准确性和分析的真实性。其遵循的原则是：①去伪存真；②去粗取精；③科学分类；④浓缩简化。

3.1.3 统计整理的步骤

1. 设计统计整理方案

根据统计研究的目的和要求，对统计工作做出全面科学的安排，制定周密的整理计划。其内容包括：确定分类体系和分组标志，确定统计指标和指标体系，确定统计数据审核的原则和办法，确定统计汇总的方式，制定相应的统计图表，并对相应环节加以详细的规定和说明，确保统计整理工作平稳顺利地进行。

2. 审核统计数据

统计数据在汇总分组之前应进行审核，保证统计数据全面准确。统计数据的审核包括：

逻辑审核。按照数据审核的内容，采用逻辑分析的方法，检查原始数据中各项数据是否合理。要求审核员有较好的逻辑思维能力。

技术审核。根据数据审核的内容，通过对调查数据原始登记表，和其他原始登记材料进行机械性核对，来实施的数据审核方式。主要包括审核填报单位是否存在漏报或重报，调查项目是否齐全，填写是否符合规范，计量单位是否准确等。

3. 分组和汇总统计数据

根据整理方案的要求，按照合理的分组标志对大量的、零散的资料进行分组汇总，形成系统化的资料。

4. 编制统计图表

根据分组或汇总的统计数据，编制统计图表，使之条理化、形象化。

5. 保管统计数据

将统计整理得到的统计数据进行汇编，编制成册或建立统计数据资料库，实现资料的共享和长期有效的保存。

3.2 统计分组

3.2.1 统计分组的概念

统计分组是指根据统计研究的目的和现象的本质特征，将统计总体按照一个或几个标志进行划分，形成若干性质不同的部分或组的科学分类方法。进行统计分组时要注意分组的科学性、完备性、互斥性。

科学性。必须坚持组内统计资料的同质性和组间统计资料的差别性，这是统计分组的一个基本原则。如，了解我国消费者的消费能力，对居民按年龄分组：0~10，10~20，20~30，30~40…则不太合理，没有遵循科学分组的原则。

完备性。它是指总体中的任一单位都有所归属，即都能归纳到某一组。统计分组的整体空间应该容纳总体现象的全部单位，也就是说分组的结果能够把全部资料包括进去，不能遗漏。如某人的年龄为90岁，而在分组时，年龄最大的组别为60~80，则产生数据遗漏。

互斥性。它是指总体中的任一单位都只能归属于一组，而不能同时属于两个或两个以上的统计分组中，即不能交叉。如某企业的固定资产为100万元，而固定资产的分组为：0~120，110~1000…则组与组之间出现交叉，该企业可以归属两组，则统计分组不合理。

统计分组对总体而言是“分”，对个体而言是“合”。总体分组后，突出了组与组之间的差异而抽象了组内各单位之间的差异。例如，研究某一地区企业规模情况时，可按职工人数这一标志将企业分为不同组。各组间的职工人数是显著不同的，而每组中的职工人数是基本相同的。通过分组，从数量方面剖析事物，揭示事物内部的联系，深入地研究总体的特征，从而认识事物的本质及其规律性。

3.2.2 统计分组的作用

科学的统计分组可以很好地描述社会经济现象的本质，并揭示其运行的规律。其作用如下：

1. 划分社会经济现象的类型

社会经济现象类型各异，错综复杂，如何掌握社会经济现象的本质及其规律，首先就应该对其进行分类汇总。1998年9月，国家统计局制定了《关于统计上划分经济成分的规定》，对我国的经济类型进行了重新划分。其主要内容包括我国的经济成分划分为两大类别，共五种成分类型。第一大类为公有经济，其中包括国有经济和集体经济两种成分类型；第二大类为非公有经济，其中包括私有经济、港澳台经济、外商经济三种成分类型。在具体确定企业经济成分时的推算方法是根据企业实收资本中的国家资本、集体资本、个人资本、港澳台资本和外商资本确定经济成分。即实收资本中的国家资本作为国有经济成分，集体资本作为集体经济成分，个人资本作为私人经济成分，外商资本作为外商经济成分。新的经济成分类型划分，为观察我国社会经济结构变化提供了一个更为准确、全面的工具，为宏观经济决策提供了客观依据，也为我国社会主义市场经济体制的建立提供了一个重要的基础。

2. **反映社会经济现象的内部结构**

将社会经济现象按照一定的分组标志分组后，可以反映各组的数量特征及总体的构成情况。例如，我国2008年GDP总值构成情况如表3-1所示。

表3-1 我国2008年GDP总值构成情况

	绝对额（亿元）	比重（%）
第一产业	34 000	11. 31
第二产业	146 183	48. 62
第三产业	120 487	40. 07
总计	300 670	100. 00

资料来源：国家统计局网站 http://www.stats.gov.cn。

3. **揭示社会经济现象的依存关系**

社会经济现象不是孤立存在的，而是相互依存和相互联系的。例如，将企业按总资产分组，分析各组企业的利润与总资金的关系；将零售商店按商品销售额分组，分析流通费用率与销售额之间的关系等。通过分组对照数据能够清楚显示现象之间的依存关系。

3.2.3 统计分组的原则

1. **根据研究目的选择分组标志**

同一社会经济现象在不同的研究目的中，其分组标志的选择是不一样的，应选择与研究目的密切的标志来进行分组。例如，要了解某一地区的居民生活质量，就不能选择年龄作为分组标志；又如要了解某一地区的人口构成情况，则不能选择收入来作为分组标志。

2. **根据现象本质选择分组标志**

统计分组的目的是在同质的基础上进行差异化的划分，各组的差异不是很明显的情况下，必须选择最本质的标志来进行分组。例如，要了解城市和农村的消费情况，不能仅仅选择收入作为分组标志，而应该选择收入支出比来作为分组标志。

3. **根据所处条件选择分组标志**

社会经济现象随着时间、地点、条件的变化而不断变化着，同一分组标志在某一时期适用，而在另一时期可能就不适用了。例如，市场经济条件下很多企业强调的市场占有率或市场份额等标志，而这些在改革开放前的计划经济体制下却毫无意义。因此，应选择符合历史或经济发展的标志进行分组，做到与时俱进。

3.2.4 统计分组的种类

1. **按标志表现分组**

(1) 品质标志分组

品质标志分组是指选择反映现象本质特征的品质标志作为分组标志。某些现象采用品质标志分组，一旦确定分组标志，则各组名称、界限、组数也随之确定，并且能较好地反映社会经济现象的本质特征。例如，人口按性别划分为男女两组，反映其构成情况并且也为我国的计划生育政策提供指导。

但很多社会经济现象则不能简单地用单一的品质标志进行分组，例如企业按行业划分，商品按类别划分等，需要借助专业的分类标准，因此，在实际分组中，往往会借鉴政府制定的《工业部门分类目录》、《工业产品目录》等统一的统计分类标准。

（2）数量标志分组

数量标志分组也称变量分组，是指选择反映现象本质的一个或几个数量标志作为分组标志。在变量范围内，划定各组的数量界限，按组归类。反映各组间的数量差异。根据变量个数的多少，又分为单项式分组和组距式分组。

单项式分组——一个变量值为一组。当变量是离散型变量且变动范围较小时，可以选择单项式分组。例如，我国居民家庭按人口数分组。

组距式分组——变量值的一定范围为一组。当变量为连续型或离散型变量，且变动范围较大时，采用单项式分组势必组数太多，失去了分组的意义，这时则需将变量值按照一定的规则划分为几个区间，按区间归类，形成变量值在各组间的分布。例如，企业按职工人数分组如下：100 人以下，100 ~ 300 人，300 ~ 1 000 人，1 000 ~5 000 人，5 000 人以上。即为组距式分组。

各组的界限称为组限，其中较小者称为下限，较大者称为上限。每一组变量的变化范围称为组距，计算公式为：

$$组距 = 上限 - 下限 \tag{3-1}$$

“100 人以下”和“5 000 人以上”两组称为开口组，其中 100 以下称为下开口组（缺下限），5 000 以上称为上开口组（缺上限），开口组无组距。

2. 按标志数量分组

（1）简单分组

简单分组是指按一个标志对总体进行分组。例如，2008 年我国人口性别构成情况（见表 3-2）。

表 3-2 2008 年我国人口性别构成情况

性别	年末人口数（万人）	比重（%）
男性	68 357	51.5
女性	64 445	48.5
全国总人口	132 802	100.0

资料来源：中华人民共和国 2008 年国民经济和社会发展统计公报。

（2）复杂分组

复杂分组是指按两个或两个以上的标志对总体进行层叠分组。即先按某一标志对总体进行分组，再按其他标志将已分的各组再次进行分组。例如，2006 年我国部分农产品产量如表 3-3 所示。

（3）体系分组

体系分组是指按 3 个或 3 个以上的分组标志对总体进行并列分组。例如，2008 年我国人口构成情况（见表3-4）。

表3-3　2006年主要农产品产量及其增长速度

产品名称	产量（万吨）	比上年增长（%）
粮食	49 746	2.8
夏粮	11 381	7.0
早稻	3 187	0.0
秋粮	35 178	1.7
油料	3 062	-0.5
花生	1 461	1.8
油菜籽	1 270	-2.7
棉花	673	17.8
糖料	10 987	16.2
甘蔗	9 925	14.6
甜菜	1 062	34.8

资料来源：中华人民共和国2006年国民经济和社会发展统计公报。

表3-4　2008年人口数及其构成

指标	年末人口数（万人）	比重（%）
全国总人口	132 802	100.0
地域：城镇	60 667	45.7
乡村	72 135	54.3
性别：男性	68 357	51.5
女性	64 445	48.5
年龄：0~14岁	25 166	19.0
15~59岁	91 647	69.0
60岁及以上	15 989	12.0
其中：65岁及以上	10 956	8.3

资料来源：中华人民共和国2008年国民经济和社会发展统计公报。

3.3　分配数列

3.3.1　分配数列的含义

在统计分组的基础上，把总体的所有单位按组归类并按一定的顺序排列起来，形成总体各单位在各组间的分布，称为分配数列，也称次数分布数列。各组的单位数称为次数或频数，各组次数与总次数之比称为比重或频率。

分配数列包括两个基本要素：一是总体按标志所划分的组；二是各组次数。

分配数列在统计研究中具有重要意义。分配数列是统计分组结果的主要表现形式，也是统计分析的一种重要方法。它可以表明总体单位在各组的分布特征、结构状况，并在这个基础上来进一步研究标志的构成、平均水平及其变动规律性。

3.3.2　分配数列的种类

1. 品质数列

品质数列是指按品质标志分组所形成的分配数列。例如，2006年我国国家财政按功能性质分类的支出情况如表3-5所示。

2. 变量数列

变量数列是指按数量标志分组所形成的分配数列。反映总体各单位在某一数量标志方面的分布情况及总体内部的构成情况。根据数量标志的分组类型，变量数列又可分为单项式数列和组距式数列。

(1) 单项式数列

单项式数列是指单项式分组形成的变量数列，其中每一个变量值代表一组。适合于变量值变动范围比较小的现象。例如，某人才市场100名求职者跳槽次数情况如表3-6所示。

表3-5 2006年我国财政支出情况

支出类别	支出金额（亿元）	比重（%）
经济建设费	10 734.63	26.56
社会文教费	10 846.20	26.83
国防费	2 979.38	7.37
行政管理费	7 571.05	18.73
其他支出	8 291.47	20.51
合计	40 422.73	100.00

资料来源：《中国统计年鉴2007》。

表3-6 某人才市场100名求职者跳槽次数情况

跳槽次数（次）	频数（人）
0	22
1	24
2	20
3	18
4	16
合计	100

(2) 组距式数列

组距式数列是指按组距式分组形成的变量数列，其中变量值的一定范围代表一组。适合于连续型变量或离散型变量值变动范围较大时。组距式数列根据各组组距是否相等，又可以分为等距数列（见表3-7）和异距数列（见表3-8）。

表3-7 某企业100名职工月工资构成表

月工资（元/月）	频数（人）	比重（%）
1 000以下	10	10
1 000～2 000	17	17
2 000～3 000	32	32
3 000～4 000	28	28
4 000～5 000	8	8
5 000以上	5	5
合计	100	100

注：各组组距相等，为等距数列。

表3-8 某地区50家中小企业职工人数构成表

职工人数（人）	频数（家）	比重（%）
10以下	5	10
10～50	7	14
50～100	13	26
100～500	20	40
500以上	5	10
合计	50	100

注：各组组距不等，为异距数列。

3.3.3 分配数列的编制

下面通过实例说明分配数列的编制步骤和方法。

【例3-1】 50名参加Haskens公司生产职位面试人员，对150个能力测验问题的回答结果，数据值代表回答正确的问题个数。

112	115	72	76	69	91	97	102	107	81
73	95	92	141	76	81	86	80	73	106
126	84	128	119	118	113	127	98	124	75
82	68	104	98	132	115	134	106	83	95
92	100	108	85	96	94	100	106	92	119

据此资料编制一个组距式数列。

1. 相关术语和步骤

（1）全距

所谓全距是变量值变化的范围。将各变量值按大小顺序排列，找出最大和最小变量值，则可以计算全距。

$$R = X_{\max} - X_{\min} \tag{3-2}$$

式中　R——全距；

$X_{\max}$——最大变量值；

$X_{\min}$——最小变量值。

在例3-1中，最大的变量值为141，最小的变量值为68，则：

$$全距 = 141 - 68 = 73$$

全距说明了变量值的变动范围，由于全距为73，如果编制单项式数列，势必组数太多，不能很好地反映总体的分布情况，因此，应编制组距式数列。而组距式数列的编制则要考虑组距和组数的影响。

（2）组数

以上50个数据分多少组合适呢？一般情况下，组数与数据本身的特点及数据多少有关，分组的目的是为了观察数据的分布特征，因此组数的选择比较关键。如果组数太少，数据的分布就会过于集中；组数太多，数据的分布就会过于分散，两者都不利于观察数据的分布特征和揭示其规律。在实际分组中，可根据数据的特征确定组数，通常情况下，还可以参考美国统计学家斯特吉斯提出的经验公式：

$$组数 = 1 + \frac{\lg N}{\lg 2} \tag{3-3}$$

式中　N——数据个数。

在例3-1中，组数$=1+\frac{\lg N}{\lg 2}=1+\frac{\lg 50}{\lg 2}\approx 6.7$，故组数可取7。

（3）组距

$$组距 = \frac{全距}{组数} \tag{3-4}$$

在例3-1中，全距为73，组数为7，则组距为$73 \div 7 \approx 10.4$

因此，组距可以取10或15，以方便计算又反映分布特征为好。

注意：实际分组中，有些不适合做等距分组的情况，如要了解我国的人口构成情况，采用等距分组就不能准确地反映人口的自然特征和社会特征；又如我国大中小型企业的资产总额相差也比较大，其变量值分布不均匀，在按企业固定资产总额分组时也不适用等距分组，因此，采用何种分组形式，要根据社会经济现象的具体数据特征进行选择。

(4) 组限

各组的界限为组限，确定组限时要考虑最大变量值和最小变量值，要做到不重复不遗漏。确定原则为：①最小组的下限要小于或等于最小变量值，最大组的上限要大于最大变量值。②对于连续型变量，要求相邻组的上下限必须重合，即本组下限为相邻下一组的上限，且遵循“上限不在组内”的原则。如表3-7中，若某职工的月工资为2 000元，此时，遵循上限不在组内的原则，应将该职工归入2 000 ~ 3 000这一组内。

对于离散型变量，其相邻组的上下限可以不重合。在统计实践中，为了方便起见，无论是连续型变量还是离散型变量一般都采用组限重合的方式，尽可能避免遗漏。

(5) 组中值

根据组距数列计算平均值、标准差等数据时，一般采用各组的组中值来代替计算。

组中值——各组下限和上限的中间值。闭口组上下限均存在，其计算公式为：

$$组中值 = \frac{本组下限 + 本组上限}{2} \tag{3-5}$$

但当变量值中出现极端值时，往往采用开口组的方式进行分组，下开口组无下限，上开口组无上限，无法计算组中值。因此，对于开口组，其组中值的计算采用以下的近似公式：

$$下开口组:组中值 = 本组上限 - \frac{邻组组距}{2} \tag{3-6}$$

$$上开口组:组中值 = 本组下限 + \frac{邻组组距}{2} \tag{3-7}$$

组中值的计算以数据的均匀分布为前提，实际统计数据往往很难均匀分布或无法获知其分布状况，因此由组中值计算得到的其他指标值只能是近似值。

2. 分配数列编制

根据已确定的组距和组数以及组限，将各变量值按组归类，编制成组距数列，形成统计表，由此得到的数列为分配数列或次数分布表。对例3-1中50名面试人员按问题回答正确数的分组如表3-9所示。

表3-9 50名面试人员按问题回答正确数分组

问题回答正确数（个）	频数（人）	比重（%）
60 ~ 70	2	4
70 ~ 80	6	12
80 ~ 90	8	16
90 ~ 100	11	22
100 ~ 110	9	18
110 ~ 120	7	14
120 ~ 130	4	8
130 ~ 140	2	4
140 ~ 150	1	2
合计	50	100

3. 累计分配数列的编制

累计次数和比重通常也能说明总体各单位的分布特征，表明总体中某一组限之上或之下的次数或比重，按计算的方向不同，可以分为：向上累计和向下累计。

向上累计。由变量值小的组向变量值大的组逐组累计，说明各组上限以下所包含的总体单位数或比重。

向下累计。由变量值大的组向变量值小的组逐组累计，说明各组下限或下限以上所包含的总体单位数或比重。

在例3-1中，其累计分布如表3-10所示。

表3-10 50名面试人员问题回答正确累计分布表

问题回答正确数（个）	频数（人）	比重（%）	向上累计		向下累计	
			频数（人）	比重（%）	频数（人）	比重（%）
60~70	2	4	2	4	50	100
70~80	6	12	8	16	48	96
80~90	8	16	16	32	42	84
90~100	11	22	27	54	34	68
100~110	9	18	36	72	23	46
110~120	7	14	43	86	14	28
120~130	4	8	47	94	7	14
130~140	2	4	49	98	3	6
140~150	1	2	50	100	1	2
合计	50	100	—	—	—	—

3.4 统计图表

3.4.1 统计图

统计数据经过整理后可以得到次数分布表，同时为了更直观地得到统计数据的分布特征，还可以统计图的形式来呈现。

1. 直方图

直方图也叫柱状图，是由一系列高度不等的纵向条纹表示数据的分布状态。以分配数列中的次数（或比重）作为纵坐标，以变量值作为横坐标绘制而成。一般用来表示变量型数据的分布特征。

绘制例3-1中的次数分布直方图如图3-1所示。

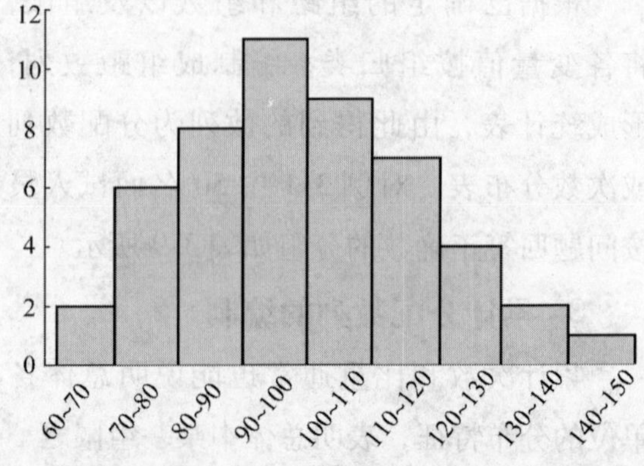

图3-1 50名面试人员回答问题正确的直方图

2. 条形图

条形图是由一组宽度固定但长度不一的长方形图形来表示各组的次数或频率的图形方法。一般用来表示品质型数据的分布特征。

【例3-2】 以下5种饮料是比较受欢迎的饮料，下面列举了购买这5种饮料50次的购买情况，依次如下：

可口可乐	健怡可乐	百事可乐	健怡可乐	可口可乐	可口可乐
芬达	健怡可乐	百事可乐	雪碧	可口可乐	健怡可乐
可口可乐	健怡可乐	可口可乐	雪碧	百事可乐	可口可乐
百事可乐	可口可乐	可口可乐	可口可乐	百事可乐	芬达
可口可乐	健怡可乐	百事可乐	百事可乐	可口可乐	可口可乐
芬达	可口可乐	健怡可乐	可口可乐	可口可乐	可口可乐
可口可乐	百事可乐	可口可乐	雪碧	芬达	百事可乐
健怡可乐	百事可乐	百事可乐	百事可乐	可口可乐	芬达
百事可乐	雪碧				

用条形图表示5种软饮料的购买情况。

解析：

首先，对50次购买次数进行汇总，编制分配数列，如表3-11所示。

条形图见图3-2。

表3-11 50次购买数据汇总表

饮料名称	购买次数
可口可乐	20
百事可乐	13
健怡可乐	8
雪　碧	4
芬　达	5

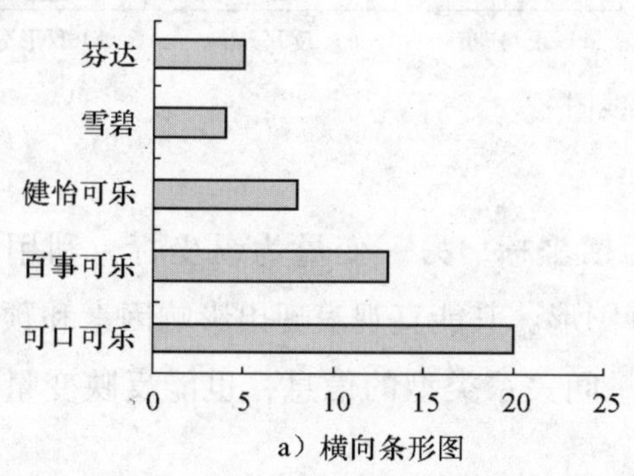

a）横向条形图

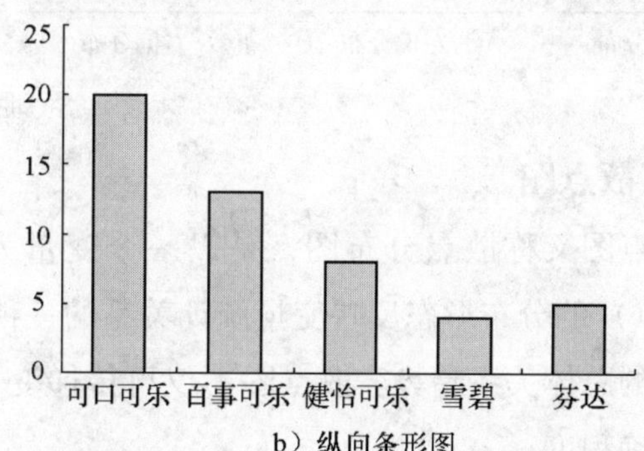

b）纵向条形图

图3-2 50次软饮料购买数据条形图

通过条形图可以直观地看出可口可乐购买次数最多，说明其受欢迎程度最高。

3. 曲线图

当变量数据较多或分组较多时，直方图或条形图不能清晰地反映数据的分布特征，把直方图的各长方形顶端的中点用折线连接起来，构成折线图，由于数据分组较多，因此，呈现出一条比较圆滑的曲线，即构成曲线图；曲线图可以表示次数分布，也可以表示频率分布。主要适用于变量个数较多或数据分组较多时的社会经济现象。

在日常经济管理中，常见的频数分布曲线主要有对称分布，偏态分布，J形分布，U形分布等几种类型。

在实际社会经济生活中，如果统计数据呈现图形 3-3a，即高峰位于中部，左右两侧大致对称时，表示现象服从或近似服从对称分布，如工厂生产的零件尺寸，学校学生的考试成绩等。当统计数据的分布呈现图形 3-3b，即变量值小的次数较少，而变量值大的次数较多时，则表示现象服从左偏分布，如以横坐标表示月工资，纵坐标表示次数时，高新技术型企业则符合这种分布特征。当统计数据的分布呈现图形 3-3c，即变量值小的次数较大，而变量值大的次数较少时，则表示现象服从右偏分布，如以横坐标表示月工资，纵坐标表示次数时，制造型企业则符合这种分布特征。当统计数据的分布呈现图形 3-3d，即变量值和次数之间呈指数分布时，且变量值越大次数越高，则表示现象正 J 形分布，如以横坐标表示资金投入量，纵坐标表示利润量。当统计数据的分布呈现图形 3-3e，即变量值和次数之间呈指数分布，且变量值越大次数越低，则表示现象反 J 形分布，如以横坐标表示商品的价格，纵坐标表示实际购买量等。当统计数据的分布呈现图形 3-3f，即变量值两端对应次数较大，而中间变量值对应次数较少，则表示现象呈 U 形分布，如以横坐标表示年龄，纵坐标表示死亡率等。

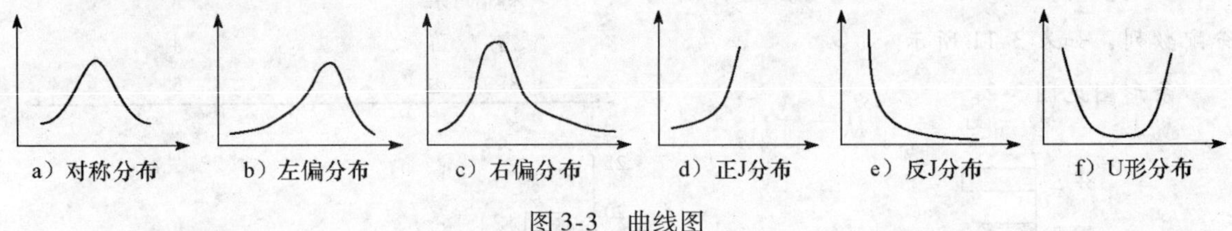

图 3-3 曲线图

4. 散点图

散点图又称散点分布图，是以一个变量为横坐标，另一变量为纵坐标，利用散点（坐标点）的分布形态反映变量统计关系的一种图形。其能直观表现出影响因素和预测对象之间的总体关系趋势。散点图不仅可传递变量间关系类型的信息，也能反映变量间关系的明确程度。

【例 3-3】 某音像店 10 周广告投放次数与销售额之间的关系如表 3-12 所示。

表 3-12 某音像店 10 周广告投放次数与销售额之间的关系

周次	1	2	3	4	5	6	7	8	9	10
广告次数 X	2	5	1	3	4	1	5	3	4	2
销售额 Y（百美元）	50	57	41	54	54	38	63	48	59	46

以广告次数 X 作为横坐标，以销售额 Y 作为纵坐标，绘制散点图如图 3-4 所示。

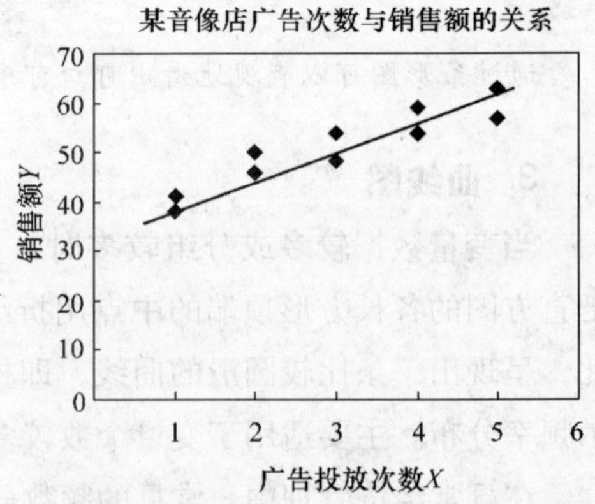

图 3-4 广告次数与销售额的散点图

由图3-4中散点及其趋势线可以看出，广告投放次数与销售额之间存在着线性相关，并且是正相关的关系，即投放次数越多，销售额也会随之增加。随着散点图的改变，点的分布也有可能会呈现曲线趋势，即呈曲线相关。因此，散点图能较好地反映现象之间的数量关系及其发展趋势。

5. 茎叶图

茎叶图又称“枝叶图”，是将统计数据按位数进行比较，将数的大小基本不变或变化不大的位作为一个主干（茎），将变化大的位的数作为分支（叶），列在主干的后面，这样就可以清楚地看到每个主干后面的几个数，每个数具体是多少。通常情况下，是将高位数作为茎，而将末位数作为叶，数据的分布就会呈现茎叶的形式。用茎叶图表示数据，一方面从统计图上没有原始数据信息的损失，所有数据信息都可以从茎叶图中得到；另一方面茎叶图中的数据可以随时记录，随时添加，方便记录与表示。但是茎叶图一般比较方便于记录两位数的数据，两位以上的数据虽然能够记录，但是没有表示两位数记录那么直观、清晰。

茎叶图是一个与直方图相类似的特殊工具，但又与直方图不同，茎叶图保留原始资料的资讯，直方图则失去原始资料的信息。将茎叶图茎和叶逆时针方向旋转90度，实际上就是一个直方图，可以从中统计出次数，计算出各数据段的频率或百分比。从而可以看出分布是否与正态分布或单峰偏态分布逼近。

【例3-4】　某心理学家发明了一种测试成年人智力的新方法。对20人测试，得到如下数据。

114	99	131	124	117	102	106	127	119	115
98	104	144	151	132	106	125	122	118	118

构建这些数据的茎叶图。

解析：显然，这些数据中包含三位数，在绘制茎叶图时，对于三位数的处理是百位数和十位数构成茎，个位数为叶，由于最小变量值为98，最大变量值为151，即茎应该从9到15在竖线左边排列，具体显示如图3-5所示。

茎	叶
9	8　9
10	2　4　6　6
11	4　5　7　8　8　9
12	2　4　5　7
13	2　1
14	4
15	1

图3-5　茎叶图

当数据位数较少时，茎叶图能清楚地显示数据的分布特征，但是当数据位数较多时，叶可以以100，10，1，0.1等为单位进行绘制。

6. 箱线图

箱线图（boxplot）也称箱须图（box-whisker plot），是由变量的5个特征值绘制而成的图形，由一个箱子和两条线段构成。其中5个特征值分别为：最小值、下四分位数、中位数、上四分位数与最大值（分位数的详细内容将在第5章中阐述）。具体绘制方法：连接两个分位数画出一个箱子，箱子用中位数分割，把最大最小值与箱子用线条连接，即绘制出箱线图。通过箱线图可以形象地看出数据是否具有对称性，分布的分散程度等信息，特别可以用于对几个样本的比较。

注意：在求出5个特征值之前，应先将变量值按由小到大的顺序排列好。最大值在Excel中运用MAX函数找出，或直接观察得出。最小值在Excel中运用MIN函数找出，或直接观察得出。中位数即位于正中间的数值。中位数将所有数据一分为二，大于和小于它的数据的个数相等。四分位数将所有数据一分为四，每一部分包含的数据个数相等。

【例3-5】 如某企业10名营销人员的销售额分别为：

（单位：万元）

10	8	12	15	20
16	13	9	18	12

单位为万元，做销售额的箱线图。

解析：先将销售额按由小到大的顺序排列如下：

8 9 10 12 12 13 15 16 18 20

由观察可知：最大值：20；最小值：8

中位数：$\frac{12+13}{2}=12.5$

下四分位数位置：$i=\left(\frac{25}{100}\right)\times 10=2.5$，位置为第3项，即下四分位数取值：10。

上四分位数位置：$i=\left(\frac{75}{100}\right)\times 10=7.5$，位置为第8项，即上四分位数取值：16。

图3-6 10名营销人员销售额箱线图

依据以上5个特征值，即可绘制箱线图（见图3-6）。

其中：P100表示最大值；P75表示上四分位数；P50表示中位数；P25表示下四分位数；P0表示最小值。

【例3-6】 某车间为了提高生产效率，决定对10名工人的操作方法进行改良，改良前后产量数据如表3-13所示，试绘制箱线图分析操作方法改良对生产效率的影响。

表3-13 某车间10名工人操作方法改良前后产量数据

（单位：件）

工人序号	1	2	3	4	5	6	7	8	9	10
改良前	30	32	28	43	35	38	50	46	38	41
改良后	33	37	49	55	60	43	38	42	53	47

解析：首先计算出上述5个特征值，根据5个特征值绘制的箱线图如下：

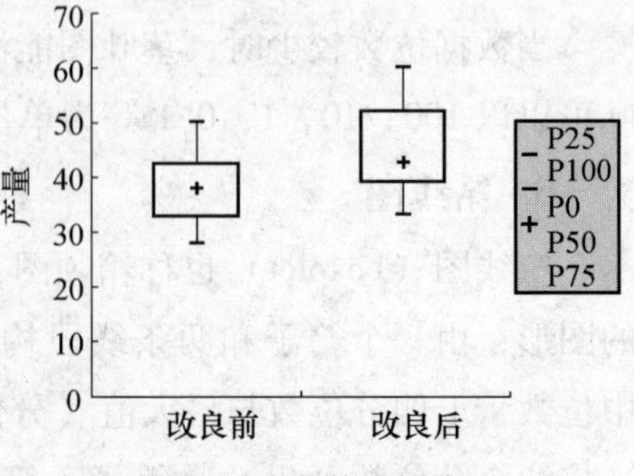

图3-7 改良前后箱线图

由图3-7可以看出：改良前后的变化非常明显，最高产量和最低产量的差距有扩大的趋势，同时，改良后的平均产量较改良前有所提高，工人产量的分布更加合理。

7. 饼形图

【例3-7】 以例3-2中50次软饮料的购买数据表3-11为例，绘制其饼形图。

解析：绘制其饼形图如图3-8所示。

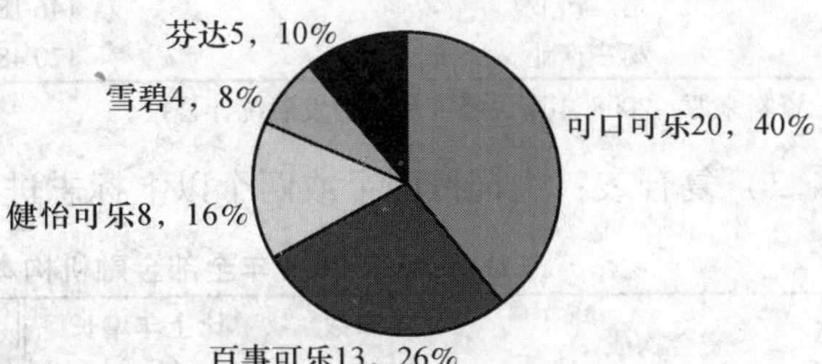

图3-8 50次软饮料购买数据饼图

3.4.2 统计表

统计调查所得来的原始资料，经过整理，得到说明社会现象及其发展过程的数据，把这些数据按一定的顺序排列在表格中，就形成统计表。统计表是由纵横交叉的线条所绘制而成的表格，是表现统计资料的一种形式。

统计表的内容一般都包括总标题、横行标题、纵栏标题、指标数值等。总标题是指表的名称，简单扼要地反映出表的主要内容；横行标题是指每一行统计数据所代表的意义；纵栏标题是指每一列统计数据所代表的意义；指标数值是指各空格内按要求填写的数据。

1. 统计表的作用

1）统计数据条理化、系统化。

2）用数量说明研究对象之间的相互关系。

3）用数量把研究对象之间的变化规律显著地表示出来。

2. 统计表的构成

1）从结构看：统计表由总标题、横行标题、纵栏标题、指标数值构成。

2）从内容看：统计表由总标题、主词栏、宾词栏、指标数值构成。

总标题

	纵栏标题
横行标题	指标数值

总标题

	宾词栏
主词栏	指标数值

3. 统计表的分类

1）简单表：主词未经任何分组的统计表，如表3-14所示。

表3-14 2008年中国对主要国家和地区货物进出口额 （单位：亿美元）

国家和地区	欧盟	美国	中国香港	日本	东盟	韩国	俄罗斯	印度	中国台湾
货物出口额	2 929	2 523	1 907	1 161	1 141	740	330	315	259
货物进口额	1 327	814	129	1 507	1 170	1 122	238	203	1 033

2）分组表：主词只按一个标志进行分组的统计表，如表3-15所示。

表 3-15 2008 年我国 GDP 总值构成情况 （单位：亿元）

按产业分类	增加值	比上年增长（%）
第一产业	34 000	5.5
第二产业	146 183	9.3
第三产业	120 487	9.5

资料来源：2008 年国民经济和社会发展统计公报。

3）复合表：主词按两个或两个以上标志进行分组的统计表，如表 3-16 所示。

表 3-16 2008 年全部金融机构本外币存贷款及其增长速度

资金构成	年末数（亿元）	比上年增长（%）	资金构成	年末数（亿元）	比上年增长（%）
各项存款余额	478 444	19.3	各项贷款余额	320 049	17.9
其中：企业存款	164 386	13.5	其中：短期贷款	128 571	12.3
城乡居民储蓄存款	221 503	25.7	中长期贷款	164 160	20.2
其中：人民币	217 885	26.3			

资料来源：2008 年国民经济和社会发展统计公报。

统计表的设计要求目的鲜明、内容翔实、简捷明了、科学实用，此外在格式上要注意左右两端不封口，单位在表头或纵栏中表示。

□本章小结

统计整理是统计调查的延续，是统计分析的前提和基础。统计整理是指根据特定的统计研究目的与要求，对统计调查所搜集到的个体的原始数据进行分组、汇总，或对原始数据进行再分组或汇总，使之条理化、系统化的工作过程。

统计分组是指根据统计研究的目的和现象的本质特征，将统计总体按照一个或几个标志进行划分，形成若干性质不同的部分或组的科学分类方法。在统计分组的基础上，我们可以编制分配数列，来描述现象的分布特征。

统计图能够直观、生动、形象地表示统计数据的分布特征，例如条形图、饼形图、直方图、折线图、曲线图、茎叶图、箱线图等都能较好地说明统计数据的分布特征，并且在 Excel 里面能基本完成。

统计表是表示统计数据分布特征的一种重要的形式。统计表按其主词或横行标题是否分组或是按单一标志分组还是按多个标志分组，可以分为简单表、分组表和复合表三种。统计表的设计要求目的鲜明、内容翔实、简捷明了、科学实用。

□学习建议

在本章的学习过程中，要注意把握统计整理的步骤、统计分组的概念及作用，注意分组标志的选择和组限、组距及组数的确定原则，熟练进行变量数列的编制。重点把握次数分布表的编制，并能够通过次数分布表绘制相应的统计图和统计表，使零散紊乱的资料条理化和系统化。

1. 本章重点

统计分组；变量数列的编制；统计图和统计表的绘制。

2. 本章难点

统计分组；变量数列的编制；次数分布表的绘制。

❑核心概念

统计分组　变量数列　组距　组限　组中值　次数分布表　分布图

❑课后思考与练习

1. 简述统计整理的原则。
2. 统计分组有哪些原则？
3. 简述统计分组的种类。
4. 品质表示分组和数量标志分组有何区别？
5. 怎样确定组距、组数和组限？
6. 组限的确定应遵循哪些原则？
7. 简述次数分布表的概念和意义。
8. 简述组中值的意义和计算方法。
9. 次数分布表由哪些要素构成？
10. 简述累计次数表的意义。
11. 一份调查表给出的答案中，有48人回答“是”，32人回答“否”，20人回答“不确定”。

（1）绘制饼形图。

（2）绘制条形图。

12. 30个企业的固定资产总值如下：

（单位：万元）

53	65	94	45	58	75	83	120	106	84
67	95	79	66	121	130	107	115	123	87
34	48	98	135	102	118	92	71	68	108

（1）编制次数分布表。

（2）编制累计次数分布表。

（3）绘制直方图、折线图、曲线图。

13. 下列是两个数量变量 x 和 y 的 20 次观测结果。

观察次数	x	y	观察次数	x	y
1	-22	22	11	-37	48
2	-33	49	12	34	-29
3	2	8	13	9	-18
4	29	-16	14	-33	31
5	-13	10	15	20	-16
6	21	-28	16	-3	14
7	-13	27	17	-15	18
8	-23	35	18	12	17
9	14	-5	19	-20	-11
10	3	-3	20	-7	-22

（1）做出 x 和 y 之间的散点图。

（2）观察 x 和 y 之间的趋势关系。

14. 构建下列数据的茎叶图。

11.4　9.5　10.3　8.2　7.6　10.7　10
9.2　8.1　7.7　7.5　8.3　6.4　8.8

15. 以下是 20 个家庭某月的支出。

城市：935　1 020　880　650　780　1 200　1 356　857　1 500　1 380

农村：380　520　330　650　1 000　820　630　430　568　785

（1）绘制箱线图。

（2）说明城市和农村家庭的支出特征及两者的区别。

16. 简述统计表的构成要素。

17. 根据以下资料，编制统计表。

要求：（1）在统计表中表示 2006 年 10 月我国的进出口总值、出口和进口总值以及同比增长速度；（2）统计表中的各项标题表达准确；（3）布局合理，比例适当；（4）指标数值填写清楚，计量单位明确。

资料：据中国海关总署初步统计，2006 年 10 月份，全国进出口总值为 1524.3 亿美元，同比增长 22.9%，其中：出口 881.3 亿美元，增长 29.6%；进口 643 亿美元，增长 14.7%。

□实训应用

【案例 3-1】 某电动自行车生产厂商研制了一种新型电池。为了测试这种电池的性能，产品设计人员随机抽取了 200 块这种电池进行测试，在一个人正常骑行的条件下，记录下每块电池一次充满电后行驶的里程数，数据见表 3-17。根据这些数据，对行驶的里程数进行分组，编制分配数列，绘制直方图。[⊖]

⊖ 相关数据文件见电子课件。

表 3-17 （单位：千米）

107	73	68	97	76	79	94	59	98	57
54	65	71	70	84	88	62	61	79	98
66	62	79	86	68	74	61	82	65	98
62	116	65	88	64	79	78	79	77	86
74	85	73	80	68	78	89	72	58	69
92	78	88	77	103	88	63	68	88	81
75	90	62	89	71	71	74	70	74	70
65	81	75	62	94	71	85	84	83	63
81	62	79	83	93	61	65	62	92	65
83	70	70	81	77	72	84	67	59	58
78	66	66	94	77	63	66	75	68	76
90	78	71	101	78	43	59	67	61	71
96	75	64	76	72	77	74	65	82	86
66	86	96	89	81	71	85	99	59	92
68	72	77	60	87	84	75	77	51	45
85	67	87	80	84	93	69	76	89	75
83	68	72	67	92	89	82	96	77	102
74	91	76	83	66	68	61	73	72	76
73	77	79	94	63	59	62	71	81	65
73	63	63	89	82	64	85	92	64	73

1. 实训项目：用 Excel 进行统计分组，编制分配数列，绘制直方图。
2. 实训目的：紧密围绕本章的抽样知识点，实现课堂教学内容、教学实例、计算机软件和统计方法的结合，应用计算机处理大量数据的统计分组。
3. 实训指导：

（1）启动电脑操作系统，打开 Excel 软件；

（2）在 Excel 中输入数据（A2：A201）；

（3）选中第 10 行至第 192 行，设定为隐藏，并将数据按升序排列，操作步骤如下：格式→行→隐藏，找出最小值 43 和最大值 116；

（4）在 C2：C8 中设定分组组限：

40～50，50～60，…，100～110，110～120；

（5）选中 D2：D8，输入函数：

=FREQUENCY（A2：A201，{50，60，70，80，90，100，110，120}）

频数分布函数　　数据区域　　　　　　各组上限

注意：Excel 中的分组遵循“下限不在组内”的原则，如果要遵循“上限不在组内”的原则，可在上述命令中的各组上限改为：49.5，59.5，…，119.5；

（6）同时按下 CTRL、SHIFT 和 ENTER 键，得到分配数列；

（7）做直方图（具体操作步骤如下）。

插入→图表→柱形图→下一步，在“数据区域”中输入分配数列的频数，完成；

选中条形柱，点右键，选择“数据系列格式→选项→分类间距”，将分类间距设为 0，确定。

4. 实训组织：教师首先对实验项目作说明，然后分发实验数据，学生一人一机，利用 Excel 提供的分析方法完成实训项目，并撰写实验报告。
5. 实训考核：每次要求实验完后撰写实验报告，作为成绩的基本依据。以撰写实验报告的结果评定成绩，实验成绩作为课程的综合成绩的一部分，约占 10%。

第 4 章 CHAPTER 4

总量指标与相对指标

□ 学习目标

- 理解总量指标的概念和分类、时期指标和时点指标的区别。
- 了解总体单位总量和总体标志总量的含义。
- 理解相对指标的概念和分类，掌握相对指标的作用和特点。
- 熟练掌握六种相对指标的计算方法。

统计学是从数量方面认识社会经济现象运行的规律性，而其中的一种基本的方法就是利用统计指标对现象进行描述，这种方法称为综合指标法。综合指标包括：总量指标、相对指标、平均指标，这些指标从不同的侧面反映了总体的数量特征和数量关系，是我们认识社会经济现象的重要途径，本章讨论其中的总量指标和相对指标。

4.1 总量指标

4.1.1 总量指标的含义

总量指标是反映社会经济现象在一定时间、地点的条件下总规模、总水平或工作总量的综合指标，一般用绝对数表示，又称绝对数指标或绝对指标。例如，2009 年 3 月 5 日温家宝总理在第十一届全国人民代表大会第二次会议上所作《政府工作报告》中指出：2008 年我国国内生产总值超过 30 万亿元，财政收入 6.13 万亿元；粮食总产量达到52 850 万吨；进出口贸易总额 2.56 万亿美元……《政府工作报告》中所列举的指标都是总量指标，都是利用绝对数说明我国 2008 年国民经济发展的总体规模、总体水平和全国人民的生活水平的指标。

总量指标也可以表现为社会经济现象总体在一定时空条件下数量增减变化的绝对数。例如，某地区 2007 年比 2006 年 GDP 增加 15 亿元；人口减少 2 万人等也属于总量指标。

4.1.2　总量指标的计量单位

1. 实物量单位

它是根据现象的自然属性和特点而采用实物单位计量。实物量单位有自然单位，例如，人口以人为单位，牲畜以头为单位；有度量衡单位，如粮食以吨为单位，棉布以米为单位；有标准实物量单位，如将含热量不同的煤折合为 7 000 大卡/千克的标准煤；有复合单位，如货物周转量以吨公里为单位等。用实物单位计算的总量指标称为实物指标。

2. 价值量单位

它以货币为计量单位来度量总体的数量。如 GDP、销售额、利税总额等。用货币单位计算的总量指标称为价值指标，可以综合反映具有不同使用价值的经济现象的总规模、总水平，具有广泛的综合性和概括能力。

3. 劳动量单位

它是以劳动过程中消耗的劳动时间为计量单位，如工时、工日等，为成本核算和计算劳动生产率提供依据。用劳动量单位计算的总量指标称为工作量指标或劳动量指标。

4.1.3　总量指标的作用

1. 总量指标可以反映一个总体的基本情况

人们要想正确认识一个总体的基本情况，首先要掌握总体在一定时间、条件下的规模或水平，例如人口数、劳动力数量、土地面积等。所以，总量指标是认识客观现象的起点，可以反映一个总体的基本情况，是正确认识国情、国力的起点。

2. 总量指标是制定政策和编制计划、分析各种指标的基础指标

总量指标是国家实现宏观调控和企业进行经营管理的基本指标。在市场经济条件下，要使国民经济协调发展，就需要对经济运行进行调控；要使企业生产经营活动正常进行，需要实行科学的管理……这就需要掌握宏观经济和微观经济运行的环境、条件、投入、产出等各方面的数量状况，研究各方面的数量关系。总量指标可以反映这些现象的数量关系，为经济管理提供依据。

3. 总量指标是计算相对指标、平均指标等各种分析指标的基础

统计综合指标中的相对指标、平均指标的计算都是以总量指标为基础的，它们最基本的表现形式都是两个总量指标对比的结果，是总量指标的派生指标。总量指标计算是否科学直接影响到其他指标计算的正确性。

4.1.4 总量指标的种类

1. 按指标反映的内容不同划分为总体单位总量和总体标志总量

总体单位总量即总体单位数之和，是说明总体本身规模大小的总量指标。例如，研究我国的人口状况时，统计总体是全国所有公民，总体单位是每一位公民，那么我国的人口数表明总体单位的个数，是总体单位总量。再如，研究某市的工业发展状况时，统计总体是该市的所有工业企业，若该市现有工业企业 4 509 家，则 4 509 即为总体单位总量。

总体标志总量是用来反映总体中标志值总和的总量指标。仍以上例，该市的每个工业企业是总体单位，每一工业企业的职工人数是该工业企业的一个数量标志，则该市全部工业职工人数就是总体标志总量。另外该市的年工业增加值、工业总产值、工业利税总额等指标也都是总体标志总量。一个已经确定的统计总体，其总体单位总量是唯一确定的，而总体标志总量却不止一个。

总体单位总量和总体标志总量不是固定不变的，可以随研究目的的不同而发生变化。如上例中若研究目的改变为研究该市工业企业职工的生活水平时，统计总体是全市的所有工业企业职工，全市工业职工人数就变成总体单位总量了。

2. 按指标反映的时间状况不同划分为时期指标和时点指标

时期指标是反映社会经济现象在一段时期内发展变化过程总量指标，比如，商品销售额、总产值、基本建设投资额等。时点指标是反映社会经济现象在某一时点（瞬间）状况的总量指标，比如，人口数、房屋的居住面积、商品库存量等。

时期指标和时点指标的区别：①时期指标是经常登记取得的，而时点指标是间断登记取得的；②时期指标数值可以直接相加，而时点指标数值直接相加则无实际意义；③时期指标数值大小与时期长短有直接关系，而时点指标数值则与时间间隔无直接关系。

区分时期指标和时点指标决定了统计处理与应用的不同，在运用时期指标和时点指标时，注意：同一指标若从不同的角度考虑，则总量指标的性质也不同，比如，年末人口数和年初人口数是时点指标，但年末人口数 - 年初人口数 = 人口净增数，人口净增数为时期指标。

4.1.5 应用总量指标注意的问题

总量指标在计算方法上比较简单，但在计算内容上却是相当复杂，因此总量指标的计算并不是一个单纯技术性的加总问题，而必须正确规定总量指标所表示的各种社会经济现象的概念、构成内容和计算范围，确定计算方法，然后才能进行计算汇总，以取得正确反映社会经济现象的总量资料。例如，要正确计算工资总额，必须先明确工资的实质和构成；要计算国民经济各部门职工人数，不仅要明确职工的概念和范围，而且要从理论上先确定国民经济部门的分类，才能得出按部门分类的职工人数。另外，计算总量指标也应注意历史条件变化对指标内容和范围的影响，使指标具有可比性，以利于动态研究。

4.2 相对指标

要分析一种社会经济现象，仅仅利用总量指标是远远不够的。如果要对事物做深入的了解，发现现象之间的联系，就需要对总体的组成和其各部分之间的数量关系进行分析、比较，这就必须计算相对指标。

4.2.1 相对指标的概念

相对指标是应用对比的方法来反映相关事物之间数量联系程度的指标。例如，将实际完成的数量值与计划完成的数量值对比，反映计划完成程度；将总体某一部分数值与总体全部数值对比，反映总体的结构等等。因此，相对指标可以使那些规模不同、条件不同、无法直接对比的现象找到了比较的基础。

相对指标是用两个有联系的指标进行对比的比值，来反映社会经济现象数量特征和数量关系的综合指标。相对指标将对比的绝对差异抽象化，其数值也称作相对数，有两种表现形式：无名数和复名数。无名数是一种抽象化的数值，多以系数、倍数、番数、成数、百分数或千分数表示。复名数主要用来表示强度的相对指标，以表明事物的密度、强度和普遍程度等。例如，人均粮食产量用“千克/人”表示，人口密度用“人/平方公里”表示等。

这里对经济分析中经常用到的“百分点”的概念做一点说明，一个百分点是指1%，百分点常用于两个百分数相减的场合。如：在股票交易市场上，确定某一时间的股票价格为基数，将两个不同时间股票价格与之相比，分别为30%和20%，那么后一时间上的股票价格比前一时间上涨了10个百分点（30% －20%）。

4.2.2 相对指标的作用

相对指标在认识社会经济现象中有着非常重要的作用。

1）相对指标通过数量之间的对比，可以表明事物相关程度、发展程度，它可以弥补总量指标的不足，使人们清楚了解现象的相对水平和普遍程度。例如，某企业去年实现利润500万元，今年实现550万元，则今年利润增长了10%，这是总量指标不能说明的。

2）把现象的绝对差异抽象化，使原来无法直接对比的指标变为可比。不同的企业由于生产规模、条件不同，直接用总产值、利润比较评价意义不大，但如果采用一些相对指标，如资金利润率、资金产值率等进行比较，便可对企业生产经营成果做出合理评价。

3）说明总体内在的结构特征，为深入分析事物的性质提供依据。例如，计算一个地区不同经济类型的结构，可以说明该地区经济的性质。又如计算一个地区的第一、第二、第三产业的比例，可以说明该地区社会经济现代化程度等。

4.2.3 相对指标的种类及其计算方法

由于研究的目的不同，比较的基数不同，相对指标可以分为结构相对指标、比例相对指标、比较相对指标、强度相对指标、动态相对指标和计划完成相对指标。

1. 结构相对指标

结构相对指标也称为比重，是利用分组法将总体分为不同性质的各个部分，再将各个部分指标数值与总体对应的指标数值进行对比，说明总体内部组成情况的相对指标，一般用百分数（%）表示。它经常用来分析现象的内部构成情况，把不同时间的结构相对指标进行对比分析，可以发现现象的变化过程和规律；从总体各组的结构相对指标可以发现各组在总体的地位和作用，对于计算平均指标有特殊意义。

$$\text{结构相对指标} = \frac{\text{总体某部分数值}}{\text{总体全部数值}} \times 100\% \tag{4-1}$$

【例4-1】 根据表4-1中的数据计算相应的结构相对指标。

解：由公式（4-1）有，

第一产业占GDP比重为24 737.0 ÷ 210 871.0≈11.7%

第二产业占GDP比重为103 162.0 ÷ 210 871.0≈48.9%

第三产业占GDP比重为82 972.0 ÷ 210 871.0≈39.4%

表4-1 2008年我国国内生产总值产业构成

GDP产业结构	GDP（亿元）	比重（%）
第一产业	24 737.0	11.7
第二产业	103 162.0	48.9
第三产业	82 972.0	39.4
合计	210 871.0	100.0

资料来源：《中国统计年鉴2008》。

从表4-1中的资料可以看出产业构成特点：第二产业在GDP中所占比重最大，第三产业在GDP中所占比重也达到相当的水平，第一产业所占比重最低。这些特点说明我国正处在工业化中期，经济结构性矛盾比较突出。

在社会经济统计中结构相对数应用广泛，可以说明在一定的时间、地点和条件下，总体结构的特征；通过不同时期结构相对指标的变化，可以反映事物性质的发展趋势，分析经济结构的演变规律；根据各构成部分所占比重大小，可以反映所研究现象总体的质量以及人、财、物的利用情况，有助于分清主次，确定工作重点。

2. 比例相对指标

比例相对指标是利用总体内部各组成部分之间的联系对不同组成部分的指标数值进行对比，它可以表明总体内部的比例关系。

$$\text{比例相对指标}=\frac{\text{总体某部分指标数值}}{\text{总体另一部分指标数值}} \tag{4-2}$$

比例相对指标可以用一比几或几比几的形式表示，也可以用百分数表示，分析总体中若干部分的比例关系时可采用连比形式。

【例 4-2】　由表 4-1 中的数据，计算第一产业、第二产业、第三产业 GDP 的比例相对指标。

解： 由公式（4-2），以第一产业为单位 1 得

第一产业: 第二产业: 第三产业≈11.7: 48.9: 39.4 = 1: 4.17: 3.35

根据统计资料，计算各种比例相对数，反映有关事物之间的实际比例关系，有助于我们认识客观事物是否符合按比例协调发展的要求，参照有关标准，可以判断比例关系是否合理。在宏观经济管理中，这对于分析研究整个国民经济和社会发展是否协调均衡具有重要的意义，可以促使社会主义市场经济稳步协调发展。

3. 比较相对指标

客观事物的发展往往是不平衡的，比较相对指标是同一时间不同国家、不同地区、不同单位的某项指标对比的结果。

$$\text{比较相对指标}=\frac{\text{甲总体某类指标数值}}{\text{乙总体同类指标数值}} \tag{4-3}$$

比较相对指标一般用倍数表示，有时也可用系数表示，计算比较相对指标的指标数值可以是总量指标、也可以是相对指标或平均指标。

【例 4-3】　根据国家统计局 2007 年统计年鉴，2007 年我国城镇居民家庭平均每人可支配收入为 13 785.81 元，农村居民家庭平均每人可支配收入为 4 140.36 元，求两者的比较相对指标。

解： 由公式（4-3）得

比较相对指标 $=\frac{13\ 785.81}{4\ 140.36}\approx 3.33$，或比较相对指标 $=\frac{4\ 140.36}{13\ 785.81}\approx 0.3$

计算结果说明，城乡之间的收入存在较大差距。

在经济管理工作中，广泛应用比较相对数，例如用各种指标在企业之间、车间或班组之间进行对比，把各项技术经济指标与国家规定的标准条件对比，与同类企业的先进水平或世界先进水平对比，借以找出差距，挖掘潜力，定出措施，为提高企业的经营管理水平提供依据。

计算比较相对数应注意对比指标的可比性，包括指标的计算口径、所属的时间、计量单位，等等。此外，比较基数的选择要根据资料的特点及研究目的而定。如上例中以农村居民平均收入作为比较标准，计算结果说明城镇居民平均收入是农村居民平均收入的3.33倍；如以城镇居民平均收入作为比较标准，则表明农村居民平均收入是城镇居民平均收入的30%。这两种计算方法的角度不同，但都能说明问题，具体以哪个指标作为比较的基础，应根据研究目的以及哪种方法能更确切地说明问题的实质而定。

4. 强度相对指标

强度相对指标是两个性质不同而有联系的总量指标对比的结果，是反映现象的强度、密度、普及程度的指标。

$$\text{强度相对指标}=\frac{\text{某一总量指标数值}}{\text{另一个有联系而性质不同的总量指标数值}} \tag{4-4}$$

强度相对指标有些是以复名数表示的，也有些是采用无名数。强度相对指标的特殊使用是按平均每单位摊得到的份额表示。由于强度相对数是两个性质不同但有联系的总量指标数值之比，所以在多数情况下，是由分子与分母原有单位组成的复合单位表示的，如人口密度用“人/平方公里”，人均钢产量用“吨/人”，等等。但有少数的强度相对指标因其分子与分母的计量单位相同，可以用千分数或百分数表示其指标数值，如人口自然增长率多使用千分数。

【例4-4】 我国土地面积为960万平方公里，第五次人口普查人口总数为129 533万人，求人口密度。

解： 由公式（4-4）得

人口密度 $=\frac{129\ 533}{960}\approx 135$（人/平方公里）

利用强度相对数来说明社会经济现象的强弱程度时，广泛采用人均产量指标来反映一个国家的经济实力。例如，按全国人口数计算的人均钢产量、人均粮食产量等，这种强度相对指标的数值越大，表示一个国家的经济发展程度越高，经济实力越强。

有些强度相对指标的分子和分母可以互换，既可采用正指标，也可采用逆指标。所谓正指标是指指标数值越大，现象强度越高；反之就是逆指标。例如

$$商业网点密度(正指标)=\frac{零售商业机构数(个)}{地区人口数(千人)}$$

$$商业网点密度(逆指标)=\frac{地区人口数(千人)}{零售商业机构数(个)}$$

5. 动态相对指标

动态相对指标就是将同一现象在不同时期的两个数值进行动态对比而得出的相对数，说明现象在不同时间上的发展方向和变化程度，一般用百分数或倍数表示，也称为发展速度。其计算公式如下：

$$动态相对指标=\frac{报告期水平}{基期水平}\times 100\% \tag{4-5}$$

通常，作为比较标准的时期称为基期，与基期对比的时期称为报告期。例如，2006年我国GDP为210 871.0亿元，2005年为183 867.9亿元，如果选2005年作基期，则2006年的GDP与2005年的GDP对比，得出动态相对指标为114.69%，它说明在2005年基础上2006年GDP的发展速度。动态相对指标在统计分析中应用很广，将在第6章中将详加论述。

6. 计划完成程度相对指标

计划完成程度相对指标是社会经济现象在某时期内实际完成数值与计划任务数值对比的结果，一般用百分数来表示。基本计算公式为：

$$计划完成程度相对指标=\frac{实际完成数}{计划任务数}\times 100\% \tag{4-6}$$

（1）计划完成相对指标的一般应用

【例4-5】 某企业3月份计划产值10万元，实际执行结果产值达11.5万元，求计划完成程度。

解：由公式（4-6）得

计划完成程度 = 实际完成数/计划任务数 ×100% = 11.5/10 ×100% = 115%

【例4-6】 某企业劳动生产率计划比去年提高3%，实际却提高了5%，求计划完成程度。

解：由公式（4-6）得

计划完成程度 = 实际完成数/计划任务数 ×100% = (1 + 5%)/(1 + 3%) ×100% ≈101.94%

（2）计划完成相对指标还可计算计划时期某一段累计完成数占全计划的百分比

计划完成相对数 = 累计至报告期止完成数/全部计划数 ×100%

(3) 根据中长期计划任务规定的要求和方法不同，检查长期计划的完成情况有两种方法

水平法。用水平法检查计划完成程度就是根据计划末期（最后一年）实际达到的水平与计划规定的同期应达到的水平相比较，来确定全期是否完成计划。其计算公式如下：

$$计划完成程度相对指标 = \frac{中长期计划末期实际达到的水平}{中长期计划末期计划达到的水平} \times 100\% \qquad (4\text{-}7)$$

如在五年计划中采用水平法计算，只要有连续一年时间（可以跨年度）实际完成水平达到最后一年计划水平，就算完成了五年计划，余下的时间就是提前完成计划时间。

累计法。累计法就是整个计划期间实际完成的累计数与同期计划数相比较，来确定计划完成程度。计算公式如下：

$$计划完成程度相对指标 = \frac{中长期计划末期实际累计完成量}{中长期计划末期计划累计完成量} \times 100\% \qquad (4\text{-}8)$$

采有累计法计算，只要从中长期计划开始至某一时期止，所累计完成数达到计划数，就是完成了计划，余下的时间就是提前完成计划时间。

4.2.4 计算和运用相对指标的原则

上述六种相对指标从不同的角度出发，运用不同的对比方法，对同类指标数值进行静态的或动态的比较，对总体各部分之间的关系进行数量分析，对两个不同总体之间的联系程度和比例作比较，是统计中常用的基本数量分析方法之一。要使相对指标在统计分析中起到应有的作用，在计算和应用相对指标时应该遵循以下的原则。

1. 可比性原则

相对指标是两个有关的指标数值之比，对比结果的正确性，直接按取决于两个指标数值的可比性。如果违反可比性这一基本原则计算相对指标，就会失去其实际意义，导致不正确的结论。对比指标的可比性，是指对比的指标在含义、内容、范围、时间、空间和计算方法等口径方面协调一致，相互适应。如果各个时期的统计数字因行政区划、组织机构、隶属关系的变更，或因统计制度方法的改变不能直接对比的，就应以报告期的口径为准，调整基期的数字。

2. 定性分析与定量分析相结合的原则

计算对比指标数值的方法是简便易行的，但要正确地计算和运用相对数，还要注重定性分析与定量分析相结合的原则。因为事物之间的对比分析，必须是同类型的指标，只有通过统计分组，才能确定被研究现象的同质总体，便于同类现象之间的对比分析。

这说明要在确定事物性质的基础上，再进行数量上的比较或分析，而统计分组在一定意义上也是一种统计的定性分类或分析。即使是同一种相对指标在不同地区或不同时间进行比较时，也必须先对现象的性质进行分析，判断是否具有可比性。同时，通过定性分析，可以确定两个指标数值的对比是否合理。例如，将不识字人口数与全部人口数对比来计算文盲率，显然是不合理的，因为其中包括未达学龄的人数和不到接受初中文化教育年龄的人数在内，不能如实反映文盲人数在相应的人口数中所占的比重，所以通常计算文盲率的公式为：

$$\text{文盲率}=\frac{15\text{ 岁以上不识字人口数}}{15\text{ 岁以上全部人口数}}\times 100\%$$

3. 相对指标和总量指标结合运用的原则

绝大多数的相对指标都是两个有关的总量指标数值之比，用抽象化的比值来表明事物之间对比关系的程度，而不能反映事物在绝对量方面的差别。因此在一般情况下，相对指标离开了据以形成对比关系的总量指标，就不能深入地说明问题。如果一个科室共有两人，一人得了肝炎，切不可说该科室肝炎的得病率为 50%，我们不能被为百分比所迷惑。

4. 各种相对指标综合应用的原则

各种相对指标的具体作用不同，都是从不同的侧面来说明所研究的问题。为了全面而深入地说明现象及其发展过程的规律性，应该根据统计研究的目的，综合应用各种相对指标。例如，为了研究工业生产情况，既要利用生产计划的完成情况指标，又要计算生产发展的动态相对数和强度相对数。由此可见，综合运用结构相对数、比较相对数、动态相对数等多种相对指标，有助于我们剖析事物变动中的相互关系及其后果，更好地阐明现象之间的发展变化情况。

□本章小结

统计分析是决定整个统计工作质量的重要环节，统计分析质量取决于指标的应用，指标包括总量指标、相对指标、平均指标和变异指标，本章讨论了总量指标和相对指标。

总量指标是反映被研究对象在一定时期或时点的总规模、总水平或工作总量的综合指标，一般用绝对数表示。总量指标是计算相对指标、平均指标、各种分析指标的基础。总量指标按指标反映的内容不同划分为总体单位总量和总体标志总量；按指标反映的时间状况划分为时期指标和时点指标。

相对指标是用有联系的指标进行对比的比值来反映社会经济现象数量特征和数量关系的综合指标，相对指标也称作相对数。相对指标有结构相对指标、比例相对指标、比较相对指标、强度相对指标、动态相对指标、计划完成程度相对指标六种。

总量指标、相对指标从不同的角度出发，运用不同的方法，对总体进行数量分析。要使总量指标、相对指标在统计分析中起到应有的作用，在计算和应用总量指标、相对指标时应该结合运用。

□学习建议

从本章开始，进入统计分析的阐述。统计分析的方法很多，其中综合指标法是统计分析的基础。在学习中要正确理解各种指标的意义和计算方法，了解公式的应用范围，并对计算结果进行初步分析。

1. 本章重点

时期指标与时点指标的区别；6 种常用相对指标的计算方法及意义。

2. 本章难点

时期指标与时点指标的区别；计划完成程度相对指标的计算方法。

□核心概念

总量指标　总体单位总量　总体标志总量　时期指标　时点指标　计划完成程度相对指标　结构相对指标　比例相对指标　强度相对指标　比较相对指标　动态相对指标

□课后思考与练习

1. 试述总量指标的概念、种类和作用。
2. 总量指标的计量单位有哪些？它们各有什么特点？
3. 试述相对指标的种类及计算方法。
4. 当计划指标用提高或降低百分比表示时，应该怎样检查和分析计划的完成程度。
5. 计算和应用相对指标要注意哪些问题？
6. 比例相对指标和比较相对指标的区别。
7. 某厂按计划规定，第一季度的单位产品成本比去年同期降低5%。实际执行结果，单位产品成本较去年同期降低6%。问该厂第一季度产品单位成本计划的完成程度如何？
8. 某地区 2006 年、2007 年 GDP 资料如下：

（单位：万元）

	2006 年	2007 年
国内生产总值	36 405	44 470
其中：第一产业	8 157	8 679
第二产业	13 801	17 472
第三产业	14 447	18 319

试计算结构相对指标和比例相对指标来分析此地区 GDP 的变化情况。

9. 某企业 2008 年 6 月份生产情况如下。

（单位：万元）

车间	实际产量	计划产量
甲	220	200
乙	198	220
丙	315	300

试计算该厂各生产车间和全厂产量计划完成百分比。

10. 某集团所属的三家公司 2008 年工业产值计划和实际完成情况资料如下：

（单位：万元）

公司名称	2008 年 计划		2008 年 实际		2008 年 计划完成（%）	2007 年实际产值	2008 年比 2007 年增长（%）
	产值	比重（%）	产值	比重（%）			
一公司					97		9
二公司		30			110		
三公司	370		402				－1
合计	1 900					1 800	

要求：填入上表所缺的数字，要求写出计算过程。

11. 现有甲、乙两国钢产量和人口资料如下：

	甲国 2007 年	甲国 2008 年	乙国 2007 年	乙国 2008 年
钢产量（万吨）	3 000	3 300	5 000	5 250
年平均人口数（万人）	6 000	6 000	7 140	7 190

要求：通过计算动态相对指标、强度相对指标和比较相对指标来简单分析甲、乙两国钢产量的发展情况。

12. 某公司计划在未来的 5 年内累计生产设备 12 000 台，实际完成情况如下所示：

（单位：台）

时间	第 1 年	第 2 年	第 3 年	第 4 年				第 5 年			
				一季	二季	三季	四季	一季	二季	三季	四季
产量	2 000	2 300	2 600	650	650	700	750	750	800	800	850

要求：（1）该公司 5 年累计完成计划程度？

（2）该公司提前多少时间完成累计产量计划？

13. 指出下面的分析错在哪里？并改正。

（1）某厂按计划规定，第一季度的单位产品成本应比去年同期降低 10%，实际执行结果，单位产品成本较去年同期降低9%，仅完成产品成本计划的90%（9%/10% =90%）。

（2）某厂的劳动生产率，计划在去年的基础上提高10%，计划执行的结果仅提高了5%，劳动生产率的计划任务仅实现了一半（即5%/10% =50%）。

14. 区分下列统计指标是属于总量指标还是相对指标；属于总量指标的请指出是时期指标还是时点指标；属于相对指标的请指出相对指标的种类。

（1）人口出生率； （2）粮食总产量；

（3）工业总产值； （4）资金利润率；

（5）全国人口数； （6）工人出勤率；

（7）商品流通费率（流通费用率 = 流通费用额/销售额）；

（8）工业净产值； （9）人均 GDP；

（10）某年华东地区粮食产量为华北地区粮食产量的82%。

CHAPTER 5 第5章

平均指标与变异指标

□学习目标

- 理解平均指标和变异指标的概念、意义和作用。
- 了解平均指标和变异指标的种类和区别。
- 掌握平均指标和变异指标的计算方法以及应用范围。

平均指标是反映现象一般水平的指标，也是最能反映现象特征的指标，大量的统计规律都是以平均指标的形式表现出来的，所以研究平均指标有着非常重要的意义。

5.1 平均指标

5.1.1 平均指标的概念与作用

1. 平均指标的概念

平均指标是反映社会经济现象在一定时间、地点条件下所达到的一般水平的综合指标，也称为统计平均数，简称为平均数。

由于总体各单位的数量标志客观上存在差异，很多时候我们需要找出一个将数量差异抽象化，代表各单位一般水平的指标，由于总体各单位又具有同质性，所以可以用一个能够代表一般水平的指标来反映总体的数量特征，这个指标就是平均指标。平均指标就是将总体各单位某一数量标志差异抽象化，寻找出数据的一般水平或平均水平，它是数据的代表值或中心值，描述了数据分布的集中趋势。取得平均指标的方法通常有两种：一是从总体各单位变量值中抽象出具有一般水平的量，这个量不是各个单位的具体变量值，但要反映总体各单位的一般水平，这种平均数称为数值平均数。数值平均数有算术平均数、调和平均数、几何平均数等形式。二是先将总体各单位的变量值按一定顺序排列，然后取某一位置的变量值来反映总体各单位的一般水平，把这个特殊位置上的数值看做是平均数，称为位置平均数。位置平均数有众数、中位数、四分位数等形式。

2. 平均指标的特点

平均指标是总体分布的特征值之一，它反映总体分布的集中趋势。它有两个特点：

1）平均指标是对数量标志在总体单位之间数值差异的抽象化。如某班学生的成绩就是把学生之间不同成绩的差异抽象化，用以说明该班学生成绩的一般水平。但要注意，数量标志可以计算平均指标，一般的品质标志不能计算平均指标，例如，我们可以计算平均年龄、平均工资、平均工龄等，但却不能计算平均性别、平均职业岗位、平均婚姻状况等。

2）它是说明总体综合数量特征的一个代表值。大量的统计规律都是以平均数的形式表现出来的。

3. 平均指标的作用

1）平均指标可以消除因总体范围不同而带来的总体数量差异，从而使不同的总体具有可比性。例如，由于播种面积不同，不同地区小麦总产量不便直接对比，若计算小麦平均亩产量，则可比较判断不同地区小麦生产水平的高低。

2）同一总体在不同时间上的平均指标，可以反映现象总体的发展变化趋势。例如，研究对比不同时期的职工平均工资，就可正确反映职工工资水平的变化趋势和规律。

3）利用平均指标可以分析现象之间的依存关系。例如，将学生按成绩分组，计算各组学生的平均成绩与平均学习时间，就可以观察学生的成绩与学习时间之间的依存关系。

4）平均指标是进行统计推断的一个主要指标。

5.1.2 算术平均数

1. 算术平均数的含义

算术平均数也称为均值，是平均指标中最重要的一种，它是所有平均指标中应用最广泛的平均数。因为它的计算方法是与许多社会经济现象中个别现象与总体现象之间存在的客观数量关系相符合的。例如，企业职工的工资总额就是各个职工工资额的总和，职工的平均工资必等于职工的工资总额与职工总人数之比。所以，算术平均数的基本公式是：

$$\text{算术平均数} = \frac{\text{总体标志总量}}{\text{总体单位总量}} \tag{5-1}$$

利用上式计算时，要求各变量值必须是同质的，分子与分母必须属于同一总体。在计算算术平均数时，分子与分母在经济内容上有着从属关系，即分子数值是分母各单位标志值的总和。也就是说，分子与分母具有“一一对应”的关系，有一个总体单位必有一个标志值与之对应。只有这样计算出的平均指标才能表明总体的一般水平。正是在这点上，平均指标与强度相对指标表现出性质上的差异。强度相对指标是两个有联系的总量指标对比，这两个总量指标没有依附关系，而只是在经济内容上存在客观联系。以此标准来衡量，职工平均工资、人均粮食消费量等是平均指标；而人均收入、人均粮食产量是强度相对指标。

总体平均数是根据总体各个单位的标志值或标志特征计算的，反映总体一般水平的指标，用字母 μ 表示。

样本平均数是由样本各个标志值或标志特征计算反映样本一般水平的指标，用符号 $\bar{x}$ 表示。一般情况下我们只能计算样本平均数。

在实际工作中，就手工计算而言，由于所掌握的统计资料的不同，利用上述公式进行计算时，可分为简单算术平均数和加权算术平均数两种。

2. 简单算术平均数

简单算术平均数是根据未经分组整理的原始数据计算的，即直接将每个变量值相加，设变量值分别为 x_1，x_2，…，x_n，则简单算术平均数的计算公式如下：

$$\bar{x} = \frac{x_1 + x_2 + \cdots + x_n}{n} = \frac{\sum_{i=1}^{n} x_i}{n} \tag{5-2}$$

式中　$\bar{x}$——算术平均数；

x_i——变量值；

n——变量值的个数。

【例 5-1】　据某车间（共 20 人）调查，其月工资分别为：

（单位：元）

2 260	2 360	2 300	2 300	2 360	2 400	2 360	2 500	2 260	2 300
2 360	2 360	2 300	2 400	2 360	2 360	2 260	2 300	2 360	2 400

计算此车间的人均月工资。

解：根据公式计算如下，此车间的人均月工资为

$$\bar{x} = \frac{2\,260 + 2\,360 + \cdots + 2\,360 + 2\,400}{20} = 2\,343(\text{元})$$

3. 加权算术平均数

（1）由单项数列计算加权算术平均数

根据分组整理的数据计算算术平均数，要以各组变量值出现的次数或频数为权数计

算加权的算术平均数。设原始数据被分成 m 组，各组的变量值为 x_1，x_2，…，x_m，各组变量值的次数或频数分别为 f_1，f_2，…，f_m，则加权的算术平均数为：

$$\bar{x} = \frac{x_1 f_1 + x_2 f_2 + \cdots + x_m f_m}{f_1 + f_2 + \cdots + f_m} = \frac{\sum_{i=1}^{m} x_i f_i}{\sum_{i=1}^{m} f_i} \tag{5-3}$$

【例 5-2】 由例 5-1 分组，如表 5-1 所示，试计算该单位平均月工资。

解：$$\bar{x} = \frac{\sum_{i=1}^{m} x_i f_i}{\sum_{i=1}^{m} f_i} = \frac{6\,780 + 11\,500 + 18\,880 + 7\,200 + 2\,500}{3 + 5 + 8 + 3 + 1} = \frac{46\,860}{20} = 2\,343\ (元/人)$$

（2）由组距数列计算加权算术平均数

由于在组距数列中不能具体确定每一个数据和值，所以要用各组的组中值代替每组的数据值。其方法是先确定各组的组中值，再用公式（5-3）进行计算。

表 5-1 某单位职工月工资情况

按月工资分组（元）x	人数（人）f	各组工资总额（元）xf
2 260	3	6 780
2 300	5	11 500
2 360	8	18 880
2 400	3	7 200
2 500	1	2 500
合计	20	46 860

【例 5-3】 已知某企业随机抽取职工 100 人，工资分布如表 5-2 资料所示，计算这 100 人的平均工资。

表 5-2 某单位抽取职工的月工资情况

按月工资分组（元）	人数（人）f	组中值 x	各组工资总额（元）xf
2 500 以下	10	2 250	22 500
2 500 ~ 3 000	27	2 750	74 250
3 000 ~ 3 500	45	3 250	146 250
3 500 ~ 4 000	15	3 750	56 250
4 000 以上	3	4 250	12 750
合计	100	—	312 000

解：根据公式得

$$\bar{x} = \frac{\sum_{i=1}^{m} x_i f_i}{\sum_{i=1}^{m} f_i} = \frac{22\,500 + 74\,250 + 146\,250 + 56\,250 + 12\,750}{100} = 3\,120\ (元/人)$$

需要指出：根据公式计算的平均数是用各组的组中值代表各组的实际数据，使用组中值时是假定各组数据在各组中是均匀分布的，但实际情况可能与这一假定会有一定的偏差，使得利用组中值计算的平均数与实际的平均值会产生误差，所以根据公式计算的平均数是实际平均值的近似值。

加权算术平均数其数值的大小，不仅受各组变量值（x）大小的影响，而且受各组变量值出现的频数即权数（f）大小的影响。如果某一组的权数大，说明该组的数据较多，那么该组数据的大小对算术平均数的影响就越大，反之，则越小。实际上，我们将公式变形为下面的形式，就更能清楚地看出这一点。

$$\bar{x} = \frac{\sum_{i=1}^{m} x_i f_i}{\sum_{i=1}^{m} f_i} = \sum_{i=1}^{m} x_i \cdot \frac{f_i}{\sum_{i=1}^{m} f_i} \tag{5-4}$$

由公式（5-4）可以清楚地看出，加权算术平均数受各组变量值（x）和各组频率 $\frac{f}{\Sigma f}$ 大小的影响。频率越大，相应的变量值计入平均数的份额也越大，对平均数的影响就越大；反之，频率越小，相应的变量值计入平均数的份额也越小，对平均数的影响就越小。

4. 算术平均数的数学性质

容易证明，算术平均数有以下数学性质：

1）各变量值与其算术平均数的离差之和等于零，即 $\Sigma(x-\bar{x})=0$。

2）各变量值与其算术平均数的离差平方和最小，即 $\Sigma(x-\bar{x})^2=\min$。

5.1.3　调和平均数

1. 调和平均数的含义

调和平均数是各变量值倒数的算术平均数的倒数，因而也称为倒数平均数。在实际工作中，经常会遇到只有各组变量值和各组标志总量而缺少总体单位数的情况，这时就要用调和平均数法计算平均指标，其计算形式有简单调和平均数和加权调和平均数两种。

2. 简单调和平均数

简单调和平均数按照调和平均数的定义是各变量值倒数的简单算术平均数的倒数。其计算公式为：

$$H = \frac{n}{\frac{1}{x_1}+\frac{1}{x_2}+\cdots+\frac{1}{x_n}} = \frac{n}{\sum_{i=1}^{n}\frac{1}{x_i}} \tag{5-5}$$

式中　H——调和平均数。

3. 加权调和平均数

加权调和平均数按照调和平均数的定义是各变量值倒数的加权算术平均数的倒数。

其计算公式为：

$$H=\frac{m_1+m_2+\cdots+m_k}{\frac{m_1}{x_1}+\frac{m_2}{x_2}+\cdots+\frac{m_k}{x_k}}=\frac{\sum_{i=1}^{k}m_i}{\sum_{i=1}^{k}\frac{m_i}{x_i}} \tag{5-6}$$

式中　m——调和平均数的权数。

【例5-4】 某种蔬菜价格早上为2.0元/斤、中午为1.0元/斤、晚上为0.5元/斤。现有4种购买方式：(1) 早、中、晚分别买1斤、2斤、4斤；(2) 早、中、晚各买2斤；(3) 早、中、晚各买2元、3元、4元；(4) 早、中、晚各买1元。分别求这种蔬菜4种购买方式的平均价格。

解： 购买方式一，用加权算术平均数

$$\bar{x}=\frac{\sum_{i=1}^{m}x_i f_i}{\sum_{i=1}^{m}f_i}=\frac{2.0\times1+1.0\times2+0.5\times4}{1+2+4}=\frac{6.0}{7}\approx0.86(\text{元/斤})$$

购买方式二，可用加权算术平均数

$$\bar{x}=\frac{\sum_{i=1}^{m}x_i f_i}{\sum_{i=1}^{m}f_i}=\frac{2.0\times2+1.0\times2+0.5\times2}{2+2+2}=\frac{2.0+1.0+0.5}{1+1+1}=\frac{3.5}{3}\approx1.17(\text{元/斤})$$

也可用简单算术平均数

$$\bar{x}=\frac{\sum_{i=1}^{m}x_i}{n}=\frac{2.0+1.0+0.5}{1+1+1}=\frac{3.5}{3}\approx1.17(\text{元/斤})$$

购买方式三，在该题中，先求早、中、晚购买的斤数，这就是加权调和平均数。

$$H=\frac{\sum_{i=1}^{k}m_i}{\sum_{i=1}^{k}\frac{m_i}{x_i}}=\frac{2+3+4}{\frac{2}{2.0}+\frac{3}{1.0}+\frac{4}{0.5}}=\frac{9}{12}=0.75(\text{元/斤})$$

购买方式四，用简单调和平均数。

$$H=\frac{m}{\sum_{i=1}^{m}\frac{1}{x_i}}=\frac{1+1+1}{\frac{1}{2.0}+\frac{1}{1.0}+\frac{1}{0.5}}=\frac{3}{3.5}\approx0.86(\text{元/斤})$$

需要说明的是，调和平均数是各个变量值倒数的算术平均数的倒数，是在资料受到限制的条件下算术平均数的一种变形。

那么，如何判断在什么情况下可以采用算术平均数或调和平均数呢？关键在于以算术平均数的基本公式（总体标志总量/总体单位总量）为依据进行判断。当我们直接掌握

了分母资料时，用算术平均数公式计算；当我们没有直接掌握分母资料而需要通过计算取得时，可考虑用调和平均数公式计算。对同一现象，计算调和平均数和算术平均数的过程是相同的，无非是因数据条件不同而采取了不同的计算形式。

5.1.4　几何平均数

1. 几何平均数的含义

几何平均数是适应于特殊数据的一种平均数，在实际生活中，通常用来计算平均比率和平均速度。当所掌握的变量值本身是比率的形式，而且各比率的乘积等于总的比率时，就应采用几何平均法计算平均比率。

几何平均数是若干个变量值的连乘积开数次方来计算的一种平均数。它适用于对速度、比率等现象计算平均数。几何平均数的计算形式分为简单几何平均数和加权几何平均数两种。

2. 简单几何平均数

简单几何平均数是 n 个变量值连乘积的 n 次方根。其计算公式为：

$$G = \sqrt[n]{x_1 \cdot x_2 \cdots x_n} = \sqrt[n]{\prod_{i=1}^{n} x_i} \tag{5-7}$$

式中　G——几何平均数；

Π——连乘符号。

【例5-5】　设某工业企业有5个流水作业的车间。某日各车间制品合格率分别为95%，98%，95%，94%，90%。要求计算5个车间的平均合格率。

解： 平均合格率为

$$G = \sqrt[5]{95\% \times 98\% \times 95\% \times 94\% \times 90\%} \approx 94.36\%$$

3. 加权几何平均数

对于每个变量值的次数不同的分组资料，可采用加权几何平均数。其计算公式为：

$$G = \sqrt[f_1+f_2+\cdots+f_m]{x_1^{f_1} \cdot x_2^{f_2} \cdots x_m^{f_m}} = \sqrt[\sum_{i=1}^{m} f_i]{\prod_{i=1}^{m} x_i^{f_i}} \tag{5-8}$$

【例5-6】　某银行的一种投资产品按复利计息，各月的利率分配为：有3个月为3%，4个月为8%，2个月为10%，3个月为12%，计算月平均利率。

解： 月平均利率为

$$G = \sqrt[\sum_{i=1}^{m} f_i]{\prod_{i=1}^{m} x_i^{f_i}} - 1$$

$$= \sqrt[12]{1.03^3 \times 1.08^4 \times 1.10^2 \times 1.12^3} - 1$$

$$\approx \sqrt[12]{2.5272} - 1 = 8.03\%$$

如果变量值中有零或负数，不适合使用几何平均数计算。

5.1.5 众数和中位数

位置平均数，就是根据总体中处于特殊位置上的标志值来确定的代表值，它对于整个总体来说，具有非常直观的代表性，因此，常用来反映分布的集中趋势。常用的有众数和中位数。

1. 众数

(1) 众数的含义

众数是指总体中出现次数最多的变量值，用 M_0 表示。在未分组资料、单项数列和组距数列中众数的计算方法也不同。

(2) 众数的计算

在未分组资料和单项分组资料中计算众数比较简单，只要哪一个变量值出现次数最多，则该变量值就是众数，如例5-2所示，2 360元就是众数。

在组距数列中计算众数稍复杂一些，首先根据众数含义确定众数所在的组，然后在假定众数组次数分布均匀的前提下，利用公式用插值法计算出众数的近似值，其对应的计算公式为：

下限公式：
$$M_0 = L + \frac{\Delta_1}{\Delta_1 + \Delta_2} \times d \tag{5-9}$$

上限公式：
$$M_0 = U - \frac{\Delta_2}{\Delta_1 + \Delta_2} \times d \tag{5-10}$$

式中 L——众数组下限；U——众数组上限；d——众数组的组距；

Δ_1——众数组次数与众数组前一组次数之差；

Δ_2——众数组次数与众数组后一组次数之差。

【例5-7】 以表5-2的资料为例，求众数。

解： 由于出现次数最多是第3组，即众数在第3组。代入相应的公式，计算结果为

$$M_0 = 3\,000 + \frac{45 - 27}{(45 - 27) + (45 - 15)} \times 500 = 3\,187.5(\text{元})$$

$$M_0 = 3\,500 - \frac{45 - 15}{(45 - 27) + (45 - 15)} \times 500 = 3\,187.5(\text{元})$$

同一组距数列，利用上限公式和下限公式的计算结果完全相同。

众数具有以下特点。

1）众数是以它在所有标志值中所处的位置来确定的，它不受分布数列的极大值或极小值的影响，从而增强了众数对分布数列的代表性。

2）当分组数列没有任何一组的次数占多数，也即分布数列中没有明显的集中趋势，而是近似于均匀分布时，则该次数分配数列无众数。

3）缺乏敏感性。这是由于众数的计算只利用了众数组及相邻组的数据信息，而数值平均数利用了全部数据信息。

众数在实际工作中有特殊的用途。例如，可以利用众数来说明一个企业中工人最普遍的技术等级；说明消费者需要的内衣、鞋袜、帽子等最普遍的尺码；说明农贸市场上某种农副产品最普遍的成交价格等。

2. 中位数

（1）中位数的含义

中位数是将总体各单位的变量值按大小顺序排列起来，形成一个数列，居于数列正中间位置的那个变量值就是中位数，用 M_e 表示。中位数的作用与算术平均数相近，也是作为所研究总体一般水平的代表值。在一个等差数列或一个正态分布数列中，中位数就等于算术平均数。

在数列中出现了极端变量值的情况下，用中位数作为代表值要比用算术平均数更好，因为中位数不受极端变量值的影响；如果研究目的就是为了反映中间水平，当然也应该用中位数。在统计数据的处理和分析时，可结合使用中位数。

（2）中位数的计算

1）未分组数据计算中位数。在未分组资料中计算中位数，一般是先把各单位的变量值按大小顺序排成序列，若变量值的个数 n 为奇数，用 $(n+1)\div 2$ 的公式计算中位数所在位置，这个位置上的变量值就是中位数；若变量值的个数为偶数，用$\frac{n}{2}$，$\frac{n}{2}+1$ 的公式计算中位数所在位置，这两个位置上的变量值的平均数就是中位数。

2）单项数列计算中位数。在单项数列中计算中位数的方法分两步进行：

第1步，使用向上累计或向下累计来确定中位数所在组的位置 $\sum f/2$ 处；

第2步，中位数所在组对应的变量值就是中位数。

【例5-8】　以表5-1的资料为例，确定中位数的过程如表5-3所示。

求中位数。

解：可以按向上累计和向下累计两种方法确定中位数所在的位置。

1）按向上累计方法计算，中位数的位置为 $\sum f/2 = 20/2 = 10$，即累计次数至10所在组，该例中为第3组，则中位数 $M_e = 2\,360$（元）。

2）按向下累计方法计算，中位数的位置同样为累计次数至10所在组，该例中其中位数也在第3组，即 $M_e = 2\,360$（元）。

表 5-3 按月工资分组

按月工资分组（元）	人数（人）	累计次数	
		向上累计	向下累计
2 260	3	3	20
2 300	5	8	17
2 360	8	16	12
2 400	3	19	4
2 500	1	20	1
合计	20	—	—

可见，不论是按向上累计方法，还是按向下累计方法，计算的中位数都是一样的。

（3）组距数列计算中位数

在组距数列中计算中位数的方法也分两步进行：

第1步，使用向上累计或向下累计来确定中位数所在组的位置 $\sum f/2$ 处；

第2步，在假设组内分布均匀的前提下，用公式求出中位数，其计算公式有两个。

下限公式：

$$M_e = L + \frac{\frac{\sum f}{2} - s_{m-1}}{f_m} \times d \tag{5-11}$$

上限公式：

$$M_e = U - \frac{\frac{\sum f}{2} - s_{m+1}}{f_m} \times d \tag{5-12}$$

式中 L——数组下限；s_{m-1}——向上累计至中位数组前一组的累计次数；

U——中位数组上限；s_{m+1}——向下累计至中位数组后一组的累计次数；

f_m——中位数所在组的次数；d——中位数所在组的组距。

【例5-9】 我们仍以表5-2的资料为例，确定中位数的过程如表5-4所示。求中位数。

解：由表5-4可以看出，不论是使用向上累计还是向下累计，其中位数组均在第3组。因此，计算如下：

$$M_e = 3\,000 + \frac{50-37}{45} \times 500 = 3\,144.44(\text{元})$$

$$M_e = 3\,500 - \frac{50-18}{45} \times 500 = 3\,144.44(\text{元})$$

表 5-4 按月工资分组

按月工资分组（元）	人数（人）	累计次数	
		向上累计	向下累计
2 500 以下	10	10	100
2 500 ~ 3 000	27	37	90
3 000 ~ 3 500	45	82	63
3 500 ~ 4 000	15	97	18
4 000 以上	3	100	3
合计	100	—	—

同一组距数列，利用上限公式和下限公式的计算结果完全相同。

中位数的特点有以下几个方面。

1）中位数是以它在所有变量值中所处的位置来确定的，不受分布数列的极大或极小值影响，从而在一定程度上提高了中位数对分布数列的代表性。

2）缺乏敏感性。这是由于中位数的计算只利用了中位数数组及部分组的数据信息，而数值平均数利用了全部数据信息。

3. 分位数

（1）分位数的含义

中位数是从中间点将全部数据等分为两部分。与中位数类似的还有四分位数、八分位数、十分位数和百分位数等。它们分别是用3个点、7个点、9个点和99个点将数据4等分、8等分、10等分和100等分后各分位点上的值。这里只介绍四分位数的计算，其他分位数与之类似。

一组数据排序后处于25%和75%位置上的变量值，称为四分位数，也称四分位点。

四分位数是通过3个点将全部数据等分为4部分，其中每部分包含25%的数据。很显然，中间的四分位数就是中位数，因此通常所说的四分位数是指处在25%位置上的数值（下四分位数或1/4分位数）和处在75%位置上的数值（上四分位数或3/4分位数）。与中位数的计算方法类似，首先对数据进行排序，然后确定四分位数所在的位置。

（2）四分位数的确定

下四分位数为 Q_L，上四分位数为 Q_u，对于未分组的原始数据，各四分位数的位置分别为：

1）未分组数据。Q_L 位置 $=\dfrac{n+1}{4}$；Q_u 位置 $=\dfrac{3(n+1)}{4}$。

当四分位数的位置不在某一个位置上时，可根据四分位数的位置，按比例分摊四分位数两侧的差值。

【例5-10】 在某城市中随机抽取9个家庭，调查得到每个家庭的人均月收入数据如下（单位：元）：1 500，750，780，1 050，850，950，2 000，1 250，1 680，计算人均月收入的四分位数。

解： 首先对原数据进行排序得

750，780，850，950，1 050，1 250，1 500，1 680，2 000

Q_L 位置 $=\dfrac{n+1}{4}=\dfrac{9+1}{4}=2.5$，即 Q_L 在第2个数值（780）和第3个数值（850）之间的位置上，因此

$$Q_L=(780+850)\div 2=815\text{（元）}$$

Q_u 位置 $=\dfrac{3(n+1)}{4}=\dfrac{3\times(9+1)}{4}=7.5$，即 Q_u 在第7个数值（1 500）和第8个数值（1 680）

之间的位置上，因此

$$Q_u = (1\,500 + 1\,680) \div 2 = 1\,590\ (元)$$

Q_L 和 Q_u 之间包含了 50% 的数据，因此我们也可以说有一半的家庭人均月收入在 815 ~ 1 565元之间。

2）变量数列的四分位数（为简便起见，这里仅给出下限公式）。Q_L 位置 $=\frac{\sum f}{4}$；Q_u 位置 $=\frac{3\sum f}{4}$。

$$Q_L = L_{Q_L} + \frac{\frac{\sum f}{4} - S_{Q_L}}{f_{Q_L}} \times d_{Q_L} \tag{5-13}$$

$$Q_u = L_{Q_u} + \frac{\frac{3\sum f}{4} - S_{Q_u}}{f_{Q_u}} \times d_{Q_u} \tag{5-14}$$

式中　L_{Q_L}——下四分位数组的下限；L_{Q_u}——上四分位数组的下限；

f_{Q_L}——下四分位数组的次数；f_{Q_u}——上四分位数组的次数；

d_{Q_L}——下四分位数组的组距；d_{Q_u}——上四分位数组的组距；

S_{Q_L}——向上累计，累计到下四分位数组前一组的累计次数；

S_{Q_u}——向上累计，累计到上四分位数组前一组的累计次数。

【例 5-11】　以例 5-3 的资料计算四分位数。

解：

$$Q_L\ 位置 = \frac{\sum f}{4} = 25;\quad Q_u\ 位置 = \frac{3\sum f}{4} = 75$$

$$Q_L = L_{Q_L} + \frac{\frac{\sum f}{4} - S_{Q_L}}{f_{Q_L}} \times d_{Q_L} = 2\,500 + \frac{25-10}{27} \times 500 = 2\,777.78\ (元)$$

$$Q_u = L_{Q_u} + \frac{\frac{3\sum f}{4} - S_{Q_u}}{f_{Q_u}} \times d_{Q_u} = 2\,500 + \frac{75-10}{27} \times 500 = 3\,703.70\ (元)$$

5.1.6　平均数之间的关系

1. 算术平均数、调和平均数和几何平均数的关系

算术平均数、调和平均数和几何平均数三者在数量上存在下述关系。

若用同一资料计算三种平均数，其结果是算术平均数最大，几何平均数次之，调和平均数最小，即：$\bar{x} \geqslant G \geqslant H$，只有在所有变量值都相同的条件下，3 种平均数才相等。但

是实际应用中这样的比较没有意义，因为对于任何一个计算对象一般只适合采用一种方法来计算平均数，即不同的平均数计算方法适合不同的计算条件，必须正确进行选择。

2. 算术平均数与众数、中位数的关系

算术平均数与中位数、众数均可代表总体的一般水平，它们之间存在着一定的数量上的关系，这种关系取决于总体内次数分配的情况。

（1）次数分配是完全对称的钟形分布

算术平均数、中位数和众数三者相等，即 $\bar{x}=M_e=M_0$，如图5-1所示。

（2）次数分配呈微偏态

算术平均数、中位数、众数三者之间存在一定的差别。

1）若呈左偏态时，众数最大，算术平均数最小，即 $\bar{x}<M_e<M_0$，如图5-2所示。

2）若呈右偏态时，算术平均数最大，众数最小，即 $\bar{x}>M_e>M_0$，如图5-3所示。

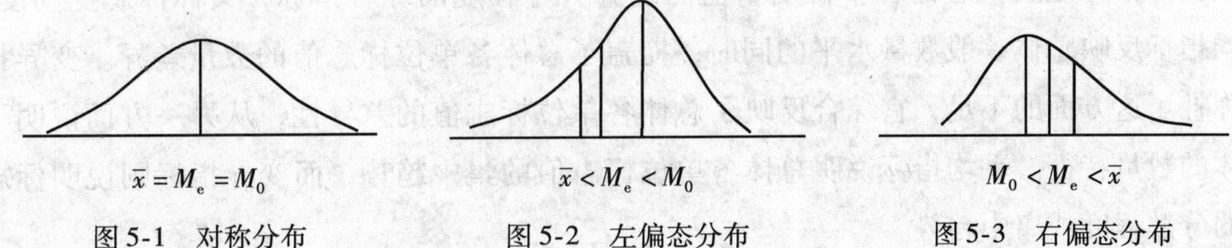

图5-1　对称分布　　图5-2　左偏态分布　　图5-3　右偏态分布

3）在次数分配偏斜度不大的情况下，不论是左偏，还是右偏，中位数到算术平均数的距离大致为众数到算术平均数的距离的1/3，即

$$M_e-\bar{x}=\frac{1}{3}(M_0-\bar{x}) \tag{5-15}$$

这个公式称做皮尔逊经验公式，并由此推出如下关系式

$$\bar{x}=\frac{1}{2}(3M_e-M_0) \tag{5-16}$$

$$M_e=\frac{1}{3}(M_0+2\bar{x}) \tag{5-17}$$

$$M_0=3M_e-2\bar{x} \tag{5-18}$$

可以利用指标间的这些关系式，可以从已知两个平均指标来推算另一个平均指标。

众数、中位数和算术平均数各自具有不同的特点，掌握它们之间的关系和各自的特点，有助于我们在实际应用中选择合理的测度值来描述数据的集中趋势。

众数是一种位置平均数，易理解，不受极端值的影响。主要适合于数据存在明显集中趋势的测度值，应用不如算术平均数广泛。

中位数也是一种位置平均数，易理解，不受极端值的影响。主要适合于作为数据集中趋势测度值，而且开口组资料也不影响计算，应用不如算术平均数广泛。

算术平均数的含义通俗易懂，直观清晰，反映了全部数据的信息，因此它是一个可靠的具有代表性的值。任何一组数据都有一个算术平均数，算术平均数具有优良的数学性质，适合于代数方法的演算。算术平均数是实际中应用最广泛的集中趋势测度值，主要适合于作为数据集中趋势的测度值，但易受极端值的影响；对于偏态分布的数据，算术平均数的代表性较差；资料有开口组时，按相邻组组距计算假定性大，代表性偏低。

5.2 变异指标

5.2.1 变异指标的概念

变异指标是反映总体各单位变量值的差异大小程度的综合指标，又称标志变动度。平均指标反映总体一般数量水平的同时，掩盖了总体各单位标志值的数量差异。变异指标弥补了这方面的不足，它综合反映了总体各单位标志值的差异性，从另一方面说明了总体的数量特征。平均指标说明总体各单位标志值的集中趋势，而变异指标则说明标志值的分散程度或离中趋势。

5.2.2 变异指标的作用

1. 判断平均指标对总体各单位变量值代表性的高低

平均指标作为总体各单位变量值一般水平的代表值，其代表性的高低取决于总体各单位变量值的差异程度。一般说来，变量值的分布越分散，变异指标值越大，平均指标的代表性就越小；变量值的分布越集中，变异指标值越小，平均指标的代表性越大。因此，变异指标是平均指标对现象做进一步说明的补充。

例如，某企业甲、乙、丙3个班组，每组都是5人，生产同一种产品，每人每日生产件数（单位：件）如下。

甲组：73，74，75，76，77；乙组：50，65，70，90，100；丙组：75，75，75，75，75。

要比较3个班组的生产水平，需分别计算每人平均生产件数。计算结果表明，3组工人的平均水平都是75件，看起来，三组工人的生产水平没有差别，而事实上3组工人的生产水平差异是比较大的。因为，从甲组看，每个工人的生产量差别不大，其最高的77件，最低的73件，二者相差4件；再看乙组，每个工人的生产量差别就很大，其最高的100件，最低的50件，二者相差50件；丙组的工人的生产量没有差别。这说明平均水平

75件对丙组最具有代表性，对甲组次之，而对乙组的代表性就差得多。因此，要说明平均水平代表性的大小，必须与变异指标结合运用。

2. 对社会经济活动过程的节奏性和均衡性进行评价

一般说来，变异指标值越小，则说明客观现象活动过程越均衡，进行得越有节奏；变异指标值越大，则说明客观现象活动过程存在着陡起陡落的情况，需要加以调控。例如，产品质量检验，标志变异指标越小，说明产品质量越稳定。

3. 标志变异指标是衡量风险大小的重要指标

5.2.3 变异指标的种类

常用的变异指标有：全距、平均差、方差和标准差、变异系数。

1. 全距

全距是指总体各单位变量值中最大值与最小值之差，又称为极差，用来说明变量值的变动范围。其计算公式为：

$$R = x_{\max} - x_{\min} \tag{5-19}$$

式中 R——全距；

$x_{\max}$——变量值中的最大值；

$x_{\min}$——变量值中的最小值。

全距的优点是根据变量数列中的最大值和最小值计算，方法简便，意义清楚。但全距只是总体中两个极端变量值的差异，不是根据全部变量值计算的，容易受极端值的影响，这是一种比较粗糙的方法，实际工作中应用较少。

2. 平均差

平均差是总体各单位变量值对其算术平均数的离差绝对值的算术平均数。它综合反映了总体各单位变量值的变动程度。平均差由于利用了全部数据信息，因而比全距更能比较客观地反映总体的离散程度。平均差越大，则表示标志变异程度越大，反之则表示标志变异程度越小。

（1）对于未分组资料，采用简单平均法

在资料未分组的情况下，平均差的计算公式为：

$$A.D. = \frac{\sum_{i=1}^{n} \left| x - \bar{x} \right|}{n} \tag{5-20}$$

采用变量值对算术平均数的离差绝对值之和，是因为各变量值对算术平均数的离差之代数和等于零。

(2) 资料分组的情况下，应采用加权平均法

在资料已分组的情况下，要用加权平均差公式

$$A.D. = \frac{\sum_{i=1}^{m} |x_i - \bar{x}| f_i}{\sum_{i=1}^{m} f_i} \tag{5-21}$$

【例 5-12】 某企业 50 名工人产量资料及其平均差计算过程如表 5-5 所示。

表 5-5 按生产量分组及平均差等计算表 （单位：件）

生产量（x）	工人数(f)	xf	$x-\bar{x}$	$\|x-\bar{x}\|$	$\|x-\bar{x}\|f$
20	8	160	-3.84	3.84	30.72
22	10	220	-1.84	1.84	18.4
24	15	360	0.16	0.16	2.4
26	12	312	2.16	2.16	25.92
28	5	140	4.16	4.16	20.8
合计	50	1 192	—	—	98.24

解：计算结果为：

$$\bar{x} = \frac{1\,192}{50} = 23.84(\text{件}) \approx 24(\text{件})$$

$$A.D. = \frac{98.24}{50} = 1.96(\text{件}) \approx 2(\text{件})$$

平均差与全距相比更进了一步，它考虑了总体各单位标志值的变动的影响，对整个变量值的离散程度的测定更具代表性。但平均差的计算需要离差的绝对值，而绝对值的数学性质不好，所以我们要寻找另外的解决方法。

3. 方差和标准差

方差和标准差是测度数据变异程度的最重要、最常用的指标。方差是各个变量值与其算术平均数的离差平方的算术平均数。方差的计量单位和量纲不便于从经济意义上进行解释，所以实际统计工作中多用方差的算术平方根——标准差，来测度总体的离散程度。标准差又称均方差，具有量纲，与变量值的计量单位一致。方差和标准差的计算也分为简单平均法和加权平均法，另外，对于总体和样本公式略有不同。

(1) 总体的方差和标准差

总体的方差为 σ^2，标准差为 σ，对于未分组整理的原始资料，方差和标准差的计算公式分别为：

$$\sigma^2 = \frac{\sum_{i=1}^{N}(x_i - \mu)^2}{N} \quad ; \quad \sigma = \sqrt{\frac{\sum_{i=1}^{N}(x_i - \mu)^2}{N}} \tag{5-22}$$

（2）样本的方差和标准差

样本的方差、标准差与总体的方差、标准差在计算上有所差别。总体的方差和标准差在对各个离差平方平均时是除以数据个数或总频数，而样本的方差在对各个离差平方平均时是用总离差平方和除以样本数据个数或总频数减1。

样本的方差为s^2，标准差为s，对于未分组整理的原始资料，方差和标准差的计算公式为：

$$s^2=\frac{\sum_{i=1}^{n}(x_i-\bar{x})^2}{n-1}\quad;\quad s=\sqrt{\frac{\sum_{i=1}^{n}(x_i-\bar{x})^2}{n-1}} \tag{5-23}$$

式中　$n-1$——自由度。

对于分组数据，方差和标准差的计算公式为：

$$s^2=\frac{\sum_{i=1}^{m}(x_i-\bar{x})^2 f_i}{\sum_{i=1}^{m}f_i-1}\quad;\quad s=\sqrt{\frac{\sum_{i=1}^{m}(x_i-\bar{x})^2 f_i}{\sum_{i=1}^{m}f_i-1}} \tag{5-24}$$

一般情况下，我们只能计算样本方差或样本标准差。

【例5-13】　我们仍以表5-2的资料为例求样本方差和标准差的过程如表5-6所示。

表5-6　月工资方差计算表

月工资（元）	人数（人）f	组中值x	xf	$(x-\bar{x})^2f$
2 500 以下	10	2 250	22 500	7 659 000
2 500～3 000	27	2 750	74 250	3 696 300
3 000～3 500	45	3 250	146 250	760 500
3 500～4 000	15	3 750	56 250	5 953 500
4 000 以上	3	4 250	12 750	3 830 700
合计	100	—	312 000	21 810 000

解：由公式（5-24）得

$$s^2=\frac{\Sigma(x-\bar{x})^2f}{\Sigma f-1}=\frac{21\,800\,000}{100-1}=220\,303\quad;\quad s\approx 469.36$$

（3）是非标志的方差与标准差

在实际生活中，有些事物或现象的特征只表现为两种性质上的差异，例如，产品的质量表现为合格或不合格，人的性别表现为男或女，人们对某种现象的意见表现为同意或不同意；学生考试成绩分为及格和不及格，等等。这些只表现为是与否、有或无的标志，称为是非标志，也称为交替标志。在进行抽样估计时，是非标志的方差或标准差具有很重要的意义。

1）成数（比率）。如前所述，是非标志只有两种表现，我们把总体中或样本中具有某种表现的单位数占全部单位数的比重称为成数，它反映了总体或样本中“是”与“非”的构成。若以 N_1 表示总体中具有某种表现的单位数，N_0 表示总体中不具有某种表现的单位数，N 表示总体单位数，则成数可表示为 $\pi=\frac{N_1}{N}$；对于样本来说，则成数可表示为 $p=\frac{n_1}{n}$。

2）是非标志的平均数。是非标志是一种品质标志，其表现为文字，因此在计算平均数时，首先需要将文字表现进行数量化处理。用“1”表示具有某种表现，用“0”表示不具有某种表现，然后以“1”和“0”作为变量值，计算算术平均数。

$$\bar{x}=\frac{n_1\times1+n_0\times0}{n}=\frac{n_1}{n}=p \tag{5-25}$$

由此可知，样本是非标志的平均数就是被研究标志具有某种表现的成数 p。

3）是非标志的方差与标准差。将经过量化处理的是非标志的表现“1”和“0”作为变量值代入样本方差的计算公式：

$$s^2=\frac{(1-p)^2n_1+(0-p)^2n_0}{n}=p(1-p) \tag{5-26}$$

同样可得总体是非标志的方差为：

$$\sigma^2=\pi(1-\pi) \tag{5-27}$$

【例 5-14】 从一批产品中随机抽取 100 件产品进行质量测试，测试的结果为 98 件合格，2 件不合格，试计算合格率的方差和标准差。

解： 根据所给资料可得

$$p=\frac{98}{100}=98\% \quad ; \quad 1-p=1-\frac{98}{100}=2\%$$

$$s_p^2=98\%\times2\%=0.0196 \quad ; \quad s_p=\sqrt{98\%\times2\%}=14\%$$

是非标志的方差、标准差，当 $p=0.5$ 时取得最大值，方差最大值为 0.25，标准差最大值为 0.5，也就是说，此时是非标志的变异程度最大。

4. 相对离散程度：离散系数

相对离散度指标（或称离散系数）是与变异指标是相对应的，主要有全距系数、平均差系数、标准差系数等，离散系数越大，说明数据变异程度越大。

现象的变异程度，不仅取决于总体各单位标志值的离散程度，还取决于数列水平的高低。对于具有不同水平的数列或总体，不能直接用变异指标来比较其离散程度，而应计算离散系数，以相对数的形式来进行比较。如两个厂电子元件耐用时间标准差完全一样，我们不能据此下结论说两个厂的电子元件平均耐用时间的代表性是一样的，或者说两个厂的电子元件的质量一样稳定，而要根据离散系数来确定。最常用的是标准差系数。

标准差系数是指标准差与其算术平均数的比值，用 V_σ，V_s 表示。其计算公式为

$$V_\sigma = \frac{\sigma}{\mu} \quad 或 \quad V_s = \frac{s}{\bar{x}} \tag{5-28}$$

如例5-13，计算标准差系数为：$V_s = \frac{s}{\bar{x}} = \frac{469.36}{3\ 120} = 0.15$。

5.2.4 变异指标的应用

1. 标准分数

有了平均数和标准差之后，我们可以计算一组数据中各个变量值的标准分数，以测度每个变量值在该组数据中的相对位置，并可以用它来判断一组数据是否有离群点。

变量值与其平均数的离差除以标准差后的值，称为标准分数，也称标准化值或 Z 值，则有：$Z = \frac{X-\mu}{\sigma}$或 $Z = \frac{x-\bar{x}}{s}$，Z 近似地服从均值为0，标准差为1的标准正态分布，Z 无量纲。

标准分数给出了一组数据中各数值的相对位置。比如，如果某个数值的标准分数为 -2，我们就知道该数值低于均值2倍的标准差。统计标准化公式可以在对多个具有不同量纲的变量进行处理时，对各变量数值进行标准化处理。

经验法则表明：当一组数据对称分布时，约有68.27%的数据在平均数 ± 1 个标准差的范围内；约有95.45%的数据在平均数 ± 2 个标准差的范围内；约有99.73%的数据在平均数 ± 3 个标准差的范围内。

由此可见，一组数据中低于或高于平均数3个标准差以上的数据很少。因此，在统计上，往往将平均数3个标准差以外的数据称为异常值或离群点。

2. 偏度

偏态一词是由统计学家 K. Pearson 于1895年首次提出的，它是对分布偏斜方向及程度的度量。从前面的内容中我们已经知道，频数分布有对称的和不对称的即偏态的。在偏态的分布中，又有两种不同的形态，即左偏和右偏。我们可以利用众数、中位数和算术平均数之间的关系判断分布是左偏还是右偏，但要度量分布偏斜的程度，就需要计算偏态系数了。

任何一个频数分布的算术平均数与众数之间的差异情况，与这个频数分布的形态有固定的关系。若频数分布是对称的，则算术平均数等于众数；若频数分布为右偏，则算术平均数大于众数；若频数分布为左偏，则算术平均数小于众数。用其二者的差量除以

标准差，即可求得偏态系数，计算公式为

$$SK = \frac{\bar{x} - M_0}{s} \tag{5-29}$$

式中　SK——偏度；

s——样本标准差；

M_0——众数；

$\bar{x}$——样本平均数。

当 $\bar{x} = M_0$ 时，$SK = 0$，表明变量分布是对称的；当 $\bar{x} > M_0$ 时，$SK > 0$，表明变量分布右偏；当 $\bar{x} < M_0$ 时，$SK < 0$，表明变量分布左偏。SK 的绝对值越大，表明偏斜度越大。

3. 峰度

峰度是用来衡量分布的集中程度或分布曲线的尖耸程度的指标。计算公式如下：

$$\beta = \frac{m_4}{s^4} \tag{5-30}$$

式中　$m_4 = \frac{\sum (x - \bar{x})^4 f}{\sum f}$——四阶中心动差；

s——样本标准差。

分布曲线的尖耸程度与四阶中心矩的数值大小有直接的关系，m_4 是个绝对数，含有计量单位，为消除计量单位的影响，将 m_4 除以 s^4，就得到无量纲的相对数。衡量分布的集中程度或分布曲线的尖耸程度往往是以正态分布的峰度作为比较标准的。在正态分布条件下 $\beta = 3$，将各种不同分布的尖耸程度与正态分布比较，就得峰度值。

当峰度 $\beta > 3$ 时，表示分布的形状比正态分布更尖耸，这意味着分布比正态分布更集中在平均数周围；$\beta < 3$，表示分布比正态分布更平坦，意味着分布比正态分布更分散。

□本章小结

平均指标是反映社会经济现象在一定时间、地点条件下所达到的一般水平的综合指标，也称为统计平均数。平均指标可分为数值平均数和位置平均数，数值平均数有算术平均数、调和平均数、几何平均数等形式，位置平均数有众数、中位数、四分位数等形式。

平均数描述了数据分布的集中趋势，代表现象的一般水平，对不同的现象可以采用不同的平均数来进行描述；其中数值平均数会受到极端值的影响，而位置平均数不会受到极端值的影响。

平均数的计算是本章的重点内容，要熟练掌握其计算方法。

变异指标是反映总体各单位变量值的差异程度的综合指标，又称标志变动度，它刻画了数据的离中趋势，即分散程度。常用的变异指标有：全距、平均差、方差和标准差、变异系数，变异指标数值越大，平均数程度就越低；反之，平均数代表程度就越高。

变异指标的计算也是本章的重点内容，要熟练掌握其计算方法。

学习建议

平均指标和变异指标是广泛应用的指标，特别要正确理解不同平均指标的特点、应用范围；计算何种平均数，既要考虑它们的条件，又要考虑计算何种平均数更具有代表性。

1. 本章重点

平均指标的特点和应用；加权算术平均数；平均指标和变异指标的关系；标准差的计算方法。

2. 本章难点

平均指标和变异指标的关系；标准差的计算方法。

核心概念

平均指标　简单算术平均数　加权算术平均数　调和平均数　众数　中位数　总体方差　总体标准差　样本方差　样本标准差　离散系数　偏度　峰度

课后思考与练习

1. 平均指标种类有哪些？分别在什么情况下使用？为什么算术平均数是平均指标中最基本的、最常用的指标？
2. 什么是标志变异指标？常见标志变异指标有哪些？
3. 试述众数、中位数与算数平均数的相互关系。
4. 试述标准差和标准差系数有何区别？在什么情况下，要应用标准差系数？
5. 比例相对指标和比较相对指标的区别。
6. 某企业 350 名工人生产某种产品的资料如下：

工人按日产量分组（件）	工人数（人）	
	9 月	10 月
20 以下	30	18
20 ~ 30	68	30
30 ~ 40	108	72
40 ~ 50	90	120
50 ~ 60	42	90
60 以上	12	20
合计	350	350

要求：分别计算9，10月份平均每人日产量，并简要说明10月份平均每人日产量变化的原因。

7. 某地甲乙两个农贸市场3种主要蔬菜价格及销售额资料如下：

品　种	价　格（元/千克）	销售额（万元）	
		甲市场	乙市场
A	0.30	75	40
B	0.32	40	80
C	0.36	50	50

要求：计算比较该地区哪个农贸市场蔬菜平均价格高？并说明原因。

8. 某地区抽样调查职工家庭收入资料如下：

按平均每人月收入分组（元）	职工户数
500 以下	16
500～1 000	30
1 000～1 500	60
1 500～2 000	220
2 000～2 500	60
2 500 以上	14

要求：

(1) 计算职工家庭平均每人月收入；

(2) 按上限、下限公式计算中位数和众数；

(3) 简要说明其分布特征；

(4) 计算标准差与标准差系数。

9. 某公司下属两个企业生产同一种产品，其产量和成本资料如下：

	基期		报告期	
	单位成本（元）	产量（吨）	单位成本（元）	产量（吨）
甲企业	600	1 200	600	2 400
乙企业	700	1 800	700	1 600
合计	660	3 000	640	4 000

试问：报告期与基期相比，该公司下属各企业单位成本都没有变化，但该公司总平均成本却下降了20元，这是为什么？

10. 下面是甲地区空气质量指数（0～50表示良好，50～100表示适中）的一组数据：

28，42，58，48，45，55，60，49，50。

要求：(1) 计算全距、方差和标准差；

(2) 已知同期观察到的乙地区空气质量指数的平均数为48.5，标准差为11.66，试对两地区的空气质量做出比较。

11. 某一牧场主每年饲养600头牛。现在有人向他推荐一种个头较小的改良品种牛，每头牛吃草量较少，这样在原来同样面积的牧场上可以多养150头牛。饲养原品种牛和改良品种牛的利润如下：

净利润（元/头）	原品种牛		改良品种牛
	频数	频率（%）	频率（%）
-200	36	6	1
0	12	2	2
200	185	31	57
400	367	61	40
合计	600	100	100

（1）牧场主应该选择哪一种品种？为什么？

（2）改良品种牛的利润和频率可能与上表的计算值有差异。当饲养改良品种牛的利润有什么变化时，牧场主会改变他在（1）中所做的选择？

□实训应用

【案例5-1】　计算案例3-1中的样本数据（见表3-17）的相关指标。㊀

1. 实训项目：用Excel进行平均指标、变异指标的计算

2. 实训目的：紧密围绕本章的抽样知识点，实现课堂教学内容、教学实例、计算机软件和统计方法的结合，应用计算机计算大量数据的平均指标、变异指标。

3. 实训指导：

（1）启动电脑操作系统，打开Excel软件；

（2）在Excel中输入数据（A2：A201）；

（3）加载宏：

工具→加载宏→分析工具库→确定，工具菜单中出现“数据分析”选项；

（4）选中第10行至第192行，设定为隐藏，并对数据进行升序排列：

格式→行→隐藏，找出最小值43和最大值116；

（5）数据分析：

工具→数据分析→描述统计→确定；

在“输入区域”输入数据（A2：A201），设定“输出区域”，确定。

（6）分析结果：

列1	
指标	意义
平均	样本均值
标准误差	
中位数	样本中位数
众数	样本众数

㊀ 相关数据文件见电子课件。

（续）

列1	
标准差	样本标准差（s）
方差	样本方差（s^2）
峰度	
偏度	
区域	极差
最小值	
最大值	
求和	
观测数	
最大（1）	
最小（1）	
置信度（95.0%）	

4. 实训组织：教师首先对实验项目作说明，然后分发实验数据，学生一人一机，利用Excel提供的分析方法完成实训项目，并撰写实验报告。

5. 实训考核：每次要求实验完后撰写实验报告，作为成绩的基本依据。以撰写实验报告的结果评定成绩，实验成绩作为课程的综合成绩的一部分，约占10%。

CHAPTER 6 第6章

时间序列

□学习目标

- 掌握时间序列的水平指标、速度指标的计算方法，特别是序时平均数的计算。
- 掌握长期趋势和季节变动的测定方法。
- 理解时间序列的编制原则、季节变动的含义及测定方法。
- 了解时间序列的构成要素。

很多时候我们需要观察某一种现象在一个较长的时间内变化的规律性，这就要将这种现象所表现的特征——某些指标数值，按照时间的先后顺序排列起来进行观察，得到其变化的规律性，这种方法就是统计学的基本方法之一：动态分析法。

6.1 时间序列概述

6.1.1 时间序列的概念

事物总是发展的，统计研究的具体对象也是如此。从一个较长的时间上观察一个现象的发展变化，可以更好地把握其发展规律。例如，我们要观察一个国家若干年GDP的变动情况，或者观察一个企业若干年利税额的变化，就需要相应的统计数据，这些统计数据通常用时间序列进行展示，如表6-1所示。

表6-1　2004～2008年中国部分经济数据

年份	2004	2005	2006	2007	2008
GDP（亿元）	159 878	183 217	211 924	257 306	300 670
经济增长速度（%）	10.1	10.4	11.6	13.1	9.0
年末国家外汇储备（亿美元）	6 099	8 189	10 663	15 282	19 460
城镇单位在岗职工年平均工资（元/人）	16 024	18 405	21 001	24 932	29 229

资料来源：http：//www.stats.gov.cn.

时间序列，亦称为动态数列或时间数列，就是把反映某一现象的同一指标在不同时间上的取值，按时间的先后顺序排列所形成的一个动态序列。

时间序列的构成要素：

1）现象所属的时间。构成时间序列的时间单位视研究目的与现象性质而定，可长可短，可以以日为时间单位，也可以以月、季、年为时间单位，甚至更长。

2）统计指标在一定时间条件下的数值。统计指标可以是总量指标、相对指标或平均指标。

通过观察时间序列可以使人们更客观、更全面地认识事物发展变化的全过程，进一步掌握事物发展变化的趋势和规律性，进行短期或长期预测，为生产、管理、决策提供依据。

6.1.2 时间序列的分类

时间序列的分类在动态分析中具有重要的意义。很多情况下，时间序列的种类不同，时间序列的分析方法就不同。为了能够保证对时间序列进行准确分析，首先必须正确判断时间序列的类型，正确判断的关键在于对有关统计指标的分类准确理解。

由于时间序列是由统计指标和时间两个要素所构成，因此时间序列的分类实际上和统计指标的分类是一致的。统计指标的表现形式有绝对数、相对数和平均数，对应的，时间序列可分为绝对数时间序列、相对数时间序列和平均数时间序列。

1. 绝对数时间序列

绝对数时间序列，是指由一系列同类的总量指标数值所构成的时间数列。它反映事物在不同时间上的规模、水平等总量特征。绝对数时间序列又分为时期序列和时点序列。

（1）时期序列

时期序列是指由反映某种社会经济现象在一段时期内发展过程累计量的总量指标所构成的绝对数时间序列，如表6-1所示GDP形成的时间序列。

时期序列具有以下特点：①时期序列中各项指标值反映现象在一段时期内发展过程的总量；②各项指标值随着现象的发展进程进行连续登记，因而各项指标值可以相加，相加后的指标值反映现象在更长时期内发展过程的总量；③每项指标值的大小与其时期长短有直接关系，时期长，指标值大，时期短，指标值小。

（2）时点序列

时点序列是指由反映某种现象在某一时点（或时刻）上的发展状况的总量指标所构成的绝对数时间序列，如表6-1所示国家外汇储备形成的时间序列。

时点序列具有以下特点：①时点序列中各项指标值，反映现象在一定时点上的发展状况；②各项指标值只能按时点所表示的瞬间进行不连续登记，直接相加无实际经济意义；③各项指标值的大小，与其时点间隔的长短没有直接关系。

2. 相对数时间序列

相对数时间序列是指由一系列同类的相对指标数值所构成的时间序列，它可以反映社会经济现象数量对比关系的发展过程，如表6-1所示经济增长速度形成的时间序列。

相对数时间序列反映事物数量关系的发展变化动态，由于各期相对数的对比基数不同，故其各项水平数值也不能直接相加。

3. 平均数时间序列

平均数时间序列是指由一系列同类的平均数指标数值所构成的时间序列，它可以反映社会经济现象一般水平的发展变化过程，如表6-1所示城镇单位在岗职工年平均工资形成的时间序列。

这类动态序列可以揭示研究对象一般水平的发展趋势和发展规律。平均数时间序列中各项水平数值同样不能直接加总。

6.1.3 编制时间序列的原则

编制时间序列的目的，在于通过序列中各项指标值对比，说明社会经济现象的发展过程和规律性。因此，为了保证同一时间序列中指标值的可比性，即序列中前后各项指标值可以相互比较，应遵守以下几个基本编制原则：

1. 时间的可比性

由于时期序列数值的大小，与时期长短成正比。因此，时期序列中各项指标值所属的时期长短应该前后一致，便于对比，如果时期长短不同，应进行必要的调整。

对于时点序列来说，由于时点数列指标值的大小与时点间隔的长短没有直接关系，其时点间隔虽然可以不一致，但是为了明显地反映社会经济现象发展变化的规律性，时点间隔最好力求一致。

2. 空间的可比性

总体范围是指时间序列指标值所包括的地区范围、隶属关系范围等。在进行时间序列分析时，要查明所依据的指标值总体范围是否前后一致。只有范围一致才能对比，如有变动应进行必要调整。

3. 指标口径的可比性

指标口径是指指标所包括的经济内容的多少。一般来说，只有同质的现象才能进行动态对比，才能表明现象发展变化的过程及趋势。在经济分析中，有些指标从指标名称上看，它并没有什么变化，但随着时间的推移，其经济内容却发生了很大的变化。

4. 指标的计算方法和计量单位方面的可比性

指标的计算方法和计量单位方面应该一致。各个指标的计算方法如果不一致，不便于动态对比。指标数值的计量单位也应该一致，否则要进行调整。

6.2 时间序列的水平指标

时间序列描述了现象的发展过程和结果，但还不能直接说明现象各期的变动情况，这需要运用相关的指标进行刻画，常用的指标有水平指标和速度指标，时间序列的水平指标有：发展水平、平均发展水平、增长量与平均增长量。

6.2.1 发展水平和平均发展水平

1. 发展水平

发展水平是指时间序列中各时间上所对应的指标数值的统称，它反映某种社会经济现象在一定时间所达到的规模和水平。通常用 a_i 表示，a_0，a_1，a_2，…，a_i，…，a_{n-1}，a_n 表示时间序列中各个时间的发展水平。

一般把时间序列中 a_0 称为期初水平；a_n 称为最末水平；a_1，a_2，…，a_i，…，a_{n-1} 称为中间水平。如表6-1 所示 GDP，2004 年 159 878 亿元为最初水平；2008 年 300 670 亿元为最末水平；2005 年 183 217 亿元，2006 年 211 924 亿元，2007 年 257 306 亿元为中间水平。

在做动态对比时，将作为对比基准的时期称为基期，其指标值也相应地被称为基期水平；将用以分析研究的时期称为报告期，其指标值被称为报告期水平。基期水平和报告期水平，随着研究目的的不同而改变。

2. 平均发展水平

平均发展水平是将不同时间的发展水平加以平均而得到的平均数，由于它是不同时间的、动态的平均，故又称为序时平均数或动态平均数。

平均发展水平与一般平均数虽都反映现象的一般水平，但两者之间有区别：一般平均数是根据同一时期总体标志总量与总体单位总量对比求得的，是根据变量数列计算的，从静态上说明总体某个数量标志的一般水平；序时平均数则是根据时间序列中不同时间指标值的总和与时间的项数对比求得的，是根据时间数列计算的，从而说明某一现象在不同时间上的一般水平。

在动态分析中，利用平均发展水平分析社会经济现象的动态变化有很重要的作用：用它可以反映社会经济现象在一段时间内所达到的一般水平，并对其做出概括的说明；利用它可以消除现象在短期内波动的影响，便于观察现象的发展趋势和规律；运用它还可以对不同单位、不同地区等在某一段时间内，某一事物的一般水平进行比较。

由于时间序列中指标的性质不同，序时平均数的计算方法也不同。计算平均发展水平的基本思路是：首先要判断时间序列的类型，不同类型的时间序列采用不同的计算方法；其次，就是选择具体的计算方法。下面分别讲述各种不同时间序列的平均发展水平的计算方法。

(1) 绝对数时间序列的序时平均数

时期序列的序时平均数。同一时期序列中各项指标值所属时期的长短相等，可以直接将各项指标值相加除以项数，用简单算术平均法计算序时平均数。其计算公式为

$$\bar{a} = \frac{a_0 + a_1 + \cdots + a_n}{n+1} = \frac{\sum_{i=0}^{n} a_i}{n+1} \tag{6-1}$$

式中 $\bar{a}$——序时平均数；

a_i——各时期的发展水平；

$n+1$——时期数。

【例6-1】 某企业产值和职工人数资料如表6-2所示，计算该企业2004~2008年的年平均总产值。

表6-2 某企业职工人数与总产值统计表

时间	2004	2005	2006	2007	2008
年末职工人数（人）	830	850	880	870	885
总产值（万元）	83.83	90.10	108.24	98.25	106.86

解：

$$\bar{a} = \frac{\sum_{i=0}^{n} a_i}{n+1} = \frac{83.83 + 90.10 + 108.24 + 98.25 + 106.86}{5} \approx 97.46(\text{万元})$$

(2) 时点序列的序时平均数

1) 根据连续时点资料计算序时平均数

在掌握整个研究时期中每日资料的情况下，时点序列序时平均数的计算方法与时期序列相同。即将每天数据相加再除以天数，用简单算术平均法计算序时平均数，其计算公式为

$$\bar{a} = \frac{\sum_{i=0}^{n} a_i}{n+1} \tag{6-2}$$

式中 a_i——各时点发展水平；

$n+1$——指标项数。

如果我们掌握了一段时间中每次变动的资料，则可以将每一变动所存在的天数为权数，对各时点指标值加权，用加权算术平均法来计算序时平均数。其计算公式为

$$\bar{a}=\frac{\sum_{i=0}^{m}a_i f_i}{\sum_{i=0}^{m}f_i} \tag{6-3}$$

式中 a_i——每次变动的时点水平；

f_i——各时点水平所持续的间隔长度。

【例 6-2】 某种商品 7 月份的库存量记录如表 6-3 所示，计算 7 月份平均日库存量。

表 6-3 某种商品 7 月份库存

日期	1 ~ 4	5 ~ 10	11 ~ 20	21 ~ 26	27 ~ 31
库存量（台）	50	55	40	35	30

解：该商品 7 月份平均日库存量为

$$\bar{a}=\frac{\Sigma af}{\Sigma f}=\frac{50\times4+55\times6+40\times10+35\times6+30\times5}{4+6+10+6+5}=42(\text{台})$$

2）根据间隔相等的不连续时点资料计算序时平均数

在掌握间隔相等时点资料的情况下，计算序时平均数，可以用简单算术平均法，先依次将相邻两个时点指标值相加除以“2”，得到两个时点指标值的序时平均数；然后再将这些序时平均数进行简单算术平均，就可以计算出整个时点数列的序时平均数。

时间间隔相等不连续时点序列序时平均数的一般公式为

$$\bar{a}=\frac{\frac{a_0+a_1}{2}+\frac{a_1+a_2}{2}+\cdots+\frac{a_{n-1}+a_n}{2}}{n}=\frac{\frac{a_0}{2}+a_1+a_2+\cdots+a_{n-1}+\frac{a_n}{2}}{n} \tag{6-4}$$

式中 a_i——各时点水平。

该公式又称为首末折半法，需要注意的是分子有 $n+1$ 项。

【例 6-3】 某商业企业 2008 年第二季度某种商品的库存量如表 6-4，试求该商品第二季度平均库存量。

表 6-4 某商业企业 2008 年第二季度某商品库存量

时间	3 月末	4 月末	5 月末	6 月末
库存量（百件）	166	172	174	180

解：

$$\text{第二季度平均库存量}=\frac{\frac{166}{2}+172+174+\frac{180}{2}}{3}=173(\text{百件})$$

时间间隔相等的不连续时点序列计算序时平均数的方法，是假定现象在各个时点之间的变动是均匀的，但是实际上并不完全如此，所以计算的序时平均数只能是近似值。由于间隔愈短，误差愈小，因此，为了使序时平均数能基本反映实际情况，时点数列的间隔不宜过长。

3）根据间隔不等不连续时点资料计算序时平均数

在掌握间隔不等不连续时点资料的情况下，可用不同的时点间隔长度作为权数，用加权算术平均法计算序时平均数。其计算公式为

$$\bar{a} = \frac{\frac{a_0 + a_1}{2}f_1 + \frac{a_1 + a_2}{2}f_2 + \cdots + \frac{a_{n-1} + a_n}{2}f_m}{f_1 + f_2 + \cdots + f_m} \tag{6-5}$$

式中 f_i——各时点间隔长度。

【例6-4】 某企业2008年库存额资料如表6-5所示：

表 6-5

	1月1日	3月1日	5月1日	8月1日	11月1日	12月31日
库存额（万元）	250	270	260	300	290	320

试计算该企业2008年月平均库存额。

解：资料中的时间序列时间间隔不相等，由公式（6-5）得：

$$\bar{a} = \frac{\frac{250 + 270}{2} \times 2 + \frac{270 + 260}{2} \times 2 + \frac{260 + 300}{2} \times 3 + \frac{300 + 290}{2} \times 3 + \frac{290 + 320}{2} \times 2}{2 + 2 + 3 + 3 + 2}$$

$$\approx 282.1(\text{万元})$$

（3）相对数时间序列和平均数时间序列的序时平均数

相对数和平均数时间序列的序时平均数，是由两个总量指标时间序列对比形成的。由于各相对数或平均数的分母不同，不能直接将不同时间的相对数或平均数相加来计算序时平均数，而应是根据时期序列或时点序列序时平均数的求法，分别求出构成相对数或平均数时间序列的子项和母项数列的序时平均数，然后将它们对比求出相对数或平均数时间序列的序时平均数。其基本计算公式为

$$\bar{c} = \frac{\bar{a}}{\bar{b}} \tag{6-6}$$

式中 $\bar{a}$——分子数列的序时平均数；

$\bar{b}$——分母数列的序时平均数；

$\bar{c}$——相对数或平均数时间数列的序时平均数。

【例 6-5】 由表 6-2 资料计算 2005～2008 年平均劳动生产率。

解：

$$\bar{a}=\frac{(90.10+108.24+98.25+106.86)/4}{\left(\frac{830}{2}+850+880+870+\frac{885}{2}\right)/4}=\frac{100.86}{864.38}\approx 0.12(\text{万元}/\text{人})$$

劳动生产率是一个相对指标，如果用每年的总产值除以相应年份的平均职工人数所编制的年劳动生产率时间序列就属于相对数时间序列。根据公式，只从计算相对数时间序列序时平均数的角度讲，就不一定把该序列编制出来了，直接分别计算其子项序列（总产值）和母项序列（职工人数的序时平均数），然后将它们对比就可以了。但是，需要特别注意的是，职工人数和总产值两个时间序列在各自计算序时平均数时要注意时间口径的一致性。

6.2.2 增长量与平均增长量

1. 增长量

增长量是时间序列中报告期水平与相比较的基期水平之差，反映社会经济现象报告期比基期增加或减少的数量，即增长量 = 报告期水平 - 基期水平。

一般而言，分析的目的不同，选择的基期就不同。因此，根据基期的不同，可将增长量分为逐期增长量和累计增长量。

（1）逐期增长量

逐期增长量是指时间序列中各期发展水平与其前一期水平之差，说明现象逐期增加或减少的数量，用公式表示为

$$\text{逐期增长量}=\text{报告期水平}-\text{前一期水平}=a_i-a_{i-1} \tag{6-7}$$

（2）累计增长量

累计增长量是指时间序列中报告期水平与最初水平之差，说明现象在一定时期内总的增加或减少的数量，用公式表示为

$$\text{累计增长量}=\text{报告期水平}-\text{期初水平}=a_i-a_0 \tag{6-8}$$

逐期增长量与累计增长量之间存在一定的关系：各逐期增长量的和等于相应时期的累计增长量；两相邻时期累计增长量之差等于相应时期的逐期增长量。用公式分别表示为

$$\sum_{i=1}^{n}(a_i-a_{i-1})=a_n-a_0 \tag{6-9}$$

$$(a_i-a_0)-(a_{i-1}-a_0)=a_i-a_{i-1} \tag{6-10}$$

2. 平均增长量

平均增长量是指时间序列中各逐期增长量的序时平均数，说明某社会经济现象在一段时期内平均每期增加或减少的数量，一般用简单算术平均法计算。平均增长量的计算公式为

$$\frac{\sum_{i=1}^{n}(a_i - a_{i-1})}{n} = \frac{a_n - a_0}{n} \tag{6-11}$$

公式中第一步可以认为是平均增长量的定义公式，而第二步是根据累计增长量和逐期增长量的关系所得到的。还需要说明的一个问题是，增长量虽然有两类：累计增长量和逐期增长量，但由于累计增长量在不同时间上不具有可加性，即将累计增长量再累计没有什么经济意义，因此，所谓平均增长量就是指逐期增长量的序时平均数。

【例6-6】 由表6-2资料计算2005～2008年总产值平均增长量。

解：

$$\frac{(90.10 - 83.83) + \cdots + (106.86 - 98.25)}{4} = \frac{106.86 - 83.83}{4} \approx 5.76(\text{万元})$$

6.3 时间序列的速度指标

时间序列的速度分析指标有：发展速度、增长速度、平均发展速度、平均增长速度。

6.3.1 发展速度

发展速度是反映社会经济现象发展变化快慢程度的动态相对指标，它是根据两个不同时期的发展水平对比求得的。其计算结果一般用百分数表示。用公式表示为

$$\text{发展速度} = \frac{\text{报告期水平}}{\text{基期水平}} \times 100\% \tag{6-12}$$

根据对比的基期不同，可分为环比发展速度和定基发展速度两种。

1. 环比发展速度

环比发展速度是时间序列中报告期水平与前一期发展水平之比，说明某种社会经济现象的逐期发展方向和速度。环比发展速度用公式表示为

$$\frac{a_1}{a_0}, \quad \frac{a_2}{a_1}, \quad \frac{a_3}{a_2}, \quad \cdots, \quad \frac{a_n}{a_{n-1}} \tag{6-13}$$

2. 定基发展速度

定基发展速度是时间序列中报告期水平与最初水平对比所得到的相对数，说明某种

社会经济现象在较长时期内总的发展方向和速度，故也称为总速度。定基发展速度用公式表示为

$$\frac{a_1}{a_0},\quad \frac{a_2}{a_0},\quad \frac{a_3}{a_0},\quad \cdots,\quad \frac{a_n}{a_0} \tag{6-14}$$

3. 定基发展速度与环比发展速度的数量关系

1）相邻若干个环比发展速度的连乘积等于相应的定基发展速度

$$\frac{a_n}{a_0} = \prod_{i=1}^{n} \frac{a_i}{a_{i-1}} \tag{6-15}$$

2）相邻两个定基发展速度之商等于相应的环比发展速度

$$\frac{a_i}{a_0} \div \frac{a_{i-1}}{a_0} = \frac{a_i}{a_{i-1}} \tag{6-16}$$

6.3.2 增长速度

增长速度是表明社会经济现象增长程度的动态相对指标，它是根据增长量与基期水平对比求得的，用以说明报告期水平比基期水平增加了多少，其计算结果一般用百分数表示。用公式表示为

$$\begin{aligned}\text{增长速度} &= \text{报告期增长量}/\text{基期水平} = (\text{报告期水平} - \text{基期水平})/\text{基期水平} \\ &= \text{发展速度} - 1\end{aligned}$$

增长速度由于采用的基期不同，可分为定基增长速度和环比增长速度。

1. 环比增长速度

$$\frac{a_1 - a_0}{a_0},\quad \frac{a_2 - a_1}{a_1},\quad \frac{a_3 - a_2}{a_2},\quad \cdots,\quad \frac{a_n - a_{n-1}}{a_{n-1}} \tag{6-17}$$

$$\frac{a_1}{a_0} - 1,\quad \frac{a_2}{a_1} - 1,\quad \frac{a_3}{a_2} - 1,\quad \cdots,\quad \frac{a_n}{a_{n-1}} - 1 \tag{6-18}$$

2. 定基增长速度

$$\frac{a_1 - a_0}{a_0},\quad \frac{a_2 - a_0}{a_0},\quad \frac{a_3 - a_0}{a_0},\quad \cdots,\quad \frac{a_n - a_0}{a_0} \tag{6-19}$$

$$\frac{a_1}{a_0} - 1,\quad \frac{a_2}{a_0} - 1,\quad \frac{a_3}{a_0} - 1,\quad \cdots,\quad \frac{a_n}{a_0} - 1 \tag{6-20}$$

需要指出，环比增长速度与定基增长速度之间没有直接的换算关系。在由环比增长速度推算定基增长速度时，可先将各环比增长速度加 1 后连乘，再将结果减 1，即得定基增长速度。某地区 GDP 发展速度和增长速度见表 6-6。

表6-6 某地区GDP计算表

年份		2002	2003	2004	2005	2006	2007	2008
GDP（万元）		66 850	73 142	76 967	80 579	88 228	94 346	103 553
增长量	逐期	—	6 292	3 825	3 612	7 649	6 118	9 207
	累计	—	6 292	10 117	13 729	21 378	27 496	36 703
发展速度（%）	环比	—	109.41	105.23	104.69	109.49	106.93	109.76
	定基	—	109.41	115.13	120.54	131.98	141.13	154.90
增长速度（%）	环比	—	9.41	5.23	4.69	9.49	6.93	9.76
	定基	—	9.41	15.13	20.54	131.98	41.13	54.90

6.3.3 平均发展速度与平均增长速度

1. 平均发展速度与平均增长速度的关系

平均速度就是速度指标的动态平均数。因为速度指标有发展速度和增长速度两种，所以，平均速度指标也有两种：平均发展速度与平均增长速度。

从计算平均速度的方法看，平均增长速度并不能根据各期环比增长速度直接计算，而是先计算平均发展速度，然后，根据平均发展速度与平均增长速度的关系来计算平均增长速度，即

$$\text{平均增长速度} = \text{平均发展速度} - 1 \tag{6-21}$$

因此，所谓平均速度指标的计算方法问题实际上就是指平均发展速度的计算。

2. 平均发展速度的计算方法

平均发展速度通常采用两种方法计算：几何平均法和方程式法。

(1) 几何平均法

几何平均法，也称为水平法。这种方法的基本出发点是从时间序列的最初水平 a_0 开始，以序列的平均速度去代替各期的环比发展速度，由此推算出期末理论水平与期末实际水平相一致，即在基期发展水平 a_0 的基础上，平均每期以平均发展速度（$\bar{x}$）发展，经过若干期后，达到末期水平（a_n）。

$$\bar{x} = \sqrt[n]{\frac{a_n}{a_0}} \quad \text{或} \quad \bar{x} = \sqrt[n]{\prod_{i=1}^{n} \frac{a_i}{a_{i-1}}} \tag{6-22}$$

式中 $\bar{x}$——平均发展速度。

【例6-7】 根据表6-6计算年平均发展速度。

解： 由公式（6-22）得：

$$\bar{x} = \sqrt[6]{109.41\% \times 105.23\% \times 104.69\% \times 109.49\% \times 106.93\% \times 109.76\%} = 108.77\%$$

(2) 方程式法

方程式法又称为累计法，它的基本出发点是：从时间数列的最初发展水平 a_0 开始，以数列的平均速度去代替各期的环比发展速度，由此推算出各期理论发展水平之和与各期实际发展水平之和相一致，即：$a_1 + a_2 + \cdots + a_n = \sum_{i=1}^{n} a_i$

$$a_0\bar{x} + a_0\bar{x}^2 + \cdots + a_0\bar{x}^n = \sum_{i=1}^{n} a_i$$

$$\sum_{i=1}^{n} a_0\bar{x}^i = \sum_{i=1}^{n} a_i \qquad (6\text{-}23)$$

$$\sum_{i=1}^{n} \bar{x}^i = \frac{\sum_{i=1}^{n} a_i}{a_0}$$

解这个高次方程，其正根即为平均发展速度。但是，要求解这个高次方程是非常麻烦的，因此，在实际工作中，往往利用已经编好的《平均增长速度查对表》来计算。

用方程式法计算平均发展速度，侧重于考察中长期计划各期水平的总和，亦即计划期间的累计总量。这种方法适用于计算基本建设投资额、新增固定资产额、住宅建筑面积、造林面积等；指标的平均发展速度。

6.3.4 计算和运用速度指标应注意的问题

1）时间序列中的指标值为0或负数时，不宜计算速度。

2）速度指标与发展水平指标要结合使用。速度是一个相对值，它与对比的基期值的大小有很大关系。这就是说，由于对比的基点不同，可能会造成速度数值上的较大差异，进而造成高的速度掩盖了低的增长。为了求得一个具有可比性的指标，就需要把速度指标与水平指标结合起来，计算增长1%的绝对值。

统计上把增长速度和增长量结合起来的指标，就是增长1%的绝对值。其计算公式为：

增长1% 的绝对值 = 逐期增长量 / 环比增长速度 = 前期水平 /100

$$\frac{a_i - a_{i-1}}{\left(\frac{a_i}{a_{i-1}} - 1\right) \times 100} = \frac{a_i - a_{i-1}}{\frac{a_i - a_{i-1}}{a_{i-1}} \times 100} = \frac{a_{i-1}}{100} \qquad (6\text{-}24)$$

增长1%的绝对值这一指标不仅可用于比较同一事物不同时期增长速度的经济意义，还可以用于比较不同国家、不同地区、不同单位之间同一事物增长速度所隐含的不同经济意义，对我们正确评价和处理速度与效益的关系是颇有好处的。

3）几何平均法和方程式法是计算平均发展速度的基本方法，但两种方法的侧重点不同。前者是从最末水平出发来研究问题，而后者则是从各期水平的累计总和出发进行考察。因此，它们的应用条件是不同的，同一资料，两种方法计算的结果也不相同。所以，在计算平均发展速度时要根据研究现象的性质、研究目的来选择合适的方法。

4）要根据事物的发展状态，应用分段平均发展速度来补充说明整个时期的总平均发展速度。因为总平均速度仅能笼统地反映现象在较长时期内逐期平均发展的程度，而掩盖了这种现象在不同时期的波动状况。尤其是当研究的时期较长时，更要注意这方面的问题。

5）在应用几何平均法计算平均发展速度时，还要注意与环比发展速度结合进行分析。因为几何平均法计算的平均发展速度只考虑了最末水平与最初水平，中间各期水平无论怎样变化，对平均速度的高低都无影响。如果中间各期水平出现了特殊高低变化，或者最初、最末水平受到特殊因素的影响，就会降低或失去平均速度的意义。

6）注意平均速度指标与原时间数列的发展水平、增长量、平均水平等指标的结合应用，以便对研究现象做出比较确切和全面的认识。

6.4 时间序列趋势分析

时间序列分析方法的统计思想对现代经济管理具有重要的启迪和现实意义。例如对于企业销售收入和销售成本的预测，我们当然要观察过去的实际资料，根据这些历史资料，我们可以对其发展水平、发展速度进行分析，也可能得到销售的一般水平或趋势，如销售收入随时间增长或下降的趋势；对这些资料的进一步观察，还可能显示一种季节轨迹，如每年的销售高峰出现在第三季度，而销售低谷出现在第一季度以后。通过观察历史资料，可以对过去的销售轨迹有较好的了解，因此对产品的未来销售情况，可以做出较为准确、公正地判断。时间数列分析，能反映客观事物的发展变化，能揭示客观事物随时间演变的趋势和规律。

6.4.1 时间序列的构成因素

编制时间序列，进行时间序列分析，除了考察现象发展过程中的水平和速度之外还需要用数学模型来对时间序列做一些在定性认识基础上的定量分析，找出制约现象发展的基本因素或主要原因。时间序列的变动主要受以下四大因素的变动影响。

1. 长期趋势（*T*）

长期趋势是指现象在一段相当长的时期内所表现出来的持续上升或下降或不变的趋势。长期趋势是受某种根本性的支配因素影响。例如，我国的GDP呈现逐年上升的趋势，人口总量也呈现逐年上升的趋势。

2. 季节变动(S)

季节变动是指社会经济现象随着季节的更替而发生的有固定规律性的变动。原来最基本的意义是受自然界季节更替影响而发生的年复一年的有规律的变化。例如，农产品的生产、水电消费的季节变动等。在实际分析中，季节变动也包括一年内由于社会、政治、经济、自然因素影响形成的有规律的周期性的重复变动。例如，民工潮造成的交通部门的客流量在一年中的规律性变化。

3. 循环变动(C)

循环变动是指社会经济现象以若干年为周期的涨落起伏的一种波浪式的变动。如股票市场由牛市到熊市的周期再到下一个牛市与熊市的周期；资本主义经济由危机、萧条、复苏、繁荣的一个周期再到下一个危机、萧条、复苏、繁荣的周期。虽然每一个周期可能长短不同，但盛衰起伏周而复始。事物的循环变动，也是由事物发展的内在原因决定的。

4. 不规则变动(I)

不规则变动也称随机变动，指现象受偶然因素的影响而出现的不规则变动。例如，2005 年那场海啸对东南亚地区的旅游业造成的影响表现在旅游人数上就是一种不规则变动。

社会经济现象的发展变化，都是上述四种因素的全部或部分变动影响的结果。在现实生活中有些社会经济现象无循环变动，以年为单位的时间数列无季节变动。因此，时间数列预测分析应从实际出发，实际包含几个因素就分解和测定几个因素。

6.4.2 时间序列的分解模型

由于客观存在内容上的复杂性和方式上的多样性，影响客观事物的各种因素在其发生作用的过程中，所表现出来的关系也是多种多样的。在统计分析中，将这种关系一般概括为以下两种假设，可用下面两个数学模型来表示：

1. 加法模型

第一种假设是：各个组成部分所具有的变动数值是各自独立，从而整个时间数列数值与各种构成之间的数量关系应该表现为下列公式

$$Y = T + S + C + I \tag{6-25}$$

2. 乘法模型

第二种假设是：各个组成部分所具有的变动数值是相互依存，从而整个时间数列数值与各种构成之间的数量关系应该表现为下列公式

$$Y = T \cdot S \cdot C \cdot I \tag{6-26}$$

实际工作中应采用哪一种模型进行分析为宜，要视研究对象的性质，研究目的及所掌握的资料的情况而确定。

6.4.3 长期趋势的测定方法

测定长期趋势就是用一定的方法对时间数列进行修匀，以消除数列中季节变动、循环波动和不规则变动等因素的影响，以显示出现象变动的基本趋势，作为预测的依据。

1. 移动平均法

(1) 移动平均法的基本思想

移动平均法是趋势变动分析的一种较简单的常用方法。该方法的基本思想是，通过扩大原时间序列的时间间隔，并按一定的间隔长度逐期移动，分别计算出一系列移动平均数，这些平均数形成的新的时间序列对原时间序列的波动起到一定的修匀作用，削弱了原序列中偶然因素的影响，从而呈现出现象发展的变动趋势。该方法可以用来分析预测销售情况、库存、股价或其他趋势。

(2) 具体操作方法

它是直接用简单算术平均数作为移动平均趋势值的一种方法。

【例6-8】 某公司2008年各月的销售额资料见表6-7，分别计算3项，5项移动平均趋势值，并进行比较。

表6-7 某公司2008年各月销售额 （单位：万元）

月份	实际销售额	3项移动平均	5项移动平均	月份	实际销售额	3项移动平均	5项移动平均
1	28	—	—	7	49	48.33	47.4
2	30	32	—	8	48	49	49.8
3	38	35	35	9	50	50.67	52.8
4	37	39	39	10	54	55.67	57
5	42	42.33	42.8	11	63	62.33	—
6	48	46.33	44.8	12	75	—	—

3项移动平均：$Y_1 = \frac{28+30+38}{3} = 32$；$Y_2 = \frac{30+38+37}{3} = 35$；

5项移动平均：$Y_1 = \frac{28+30+38+37+42}{5} = 35$；$Y_2 = \frac{30+38+37+42+48}{5} = 39$；其余各期同理，结果见表6-7。

应用移动平均法应注意，若时间数列呈现周期性变动（如季节变动等），移动步长应与周期相同，以达到消除这些因素变动影响的目的。

2. 加权移动平均法

这是在简单移动平均法的基础上给近期数据以较大的权数，给远期的数据以较小的权数，计算加权移动平均数作为下一期的移动平均趋势值的一种方法。

仍以表6-7中的已知数据为例，当 $k=3$ 时，则 $Y_1=28\times0.2+30\times0.3+38\times0.5=33.6$，其余类推。

3. 指数平滑法

指数平滑法是用过去时间序列值的加权平均数作为趋势值，它是加权移动平均法的一种特殊情形。其基本形式是根据本期的实际值 Y_t 和本期的趋势值 $\hat{Y}_t$，分别给以不同权数 α 和 $1-\alpha$，计算加权平均数作为下期的趋势值 $\hat{Y}_{t+1}$。基本指数平滑法模型如下

$$\hat{Y}_{t+1}=\alpha Y_t+(1-\alpha)\hat{Y}_t \tag{6-27}$$

式中 $\hat{Y}_{t+1}$——时间数列 $t+1$ 期趋势值；

Y_t——时间数列 t 期的实际值；

$\hat{Y}_t$——时间数列 t 期的趋势值；

α——平滑系数 $(0<\alpha<1)$。

若利用指数平滑法模型进行预测，从基本模型中可以看出，只需一个 t 期的实际值 Y_t，一个 t 期的趋势值 $\hat{Y}_t$ 和一个 α 值，所用数据量和计算量都很少，这是移动平均法所不能及的。

【例6-9】 某公司2008年前8个月销售额资料见表6-8，用指数平滑法进行长期趋势分析。已知1月份预测值为250万元，α 分别取0.2和0.8。

解：

表6-8 某公司2008年各月销售额预测表 (单位：万元)

月份	实际销售额	一次指数平滑预测数		月份	实际销售额	一次指数平滑预测数	
		$\alpha=0.2$	$\alpha=0.8$			$\alpha=0.2$	$\alpha=0.8$
1	254	250	250	6	254	248.64	245.99
2	248	250.8	253.2	7	257	249.71	252.40
3	242	250.24	249.04	8	251	251.17	256.08
4	251	249.19	245.81	9	—	251.14	252.02
5	245	249.55	249.96				

一次指数平滑法比较简单，但从例中也可看出，α 值和初始值的确定是关键，它们直接影响着趋势值误差的大小。通常对于 α 和初始值可按以下方法确定。

(1) α 值的确定

选择 α，一个总的原则是使预测值与实际观察值之间的误差最小。从理论上讲，α 取0~1之间的任意数据均可以。具体如何选择，要视时间序列的变化趋势来定。

1）当时间序列呈较稳定的水平趋势时，应取小一些，如0.1~0.3，以减小修正幅度，同时各期观察值的权数差别不大，预测模型能包含更长时间序列的信息。

2）当时间序列波动较大时，宜选择居中的α值，如0.3~0.5。

3）当时间序列波动很大，呈现明显且迅速的上升或下降趋势时，α应取大些，如0.6~0.8，以使预测模型灵敏度高些，能迅速跟上数据的变化。

4）在实际预测中，可取几个α值进行试算，比较预测误差，选择误差小的那个α值。

（2）初始值的确定

如果资料总项数N大于50，则经过长期平滑链的推算，初始值的影响变得很小了，为了简便起见，可用第一期水平作为初始值。但是如果N小到15或20，则初始值的影响较大，可以选用最初几期的平均数作为初始值。

指数平滑法适用于预测呈长期趋势变动和季节变动的评估对象，指数平滑法可分为一次指数平滑法和多次指数平滑法，本节中介绍的是一次指数平滑法的应用。

4. 数学模型法

假定有一个时间序列，为了算出逐年的趋势值，可以考虑对原始数据拟合一条数学曲线。选择曲线方程有两个途径：一是在以时间t为横轴，变量Y为纵轴的直角坐标图上作时间序列数值的散点图，根据散点的分布形状来确定应拟合的曲线方程；二是对时间序列的数值作一些分析，根据分析的结果来确定应选择的曲线方程。选择合适的方程，是分析预测时应特别注意的问题。

首先，是要科学的选择模型。

数学模型有直线型和曲线型两种类型，而每一种类型又有很多种具体形式。因此，在建立模型之前首先要判断趋势的形态。

其次，是确定模型中的参数，求解模型实际上就是确定模型中的待定系数，最理想的方法就是“最小二乘法”。

$$\Sigma(y_t - \hat{y}_t)^2 = \min \tag{6-28}$$

最后，把各个时期的指标值在代入这个趋势方程中，便得到各期的长期趋势值。

（1）直线模型

如果时间序列的逐期增长量相对稳定，即现象满足各逐期增长量大体相同的条件，可以用直线作为趋势线来描述趋势变化，据以进行分析和预测。

设趋势直线方程为：

$$\hat{y}_t = \hat{a} + \hat{b}t \tag{6-29}$$

式中　$\hat{y}_t$——时间数列 y 的长期趋势值；

t——时间（时间序号）；

$\hat{a}$——趋势直线的 y 的截距，表示 $t=0$ 时 $\hat{y}_t$ 的数值；

$\hat{b}$——趋势直线的斜率，表示 t 每变动一个单位时，$\hat{y}_t$ 平均增长的数量。

利用最小二乘法可以建立如下两个标准方程，求出 $\hat{a}$、$\hat{b}$ 的值。

令 $Q=\Sigma\ (y-\hat{a}-\hat{b}t)^2$，为使其最小，其必要条件 $\hat{a}$ 和 $\hat{b}$ 的偏导数等于 0。即，

$$\hat{a}\ \text{的偏导数}\qquad 2\Sigma(y-\hat{a}-\hat{b}t)(-1)=0$$

$$\hat{b}\ \text{的偏导数}\qquad 2\Sigma(y-\hat{a}-\hat{b}t)(-t)=0$$

整理得：

$$\begin{cases}\Sigma y=n\hat{a}+\hat{b}\Sigma t\\ \Sigma ty=\hat{a}\Sigma t+\hat{b}\Sigma t^2\end{cases}\tag{6-30}$$

式中　n——样本容量。

将上述方程整理后可得出直接计算 $\hat{a}$，$\hat{b}$ 的两个公式为

$$\begin{cases}\hat{b}=\dfrac{n\Sigma ty-\Sigma t\Sigma y}{n\Sigma t^2-(\Sigma t)^2}\\ \hat{a}=\dfrac{\Sigma y-\hat{b}\Sigma t}{n}\end{cases}\tag{6-31}$$

【例 6-10】　某企业 10 年的产品销售额资料如表 6-9 所示，试用最小二乘法拟合趋势直线，并预测 2008 年的销售额。计算过程如下。

解： 根据趋势图可看出线性趋势，根据表 6-9 的计算资料，将有关数据代入，计算出 $\hat{a}$，$\hat{b}$ 的值为

$$\begin{cases}\hat{b}=\dfrac{10\times 4\,523-55\times 733}{10\times 385-55^2}\approx 5.957\,5\\ \hat{a}=\dfrac{733-5.957\,5\times 55}{10}=40.533\,8\end{cases}$$

则所拟合的趋势方程为

$$\hat{y}_t=40.533\,8+5.957\,5t$$

若要求预测 2008 年的销售额，将 $t=11$ 代入得出

$$\hat{y}_{t+1}=40.533\,8+5.957\,5\times 11=106(\text{万元})$$

表 6-9　某企业销售额最小二乘法计算表

年　份	时间序号 (t)	销售额（万元）y	ty	t^2
1998	1	50	50	1
1999	2	54	108	4
2000	3	56	168	9
2001	4	58	232	16
2002	5	70	350	25
2003	6	78	468	36
2004	7	84	588	49
2005	8	88	704	64
2006	9	95	855	81
2007	10	100	1 000	100
合计	55	733	4 523	385

注意，由于例题只是为了说明分析计算的方法，所以为简便起见，一般选用的数据都比较少，实际应用时，数据应丰富些方能更好地反映长期趋势。

(2) 曲线模型

若时间数列的二次增长量大体相等（即逐期增长量大体上呈等量递增或递减态势），则其趋势线近似于一条抛物线 $\hat{y}_t = \hat{a} + \hat{b}t + \hat{c}t^2$；若时间数列的各期环比发展速度大体相等，则其趋势线近似于一条指数曲线 $\hat{y}_t = \hat{a}\hat{b}^t$。抛物线、指数曲线等都属于曲线型模型。在社会经济现象的客观现实中，有很多是按照曲线的轨迹演进，因此曲线模型在经济社会中也是大量存在的。

6.4.4 季节变动分析

季节变动是指一些现象由于受自然条件或经济条件的影响，在一个年度内随着季节的更替而发生比较有规律的变动，例如，农产品的生产量、某些商品的销售量等，都会因时间的变化而分为农忙农闲、淡季旺季。季节变动往往会给社会生产和人们的经济生活带来一定影响。研究季节变动，就是为了认识这些变动的规律性，以便更好地安排、组织社会生产与生活。

季节变动是各种周期性变动中的很重要的一种，因此，分析季节变动的原理和方法，是分析其他周期性变动的基础。

1. 季节变动的分析原理

季节变动是一种各年变化强度大体相同且每年重现的有规律的变动。根据这一基本特征，我们可以将其归纳为一种典型的季节模型。所谓季节模型，就是指一时间序列在各年中所呈现出的典型状态，这种状态年复一年以基本相同的形态出现。季节模型是由一套指数组成的，各指数刻画了现象在一个年度内各月或各季的典型特征。如果所分析的是月份数据，季节模型就由12个指数组成；若为季度数据，季节模型就由4个指数组成。其中各个指数是以全年月或季度资料的平均数为基础计算的，因而12个月（或4个季度）指数的平均数应等于100%，而各月（或季）的指数之和应等于1 200%（或400%）。季节模型正是以各个指数的平均数等于100%为条件而构成的，它反映了某一月份或季度的数值占全年平均数的大小。如果现象的发展没有季节变动，则各期的季节指数应等于100%；如果某一月份或季度有明显的季节变化，则各期的季节指数应大于或小于100%。因此，分析季节变动，也就是对一个时间序列计算出该月（或季）指数，即所谓季节指数（或季节比率），然后根据各季节指数与其平均数（100%）的偏差程度来测定季节变动的程度。这就是季节变动分析的基本原理。

2. 测定季节变动的方法

测定季节变动的方法从是否排除长期趋势的影响看，可分为两种：一是不排除长期趋势的影响，直接根据原时间序列来测定，二是依据消除长期趋势后的时间序列来测定。前者常用简单平均法，后者常用移动平均趋势剔除法。但是，不管采用哪种方法，都需具备连续多年的各月（季）资料，以保证所求的季节比率具有代表性，从而能比较客观地描述现象的季节变动。现将两种测定方法介绍如下。

(1) 同期平均法

在现象不存在长期趋势或长期趋势不明显的情况下，一般是直接用平均的方法通过消除不规则变动来测定季节变动，称为“同期平均法”。

同期平均法来测定其季节变动。步骤如下：

第1步，计算各年同季（月）的平均数。

第2步，计算各年同季（或同月）平均数的平均数。

第3步，计算季节比率或季节指数。方法是将各年同季的平均数分别和时间数列的序时平均数进行对比。一般用百分数表示，用公式表示为

$$季节指数(S)=\frac{同月(或季)平均数}{总月(或季)平均数}\times 100\% \tag{6-32}$$

【例6-11】 根据表6-10中数据用同期平均法计算季节指数。

解： 第1步，列表，将各年同季的数值列在同一栏内；

第2步，将各年同季数值加总，求出季平均；

第3步，将所有季数值加总，求出总的季平均数6.39千台；

第4步，求季节指数 S = 各季平均/全期各季平均 ×100%。

表6-10 某企业4年的季度电视机销售量 （单位：千台）

	第1季度	第2季度	第3季度	第4季度
2005	4.5	4.1	6.2	6.5
2006	5.8	5.2	6.8	7.4
2007	6.1	5.6	7.5	7.8
2008	6.3	5.9	8.1	8.4
季平均数	5.68	5.2	7.15	7.53
季节比率（%）	88.85	81.41	111.94	117.81

从计算结果看，4个季度的比率有明显的差异，说明有季度变动特征。

同期平均法计算简单，易于理解。应用该方法的基本假定是：原时间序列没有明显的长期趋势和循环波动，因而，通过若干年同期数值的平均，不仅可以消除不规则波动，而且当平均的周期与循环周期一致时，循环波动也可以在平均过程中得以消除，但实际

上，许多时间序列所包含的长期趋势和循环波动，很少能够通过平均予以消除。因此，当时间序列存在明显的长期趋势时，该方法的季节指数不够准确。

(2) 移动趋势剔除法

现象具有明显的长期趋势时，一般是先消除长期趋势，然后再用平均的方法再消除不规则变动，称为“移动趋势剔除法”。

移动趋势剔除法，就是在现象具有明显长期趋势的情况下，测定季节变动的一种基本方法。移动趋势剔除法的基本思路是：先从时间数列中将长期趋势剔除掉，然后再应用“同期平均法”剔除不规则变动，最后通过计算季节比率来测定季节变动的程度。

“移动趋势剔除法”来测定季节变动趋势。其基本步骤如下：

第1步，先根据各年的季度（或月度）资料（Y）计算移动平均数，作为各期的长期趋势值（T）。

第2步，将实际数值（Y）除以相应的移动平均数（T），得到各期的Y/T。这就是消除了长期趋势影响的时间数列，它是一个相对数，称为季节指数。

第3步，将Y/T重新按“同期平均法”计算季节比率的方式排列。然后，按照该方法要求，先计算“同季平均数”，然后再计算“同季平均数的平均数”。

【例6-12】 按趋势剔除法计算表6-11中某企业电视机销售量的季节比率。

表6-11 某企业4年的季度电视机销售量 （单位：千台）

年份	第1季度	第2季度	第3季度	第4季度	年份	第1季度	第2季度	第3季度	第4季度
2005	4.5	4.1	6.2	6.5	2007	6.1	5.6	7.5	7.8
2006	5.8	5.2	6.8	7.4	2008	6.3	5.9	8.1	8.4

解：首先，将用移动平均法求得长期趋势值T，然后利用公式计算出各季的包含了不规则变动的季节指数，如表6-12所示。

表6-12 电视机销售量季节指数计算表（一）

年份	季度	销售量（千台）Y_t	移动平均 T_t	季节指数	年份	季度	销售量（千台）Y_t	移动平均 T_t	季节指数
2005	1	4.5			2007	1	6.1	6.56	0.930
	2	4.1				2	5.6	6.70	0.836
	3	6.2	5.49	1.129		3	7.5	6.78	1.107
	4	6.5	5.79	1.123		4	7.8	6.84	1.141
2006	1	5.8	6.00	0.967	2008	1	6.3	6.95	0.906
	2	5.2	6.19	0.840		2	5.9	7.10	0.831
	3	6.8	6.34	1.073		3	8.1		
	4	7.4	6.43	1.152		4	8.4		

其次，利用同季平均的方法计算出电视机销售量时间数列的季节指数，消除不规则变动。求得的季节指数分别是：0.934，0.836，1.103，1.139，如表6-13所示。

表6-13 电视机销售量季节指数计算表（二）

季节指数	第1季度	第2季度	第3季度	第4季度
2005	—	—	1.129	1.123
2006	0.967	0.840	1.073	1.152
2007	0.930	0.836	1.107	1.141
2008	0.906	0.831	—	—
各季平均	0.934	0.836	1.103	1.139
季节比率（%）	93.15	83.33	110.0	113.5

如上一步求得的4个季节指数的和不等于400%，要进行调整，先求得4个季节指数的总平均数1.002 945，再用4个季节指数除以总平均数作为最后的季节比率。

□本章小结

统计指标按时间顺序排列形成的序列称为时间序列，可以分为绝对数时间序列、相对数时间序列和平均数时间序列，其中绝对数时间序列又分为时期序列和时点序列。可比性是时间序列编制的基本原则。

时间序列各期实际水平称为发展水平，其平均数称为序时平均数。时间序列的水平指标还包括增长量，因基期不同分为逐期增长量和累计增长量，也可对逐期增长量求平均数，即平均增长量。

时间序列的速度指标有发展速度、增长速度、平均发展速度和平均增长速度、增长1%的绝对值，它们之间有一定的换算关系。

测定长期趋势有很多方法，包括移动平均法、指数平滑法、最小二乘法等，最小二乘法是拟合发展趋势的基本方法，根据时间序列的不同特点拟合不同的统计模型。

季节变动的基本测定指标是季节比率或季节指数，测定方法有同期平均法和趋势剔除法。

□学习建议

动态分析是统计分析中重要的分析方法。本章的内容很多，学习中要理解水平指标和速度指标的意义，熟练掌握其计算方法；理解长期趋势和季节变动的分析原理，掌握其分析方法。

1. 本章重点

水平指标和速度指标的意义；长期趋势和季节变动分析的原理和方法。

2. 本章难点

水平指标之间的换算关系；速度指标之间的换算关系；长期趋势模型的拟合。

□核心概念

逐期增长量　累计增长量　环比发展速度　定基发展速度　环比增长速度　定基增长速度　移动平均法　最小二乘法　季节比率

□课后思考与练习

1. 简述时间序列的概念和种类。
2. 时期序列和时点序列有什么区别？
3. 什么是平均发展水平？它的计算可以分成哪几种情况？序时平均数与一般平均数有何异同？
4. 什么是发展水平、增长量、平均增长量、发展速度和增长速度？定基发展速度与环比发展速度、发展速度与增长速度的关系如何？
5. 简述测定长期趋势的方法。
6. 某企业职工6月份出勤情况统计资料如下：

日　期	1	3	10	15	18	30
职工出勤人数（人）	1 500	1 510	1 508	1 520	1 518	1 524

要求：计算该企业6月份职工平均出勤人数。

7. 某种股票2008年各统计时点的收盘价如下：

统计时点	1月1日	3月1日	7月1日	10月1日	12月31日
收盘价（元）	15.2	14.2	17.6	16.3	15.8

要求：计算该股票2008年的平均价格。

8. 某企业2008年9月～12月月末职工人数资料如下：

日　期	9月30日	10月31日	11月30日	12月31日
月末人数（人数）	1 400	1 510	1 460	1 420

要求：（1）计算该企业各个月份的平均职工人数；

（2）计算该企业第四季度的平均职工人数。

9. 2003～2008年各年某企业职工人数和工程技术人员数资料如下：

年　份	2003	2004	2005	2006	2007	2008
年末职工人数	1 000	1 020	1 085	1 120	1 218	1 426
年末工程技术人员	50	50	52	60	78	82

要求：（1）2004～2008年职工平均人数；

（2）2004～2008年工程技术人员平均人数；

（3）2004～2008年工程技术人员占全部职工人数的平均比重。

10. 某机械厂2008年第四季度各月产值和职工人数资料如下：

月　份	10月	11月	12月
总产值（元）	400 000	462 000	494 500
平均职工人数（人）	400	420	430
月平均劳动生产率（元/人）	1 000	1 100	1 150

要求计算：（1）2008年第四季度月均总产值；

（2）2008 年第四季度平均职工人数；

（3）2008 年第四季度平均劳动生产率。

11. 某化工企业 2004 ~ 2008 年的化肥产量资料如下：

年　份	2004	2005	2006	2007	2008
化肥产量（万吨）	400			484	
环比增长速度（%）	—	5			13
定基发展速度（%）	—		111		
增长 1% 的绝对值（万吨）	—				

要求：利用指标间关系将表中所缺数字补充。

12. 某地区 2001 ~ 2008 粮食总产量如下：

年　份	2001	2002	2003	2004	2005	2006	2007	2008
产量（万吨）	241	246	252	257	262	276	281	286

要求：（1）判断该地区粮食生产发展趋势是否接近于直线型；

（2）如果是直线型，用最小二乘法配合直线趋势方程；

（3）预测 2009 年的粮食产量。

13. 某产品专卖店 2006 ~ 2008 年各季度销售额资料如下：

（单位：万元）

年份	1 季度	2 季度	3 季度	4 季度
2006	55	75	85	54
2007	65	68	82	62
2008	76	80	89	73

要求：（1）采用按同期平均法和移动平均趋势剔除法计算季节比率；

（2）利用已计算出的季节比率预测 2009 年各季的销售额（2009 年该专卖店销售额预计为 360 万元）。

□实训应用

【案例 6-1】 国家统计局公布的 1990 ~ 2007 年全国粮食产量的数据见表 6-14。用移动平均法和指数平滑法构造长期趋势时间序列。[⊖]

表 6-14　1990 ~ 2007 年全国粮食产量数据表　　（单位：万吨）

年　份	时间序号	粮食产量	年　份	时间序号	粮食产量
1990	1	44 624.3	1999	10	50 838.6
1991	2	43 529.3	2000	11	46 217.5
1992	3	44 265.8	2001	12	45 263.7
1993	4	45 648.8	2002	13	45 705.8
1994	5	44 510.1	2003	14	43 069.5
1995	6	46 661.8	2004	15	46 946.9
1996	7	50 453.5	2005	16	48 402.2
1997	8	49 417.1	2006	17	49 804.2
1998	9	51 229.5	2007	18	50 160.3

⊖ 相关数据文件见电子课件。

1. 实训项目：用Excel进行长期趋势的测定

2. 实训目的：紧密围绕本章的抽样知识点，实现课堂教学内容、教学实例、计算机软件和统计方法的结合，应用计算机处理大量数据的长期趋势的测定。

3. 实训指导：

(1) 启动电脑操作系统，打开Excel软件；

(2) 在Excel中输入数据(A3：A20)；

(3) 构造3项移动平均时间序列：

工具→数据分析→移动平均→确定；

在“输入区域”输入数据(A3：A20)，设定“间隔”为3，“输出区域”为D3，确定。得到3项移动平均时间序列；

(4) 用指数平滑法构造移动平均时间序列：

工具→数据分析→指数平滑→确定；

在“输入区域”输入数据(A3：A20)，设定“阻尼系数(阻尼系数=1－平滑系数)”，“输出区域”为E3，确定。得到指数平滑法移动平均时间序列；

【案例6-2】 国家统计局公布的1990~2007年全国城乡居民人民币存款的数据见表6-15。用最小二乘法构造线性趋势线。[㊀]

表6-15 1990~2007年全国城乡居民人民币存款数据 (单位：亿元)

年 份	时间序号	年底余额	年 份	时间序号	年底余额
1990	1	7 119.8	1999	10	59 621.8
1991	2	9 241.6	2000	11	64 332.4
1992	3	11 759.4	2001	12	73 762.4
1993	4	15 203.5	2002	13	86 910.6
1994	5	21 518.8	2003	14	103 617.3
1995	6	29 662.3	2004	15	119 555.4
1996	7	38 520.8	2005	16	141 051.0
1997	8	46 279.8	2006	17	161 587.3
1998	9	53 407.5	2007	18	172 534.2

(1) 作散点图和趋势直线图：

插入→图表→散点图→下一步；

在“数据区域”中输入年底余额数据，选择“系列”选项卡，在“x值(x)”区域中输入年份数据，并定义其他相关项目，完成；

选中散点图中的散点，使其改变颜色，点右键，在菜单中选择“添加趋势线”，在类型中选择“线性”，确定；

(2) 启动数据分析工具包：

㊀ 相关数据文件见电子课件。

工具→数据分析→回归→确定；

（3）对数据进行分析：

在“y 值输入区域”中输入年底余额的数据，在“x 值输入区域”中输入时间序号的数据，定义“输出区域”，确定；

（4）对输出结果进行分析。

4. 实训组织：教师首先对实验项目作说明，然后分发实验数据，学生一人一机，利用 Excel 提供的分析方法完成实训项目，并撰写实验报告。

5. 实训考核：每次要求实验完后撰写实验报告，作为成绩的基本依据。以撰写实验报告的结果评定成绩，实验成绩作为课程综合成绩的一部分，约占 10%。

CHAPTER7 第7章

统计指数

□**学习目标**

- 理解统计指数的概念及分类。
- 掌握综合指数的编制方法。
- 了解重要指数的编制方法及意义。

在我们的日常生活中，常常接触到各种各样关于指数的报道，如股票指数、消费者物价指数以及生产者物价指数等。指数主要反映的是复杂社会经济现象的综合变动方向和程度，其中很多都是一个重大的经济理论问题和实践问题，指数的应用及指数所代表的经济含义等受到社会的普遍关注。本章主要介绍了统计指数的概念，作用和种类、指数的编制方法、指数体系和因素分析等，并重点介绍了几种主要的统计指数。

7.1 统计指数的概念与作用

7.1.1 统计指数概念

18世纪，随着殖民主义的扩张，大量黄金白银涌入欧洲，引起欧洲物价波动，为了有效地研究这种物价的变动，指数应运而生。随后，指数的应用逐步推广到反映产品产量变动的物量指数，反映成本变动的成本指数，反映劳动生产率的效率指数等的计算，由最初计算一种商品的价格变动，逐渐扩展到计算多种商品价格的综合变动。

统计指数也称经济指数，简称指数，是一种对比性的分析指标，具有相对数的表现形式。从对比的性质来看，统计指数通常用于不同时间的现象水平的对比；除此之外，也用于不同空间（如不同国家、地区、部门、企业等）的现象水平的对比，或者是现象的实际水平与计划（规划）目标的对比。据此，指数的定义存在广义和狭义两种，广义的指数是指表示各种数量对比关系的相对数；狭义的指数是指反映复杂现象动态变化的相对数。一般情况下的指数是指的狭义的指数，即反映现象不同时间上的数量对比关系的相对数，本章讨论的即为狭义的指数。

7.1.2 统计指数作用

指数是一种重要的统计方法，在经济分析中有着广泛的应用，其基本作用如下。

1）统计指数可以综合反映现象总体变动的方向和程度。统计指数通常将不能直接加总的多因素现象汇总为可比的数量进行分析，从而求得其变动的方向和程度。指数数值通常用百分数表示，指数数值大于或小于100%表明现象升降的方向，指数数值的大小则表示现象升降的程度。

2）统计指数可以分析各个因素变动对总体变动的影响方向和程度。复杂的现象变动往往受多个因素的影响。例如销售额的增加可能是销售量增加所致，也有可能是因为销售价格上涨所致，或者是因为两者同时变动而共同影响了销售额的增加；同样总成本的增加可能是因为产量变动影响而致，也可能是因为单位成本变动所致，或者两者共同变动导致总成本增加。通过统计指数，能够很好地进行因素分析，明确总指数的变动是受何种因素的影响，其影响程度如何。

3）统计指数可以研究现象数量在长期内的变动趋势。统计指数反映了现象的变动情况，根据对同一现象的连续变动编制而成的指数序列，可以反映现象在较长时间内的变化趋势。环比指数表示现象在每一期对上一期的变动情况，环比指数数列表示现象逐期的变动情况。定基指数表示现象相对于某一固定基期的总变动情况，定基指数数列表示现象在各期的总变动情况。指数数列能够较好地显示现象数量的长期变动趋势。

4）统计指数可以对现象进行综合评价和测定。随着指数在实际应用中的发展，许多经济现象都可以运用统计指数进行综合评价和测定。例如2008年金融危机以来，根据主要股票指数的变化情况，可以判断出各国投资者对全球经济复苏的预期情况。

7.1.3 统计指数种类

根据不同的标准，将指数基本分为以下几类。

1）按指数所反映的现象范围不同，分为个体指数和总指数。个体指数是反映单一现象或某种现象的单个项目的动态变化。例如，某种商品的个体价格指数，某种商品的个体产量指数等都是个体指数。总指数则反映由多个因素构成的复杂现象总体的动态变化。例如，某企业所有产品的价格指数，某一地区的零售商品价格指数，某商场所有商品的销售量指数等都是总指数。

2）按总指数的编制方法不同，分为综合指数和平均数指数。综合指数是反映由多种因素构成的不能直接相加的复杂现象总体变动情况的指数。编制综合指数则必须依赖于同度量因素。将同度量因素固定在不同的时期，得到的指数数值也会不同。平均数指数是在综合指数的基础上进行代数变形，得到的计算公式形如前面章节中的算术平均数和调和平均数。

3）按指数所反映的指标性质不同，分为数量指标指数和质量指标指数。数量指标指数是反映现象数量的动态变化。如产量指数、销售量指数等都是数量指标指数。质量指标指数是反映现象质量或内涵上的动态变化。如价格指数、单位产品成本指数、劳动生产率指数等都是质量指标指数。

4）按指数数列所采用的基期不同，分为定基指数数列和环比指数数列。定基指数数列是将基期固定在某一时期的指数，说明现象在一段较长时期内总的变动情况。环比指数数列是将基期固定在上一期，反映现象本期与上一期对比的变动情况，说明现象逐期的变动情况。

5）按指数所反映的对象不同，分为动态指数和静态指数。动态指数是反映现象在不同时间上的变动情况；静态指数是反映现象在同一时间不同空间上的变动情况。

7.2　统计指数的编制方法

7.2.1　个体指数的编制方法

个体指数的编制较为简单，反映的是该现象某一方面的报告期水平与基期水平的对比，也就是第6章中提到的发展速度。方法如下：

$$k=\frac{\text{报告期水平}}{\text{基期水平}} \tag{7-1}$$

式中　k——个体指数。

【例7-1】　某商场3种商品的销售资料如表7-1所示。

表7-1　3种商品的销售资料

商品名称	计量单位	价格（元）		销售量	
		基期	报告期	基期	报告期
A	个	200	250	100	90
B	件	500	700	30	27
C	台	600	500	150	180

计算3种商品的个体价格指数和个体销售量指数。

解：个体价格指数用 k_p 表示，其中 $k_p=\frac{\text{报告期价格}}{\text{基期价格}}$

个体销售量指数用 k_q 表示，其中 $k_q=\frac{\text{报告期销售量}}{\text{基期销售量}}$

以上3种商品的个体价格指数和个体销售量指数分别为：

$$k_{p_A}=\frac{250}{200}=125\% \qquad k_{q_A}=\frac{90}{100}=90\%$$

$$k_{p_B}=\frac{700}{500}=140\% \qquad k_{q_B}=\frac{27}{30}=90\%$$

$$k_{p_C}=\frac{500}{600}\approx 83.33\% \qquad k_{q_C}=\frac{180}{150}=120\%$$

7.2.2 综合指数的编制方法

综合指数是总指数的一种主要形式，它是按照加权综合的方法计算出两个综合的总量，并进行对比的结果。综合指数有数量指标指数和质量指标指数两种。

在综合指数的编制过程中，习惯上以 q 表示数量化因素，以 p 表示质量化因素，以下标1表示报告期，以下标0表示基期，以 I 表示综合指数，以 I_p 表示质量指标指数，以 I_q 表示数量指标指数，以 I_{pq} 表示销售额指数，以 I_{zq} 表示总成本指数等。

1. 质量指标指数的编制

质量指标指数是反映现象质量的动态变化。如价格指数、单位产品成本指数、劳动生产率指数等都是质量指标指数。下面以价格指数的编制为例说明质量指标指数的编制。

【例7-2】 某商场3种商品的价格资料如表7-2所示。

表7-2 3种商品价格资料　　（单位：元）

商品名称	计量单位	价格（p）		销售量（q）	
		基期（p_0）	报告期（p_1）	基期（q_0）	报告期（q_1）
A	公斤	300	250	50	100
B	件	400	600	80	60
C	台	500	600	120	180

计算3种商品的价格总指数。

分析：要计算3种商品的价格总指数，不能简单地用3种商品的报告期价格之和比上3种商品的基期价格之和，因为3种商品的性质不同，计量单位也不一致，其价格直接相加没有意义。

但是因为价格×销售量=销售额，3种商品的销售额可以相加，因此，通过销售量，将不可相加的价格转化为了可以相加的销售额，销售量起着媒介的作用，这时我们将销售量称之为同度量因素，即将不可相加的现象转化为可以相加的因素。

在考虑价格的变动时，常常将销售量这个同度量因素固定在某一特定时期（如基期或报告期)。固定在不同时期就能得到不同的指数数值。在我国统计实践中，常将销售量固定在报告期。于是得到价格总指数公式：

$$I_p = \frac{\sum_{i=1}^{n} p_{1i}q_{1i}}{\sum_{i=1}^{n} p_{0i}q_{1i}} \tag{7-2}$$

式中 I_p——质量指标指数；

p_m——质量化因素（$m=0$ 表示基期，$m=1$ 表示报告期）；

q_m——数量化因素（$m=0$ 表示基期，$m=1$ 表示报告期）。

解：根据上述公式可得价格总指数为

$$I_p = \frac{\sum p_1q_1}{\sum p_0q_1} = \frac{250\times100+600\times60+600\times180}{300\times100+400\times60+500\times180} = \frac{169\,000}{144\,000} \approx 117.36\%$$

表明在3种商品销售量不变（作为同度量因素，固定在报告期）的前提下，3种商品的价格平均上涨了17.36%。

$$\sum p_1q_1 - \sum p_0q_1 = 169\,000 - 144\,000 = 25\,000(\text{元})$$

即，在销售量固定不变的前提下，由于3种商品的价格平均上涨了17.36%，从而导致销售额增加了25 000元。

以上价格总指数的编制方法可以推广到如单位成本指数、劳动生产率指数等质量指标指数。注意：在我国，质量指标指数的同度量因素固定在报告期。

2. 数量指标指数的编制

数量指标指数是反映现象数量的动态变化。如销售量指数、产量指数等都是数量指标指数。下面以销售量指数的编制为例说明数量指标指数的编制。

【例7-3】 仍以表7-2的资料为例，要求计算3种商品的销售量总指数。

分析：要计算3种商品的销售量总指数，不能简单地用3种商品的报告期销售量之和比上3种商品的基期销售量之和，因为3种商品的性质不同，计量单位也不一致，其销售量直接相加没有意义。

但是因为价格×销售量=销售额，3种商品的销售额可以相加，因此，通过价格，将不可相加的销售量转化为了可以相加的销售额，价格起着媒介的作用，这时我们将价格称之为同度量因素。

在考虑销售量的变动时，常常将价格这个同度量因素固定在某一特定时期（如基期或报告期)。固定在不同时期就能得到不同的指数数值。在我国统计实践中，常将价格固定在基期。于是得到销售量总指数公式：

$$I_q = \frac{\sum_{i=1}^{n} q_{1i}p_{0i}}{\sum_{i=1}^{n} q_{0i}p_{0i}} \tag{7-3}$$

式中 I_q——数量指标指数；

q_m——数量化因素（$m=0$ 表示基期，$m=1$ 表示报告期）；

p_m——质量化因素（$m=0$ 表示基期，$m=1$ 表示报告期）。

解：根据上述公式可得销售量总指数为

$$I_q = \frac{\sum q_1 p_0}{\sum q_0 p_0} = \frac{300 \times 100 + 400 \times 60 + 500 \times 180}{300 \times 50 + 400 \times 80 + 500 \times 120} = \frac{144\,000}{107\,000} \approx 134.58\%$$

表明在 3 种商品价格不变（作为同度量因素，固定在基期）的前提下，3 种商品的销售量平均上升了 34.58%。

$$\sum q_1 p_0 - \sum q_0 p_0 = 144\,000 - 107\,000 = 37\,000(\text{元})$$

即，在价格固定不变的前提下，由于 3 种商品的销售量平均上升了 34.58%，从而导致销售额增加了 37 000 元。

以上销售量总指数的编制方法可以推广到如产量指数等数量指标指数的编制。要注意的是：在我国，数量指标指数的同度量因素固定在基期。

综上所述，编制综合指数的基本步骤如下：

1）找出数量间的经济关系式；

2）确定同度量因素，并固定同度量因素的时间；

3）根据综合指数公式编制相应指数。

同度量因素不仅仅起着统一计算尺度的作用，而且还起着权衡各种商品的相对重要地位的作用，因此常常将同度量因素又称为权数。所以，这种编制指数的方法常被称为加权综合法。

但在计算销售额指数、总成本指数、产值指数等时，由于这些数量间可以相加并且相加有意义，因此无须寻找同度量因素，而直接用报告期总和比上基期总和，得到其相应指数。

【例 7-4】 仍以表 7-2 中的资料为例，编制销售额总指数。

分析：由于各种商品的销售额可以相加，并且相加有意义，因此在计算销售额指数时无须运用同度量因素。销售额指数公式如下：

$$I_{pq} = \frac{\sum_{i=1}^{n} p_{1i} q_{1i}}{\sum_{i=1}^{n} p_{0i} q_{0i}} \tag{7-4}$$

式中 I_{pq}——销售额指数；

q_m——数量化因素（$m=0$ 表示基期，$m=1$ 表示报告期）；

p_m——质量化因素（$m=0$ 表示基期，$m=1$ 表示报告期）。

解：根据上面公式可得销售额总指数为

$$I_{pq}=\frac{\sum p_1q_1}{\sum p_0q_0}=\frac{250\times100+600\times60+600\times180}{300\times50+400\times80+500\times120}=\frac{169\ 000}{107\ 000}\approx157.94\%$$

表明3种商品的销售额报告期比基期上涨了57.94%，销售额增加了

$$\sum p_1q_1-\sum p_0q_0=169\ 000-107\ 000=62\ 000(\text{元})$$

3. 指数的其他编制方法

在我国统计实践中，根据指数的指标（指数化指标）性质不同，将同度量因素分别固定在报告期和基期。而西方国家的统计学家在计算综合指数时，其同度量因素固定和我国有所差别。主要有以下几种。

（1）拉氏指数

是指不管计算何种综合指数，同度量因素统一固定在基期，1864年由德国经济学家埃迪恩·拉斯贝尔（Etienne Laspeyres，1834—1913）提出，又称基期加权综合指数。

拉氏物价指数公式

$$I_p=\frac{\sum p_kq_0}{\sum p_0q_0}\tag{7-5}$$

式中 p_k——报告期物价。

表明在物量（产量、销售量等）固定不变（同度量因素固定在基期）的前提下，价格的综合变动情况。

拉氏物量指数公式：

$$I_q=\frac{\sum q_kp_0}{\sum q_0p_0}\tag{7-6}$$

式中 q_k——报告期物量。

表明在物价（价格、成本等）固定不变（同度量因素固定在基期）的前提下，销售量或产量等数量指标的综合变动情况。

一般来说，商品的价格变动会引起销售量的改变，价格上升，销售量可能减少，价格下降，销售量可能上升。那么拉氏指数形式对于数量指标指数的编制意义将更为明显。因为，在编制拉氏物量指数时，所用的假定销售额是$\sum q_kp_0$，表示按基期的价格销售了报告期数量的商品，而报告期的商品销售量是已经发生的事实（商品销售以商品买卖成交为目的），所以现实意义明确。相比之下，拉氏物价指数的现实意义不够明确，因为所用的假定销售额是$\sum p_kq_0$，表示按报告期的价格销售了基期数量的商品，显然，在报告期销售基期数量的商品是不符合现实意义的。

（2）帕氏指数

是指不管计算何种综合指数，同度量因素统一固定在报告期。1874年由德国经济统

计学家帕舍（Hermann Paasche，1851—1925，又译为派许）提出，又称为“报告期加权综合指数”。

帕氏物价指数公式

$$I_p = \frac{\sum p_k q_k}{\sum p_0 q_k} \tag{7-7}$$

式中 p_k——报告期物价；

q_k——报告期物量。

表明在物量（产量、销售量等）固定不变（同度量因素，固定在报告期）的前提下，价格的综合变动情况。

帕氏物量指数公式

$$I_q = \frac{\sum q_k p_k}{\sum q_0 p_k} \tag{7-8}$$

式中 q_k——报告期物量；

p_k——报告期物价。

表明在物价（价格、成本等）固定不变（同度量因素，固定在报告期）的前提下，销售量或产量等数量指标的综合变动情况。

帕氏指数在计算时将同度量因素始终固定在报告期，以实际交易的数量或价格为基准，特别是帕氏物价指数，反映了价格变动下，销售量的变动情况，较好地体现了指数的现实意义。但局限性在于报告期的数据往往难以准确地取得，同时，由于在指数数列中各期的权数不一致，不同时期的帕氏指数缺乏可比性，不能反映现象的长期变动趋势。

拉氏指数与帕氏指数之间的差异有一定的规律，对于同样的资料，一般情况下拉氏指数略大于帕氏指数。

（3）马-埃指数

是指同度量因素既不固定在基期也不固定在报告期，而是取基期数值与报告期数值的简单算术平均数作为权数的一种综合指数的形式。1887 年由英国经济学家马歇尔（A. Marshall，1845—1924）和埃奇沃思（F. Y. Edgenorth，1845—1926）提出。又称交叉加权综合法。

马-埃物价指数公式

$$I_p = \frac{\sum p_1\left(\frac{q_0 + q_1}{2}\right)}{\sum p_0\left(\frac{q_0 + q_1}{2}\right)} = \frac{\sum p_1 q_0 + \sum p_1 q_1}{\sum p_0 q_0 + \sum p_0 q_1} \tag{7-9}$$

马-埃物量指数公式

$$I_q = \frac{\sum q_1 \left(\frac{p_0 + p_1}{2}\right)}{\sum q_0 \left(\frac{p_0 + p_1}{2}\right)} = \frac{\sum p_0 q_1 + \sum p_1 q_1}{\sum p_0 q_0 + \sum p_1 q_0} \tag{7-10}$$

从马-埃公式可以看出，其分子是拉氏公式的分子和帕氏公式的分子之和；分母是拉氏公式的分母和帕氏公式的分母之和。由此可以推断，马-埃公式的指数数值介于拉氏指数数值和帕氏指数数值之间。但由于其经济意义不明显，实际上很少应用。

(4) 费雪指数

是指其指数数值取拉氏指数数值和帕氏指数数值的几何平均数。1927年由美国统计学家欧文·费雪（Irving Fisher，1867—1947）提出。其认为拉氏公式和帕氏公式出现的偏差方向相反大小约等，对两种指数公式求其几何平均数，则能够得到消除偏差的公式，又称为理想公式。

费雪物价指数

$$I_p = \sqrt{\frac{\sum p_1 q_0}{\sum p_0 q_0} \times \frac{\sum p_1 q_1}{\sum p_0 q_1}} \tag{7-11}$$

费雪物量指数

$$I_q = \sqrt{\frac{\sum q_1 p_0}{\sum q_0 p_0} \times \frac{\sum q_1 p_1}{\sum q_0 p_1}} \tag{7-12}$$

(5) 扬格指数

是指将同度量因素既不固定在基期又不固定在报告期，而是固定在某一特定时期(n)，要求这一特定时期至报告期止现象无显著变化，即正常年份的水平。由英国经济学家扬格（A. Young）提出，对拉氏和帕氏指数产生偏差的一种折中处理。又称固定加权指数公式。

扬格物价指数公式

$$I_p = \frac{\sum p_1 q_n}{\sum p_0 q_n} \tag{7-13}$$

式中 q_n——特定时期物量。

扬格物量指数公式

$$I_q = \frac{\sum q_1 p_n}{\sum q_0 p_n} \tag{7-14}$$

式中 p_n——特定时期的价格。

扬格指数公式中的权数不因对比时期（基期和报告期）的改变而改变。权数一旦选定，可以多年不变，便于指数的编制，并有利于观察现象长期变动趋势。

但是扬格指数公式中的特定时期要每隔一段时间进行一次调整。如果现象的变化明显，则应及时调整权数，否则与实际情况相背，引起较大的误差。

上述几种指数各有利弊，在实际中究竟采用那种公式，要根据具体情况与条件而定。事实上，同度量因素问题是编制综合指数的首要问题，也是关于指数编制方法争论最多的问题。

7.2.3 平均数指数

综合指数是从复杂现象总体总量出发，固定同度量因素，以观察指数化因素的变动情况。而平均数指数则是从个体事物（某种商品或某类商品）出发，对个体数量的变化比率进行加权平均，以观察总体数量的平均变化。

平均数指数是总指数的另一种形式，根据综合指数的计算公式进行计算，在计算中要运用到个体指数，是个体指数的加权平均数，包括算术平均数指数和调和平均数指数。

1. 算术平均数指数

【例 7-5】 某商场 3 种商品的有关资料如表 7-3 所示。

试求这 3 种商品的销售量总指数。

表 7-3 3 种商品的基期销售额与个体销售量指数

商品名称	计量单位	基期销售额（万元）	个体销售量指数（%）
A	台	15	98
B	件	30	110
C	个	50	105

解： 根据条件，已知 p_0q_0 和 $k=\frac{q_1}{q_0}$

销售量总指数为 $I_q=\frac{\sum q_1p_0}{\sum q_0p_0}$，即分母已知，而分子未知，又因为 $k=\frac{q_1}{q_0}$，则 $q_1=kq_0$，代入上式得

$$I_q=\frac{\sum q_1p_0}{\sum q_0p_0}=\frac{\sum kq_0p_0}{\sum q_0p_0} \tag{7-15}$$

将表 7-3 中的数据代入得

$$I_q=\frac{15\times 98\% + 30\times 110\% + 50\times 105\%}{15+30+50}=\frac{100.2}{95}\approx 105.47\%$$

$$\text{分子}-\text{分母}=100.2-95=5.2(\text{万元})$$

表明 3 种商品的销售量报告期比基期增长了 5.47%，从而使销售额增加了 5.2 万元。

因为 $\frac{\sum kq_0p_0}{\sum q_0p_0}$ 形式类似加权算术平均数的计算公式 $\bar{x}=\frac{\sum xf}{\sum f}$，因此，常称式（7-15）为算术平均数指数。显然，算术平均数指数只是综合指数的代数变形，不独立存在。

2. 调和平均数指数

【例 7-6】 某商场 3 种商品的有关资料如表 7-4 所示。

试求3种商品的价格总指数。

表7-4　3种商品的报告期销售额与个体价格指数

商品名称	计量单位	报告期销售额（万元）	个体价格指数（%）
A	台	25	102
B	克	40	110
C	米	100	120

解：根据题目，已知 p_1q_1 和 $k=\dfrac{p_1}{p_0}$

价格总指数

$$I_p=\frac{\sum p_1q_1}{\sum p_0q_1}$$

因为 $k=\dfrac{p_1}{p_0}$，则 $p_0=\dfrac{p_1}{k}$，代入上式得

$$I_p=\frac{\sum p_1q_1}{\sum p_0q_1}=\frac{\sum p_1q_1}{\sum\dfrac{p_1q_1}{k}} \tag{7-16}$$

将表7-4中的数据代入得

$$I_p=\frac{25+40+100}{\dfrac{25}{102\%}+\dfrac{40}{110\%}+\dfrac{100}{120\%}}=\frac{165}{144.21}=114.42\%$$

$$分子-分母=165-144.21=20.79(万元)$$

表明3种商品的价格报告期比基期增长了14.42%，从而使销售额增加了20.79万元。

因为 $I_p=\dfrac{\sum p_1q_1}{\sum\dfrac{p_1q_1}{k}}$ 形式类似加权调和平均数的计算公式 $H=\dfrac{\sum M}{\sum\dfrac{M}{X}}$，因此，常称式（7-16）为调和平均数指数。同样道理，调和平均数指数只是综合指数的代数变形，不独立存在。

3. 固定权数指数公式及其应用

固定权数指数是以指数化因素的个体指数为基础，使用固定权数对个体指数或类指数进行加权平均计算的一种总指数。所谓固定权数是指加权平均法计算中的权数用比重形式固定下来，在一段时间内不作变动并固定使用的权数。

加权算术指数
$$I=\frac{\sum kw}{\sum w} \tag{7-17}$$

加权调和指数
$$I=\frac{\sum w}{\sum\dfrac{w}{k}} \tag{7-18}$$

权数既可用频数，也可用频率，其计算结果是相同的。在平均数指数计算中，其权数的两种表现都可以使用。像加权算术平均指数和加权调和平均数指数就是使用频数为基期、报告期，假定其总量指标为权数计算的平均数指数。这些都需要有具体实际数值，由于资料不足，特别是假定的总量指标，缺少全面实际资料或不容易或难于及时取得具体有关频数资料。这时可以用频率即权数的比重代替实际数值为权数，使无法取得或无法确定权数具体数值时，可以进行平均指数的计算。

【例7-7】 某地区各类零售商品的价格变化情况如表7-5所示。

表中各类权数 w 是以基期各类商品的销售额，在总销售额中所占比重为依据作适当调整后得到的。要求计算该地区全部零售商品的价格总指数。

表7-5 商品价格指数表

商品类别	类指数 k（%）	固定权数 w（%）
食品	120	24
衣着	110	30
日杂用品	99	20
文化用品	105	9
医药	102	11
燃料	104	6

解： 价格总指数

$$I = \frac{\sum kw}{\sum w} = \frac{10\,851\%}{100} = 108.51\%$$

即全部零售商品的价格总的来说上涨了8.51%。

我国零售物价指数、居民消费价格指数以及西方国家的工业生产指数、消费价格指数等都是用固定权数的加权算术平均形式编制的。这种指数所用的权数可以根据有关的普查、抽样调查或全面统计报表资料调整计算确定。无论是加权算术平均数指数或者是加权调和平均数指数，往往采用经济发展比较稳定的某一时期的价值总量结构作为固定的权数，一经确定便沿用5～10年不变。同时，在不同时期内采用同样的权数，可比性强，有利于指数数列的分析。

7.3 指数体系与因素分析

7.3.1 指数体系

指数体系是指相互联系且在数值上具有一定数量对应关系的，3个或3个以上的指数所形成的体系。例如，销售额指数体系由销售额指数、销售量指数和价格指数构成；生产费用指数体系由生产费用指数、产量指数和单位产品成本指数构成；原材料消耗费用指数体系由原材料消耗费用指数、产量指数、单位产量原材料消耗指数和单位原材料价格指数构成。

每一个指数体系中，一个指数称为总变动指数，其余的指数称为因素指数。总变动指数是反映现象总量变动的指数，等于报告期与基期总量之比。例如，在上述指数体系中的销售额指数、生产费用指数和原材料消耗费用指数都是总变动指数。因素指数是综合反映制约和影响总量指标变动及其效果的因素。例如，销售额指数体系中的销售量指数和价格指数；生产费用指数体系中的产量指数和单位产品成本指数等都是因素指数。

指数间的这种数量对应关系最典型的表现形式是：一个总变动指数等于若干个（两

个或两个以上）因素变动指数的乘积。例如，销售额指数 = 价格指数 × 销售量指数（$I_{pq} = I_p \times I_q$）；生产费用指数 = 单位产品成本指数 × 产量指数（$I_{zq} = I_z \times I_q$）；原材料消耗费用指数 = 产量指数 × 单位产量原材料消耗指数 × 单位原材料价格指数（$I_{qmp} = I_q \times I_m \times I_p$）。

显然，这些指数体系是建立在有关指标的经济联系的基础之上的，因而它们具有实际的经济分析意义。

指数体系的主要作用：

因素分析。即分析各种因素指数对总变动指数影响的方向和程度，如销售额指数的变动可以从销售量和价格两个因素出发进行分析，分析两者对销售额的变动的影响方向和程度。

指数推算。即根据已知的指数推算未知的指数。例如已知销售额指数和价格总指数，则可以得出销售量指数。

7.3.2 因素分析

因素分析是指利用指数体系中各个指数之间的数量关系，对现象的总变动的各个影响因素进行分解，分析各因素变动对现象总体总变动的影响程度和绝对效果。

因素分析包括相对数和绝对数的分析：相对数分析，是分析总变动中各个因素变动影响的相对程度；绝对数分析，是分析总变动中各个因素变动影响的绝对值。

因素分析按影响因素的多少不同，可分为两因素分析和多因素分析；按分析指标的表现形式不同，分为总量指标变动因素分析和平均指标变动因素分析。

1. 两因素分析

如果现象总体的某种总量指标的变动只受两个相关因素变动的影响，或只需要分解为两个影响因素，则可进行两因素分析。

以销售额指数为例作两因素分析。

相对数分析

$$I_{pq} = I_p \times I_q \tag{7-19}$$

即

$$\frac{\sum p_1 q_1}{\sum p_0 q_0} = \frac{\sum p_0 q_1}{\sum p_0 q_1} \times \frac{\sum p_0 q_1}{\sum p_0 q_0}$$

表示销售量和价格对销售额的影响方向。

绝对数分析

$$\sum p_1 q_1 - \sum p_0 q_0 = (\sum p_1 q_1 - \sum p_0 q_1) + (\sum p_0 q_1 - \sum p_0 q_0) \tag{7-20}$$

表示销售量和价格对销售额的影响程度。

【例7-8】 某企业三种商品的销售资料如表7-6所示。

表7-6 三种商品销售资料

商品名称	计量单位	销售价格（元）		销售量	
		基期	报告期	基期	报告期
A	千克	200	250	24	20
B	台	1 000	1 200	30	25
C	个	500	450	50	80

试从相对数与绝对数角度分析销售额变动受销售价格变动和销售量变动的影响。

解： 由 $I_{pq}=I_p\times I_q$ 可知，销售额受价格和销售量两个因素的影响。

（1）销售额变动

$$I_{pq}=\frac{\Sigma p_1q_1}{\Sigma p_0q_0}=\frac{250\times20+1\,200\times25+450\times80}{200\times24+1\,000\times30+500\times50}=\frac{71\,000}{59\,800}\approx118.73\%$$

$$\Sigma p_1q_1-\Sigma p_0q_0=71\,000-59\,800=11\,200(\text{元})$$

表明3种商品的销售额报告期比基期增长了18.73%，销售额在绝对数上增加了11 200元。

（2）价格变动

$$I_p=\frac{\Sigma p_1q_1}{\Sigma p_0q_1}=\frac{250\times20+1\,200\times25+450\times80}{200\times20+1\,000\times25+500\times80}=\frac{71\,000}{69\,000}\approx102.899\%$$

$$\Sigma p_1q_1-\Sigma p_0q_1=71\,000-69\,000=2\,000(\text{元})$$

表明3种商品在销售量不变（同度量因素，固定在报告期）的前提下，其价格报告期比基期上涨了2.899%，从而导致销售额增加了2 000元。

（3）销售量变动

$$I_q=\frac{\Sigma q_1p_0}{\Sigma q_0p_0}=\frac{200\times20+1\,000\times25+500\times80}{200\times24+1\,000\times30+500\times50}=\frac{69\,000}{59\,800}\approx115.38\%$$

$$\Sigma q_1p_0-\Sigma q_0p_0=69\,000-59\,800=9\,200(\text{元})$$

表明3种商品在价格不变（同度量因素，固定在基期）的前提下，其销售量报告期比基期上升了15.38%，从而导致销售额增加了9 200元。

（4）从指数体系上反映

$$\text{在相对数上}:102.899\%\times115.38\%\approx118.72\%$$

$$\text{在绝对数上}:2\,000+9\,200=11\,200$$

由此可见，由于商品价格上涨了2.899%，使销售额增加了2 000元；又由于销售量上升了15.38%，使销售额增加了9 200元。两者共同影响，3种商品的销售额增长了18.72%，销售额增加了11 200元。

2. 多因素分析

对总体现象进行多因素分析的方法与两因素分析相似，但要注意对总体现象进行分解时，要适当考虑各因素的顺序。对多因素的排列顺序，要根据具体现象总体的经济内容，使之符合逻辑并具有经济意义。一般应遵循数量化因素在前，质量化因素在后并且相邻两项的乘积有意义的原则。

如原材料支出总额的构成因素，应按照如下的顺序：

原材料支出总额 = 产品产量 × 原材料单耗 × 原材料单价

式中，产量与单耗的乘积为原材料消耗总量，而单耗与原材料单价的乘积表示单位产品原材料的消耗额，都具有经济意义。

多因素的分析和两因素的原理一样，当对其中一个因素进行影响变动分析时，则要将其他因素固定不变，分析的顺序要和经济关系式中的顺序一样。进行多因素的分析，对于同度量因素的时间固定，遵循的原则是：分析第一个因素的影响时，没有分析过的因素作为同度量因素固定在基期；分析第二个因素的影响时，已经分析过的因素固定在报告期，没有分析过的因素固定在基期，依此类推。

以原材料消耗总额的指数体系为例做多因素分析。

相对数分析

$$I_{qmp} = I_q \times I_m \times I_p$$

$$\frac{\sum q_1 m_1 p_1}{\sum q_0 m_0 p_0} = \frac{\sum q_1 m_0 p_0}{\sum q_0 m_0 p_0} \times \frac{\sum q_1 m_1 p_0}{\sum q_1 m_0 p_0} \times \frac{\sum q_1 m_1 p_1}{\sum q_1 m_1 p_0}$$

表示产品产量、原材料单耗和原材料单价对原材料消耗总额的影响方向。

绝对数分析

$$\sum q_1 m_1 p_1 - \sum q_0 m_0 p_0 = (\sum q_1 m_0 p_0 - \sum q_0 m_0 p_0) + (\sum q_1 m_1 p_0 - \sum q_1 m_0 p_0) + (\sum q_1 m_1 p_1 - \sum q_1 m_1 p_0)$$

表示产品产量、原材料单耗和原材料单价原材对原材料消耗总额的影响程度。

【例7-9】 某企业三种产品材料消耗总额如表7-7所示。

表7-7 三种产品消耗资料

产品名称	计量单位	产量		原材料单耗		原材料单价（元）	
		基期	报告期	基期	报告期	基期	报告期
A	套	150	200	10	9	100	120
B	件	400	500	3	2	20	25
C	克	300	500	5	6	50	40

试从相对数与绝对数角度分析销售额变动受产量、单耗和单价变动的影响。

解： 由 $I_{qmp} = I_q \times I_m \times I_p$ 可知，原材料消耗总额受产品产量、原材料单耗和原材料单价的影响。

（1）原材料消耗总额的变动

$$I_{qmp} = \frac{\sum q_1 m_1 p_1}{\sum q_0 m_0 p_0} = \frac{200 \times 9 \times 120 + 500 \times 2 \times 25 + 500 \times 6 \times 40}{150 \times 10 \times 100 + 400 \times 3 \times 20 + 300 \times 5 \times 50} = \frac{361\,000}{249\,000} \approx 144.98\%$$

$$\sum q_1m_1p_1 - \sum q_0m_0p_0 = 361\,000 - 249\,000 = 112\,000(\text{元})$$

表明3种产品的原材料消耗总额报告期比基期增长了44.98%，消耗总额在绝对数上增加了112 000元。

（2）产量变动

$$I_q = \frac{\sum q_1m_0p_0}{\sum q_0m_0p_0} = \frac{200\times10\times100+500\times3\times20+500\times5\times50}{249\,000} = \frac{355\,000}{249\,000} \approx 142.57\%$$

$$\sum q_1m_0p_0 - \sum q_0m_0p_0 = 355\,000 - 249\,000 = 106\,000(\text{元})$$

表明3种产品在原材料单耗和原材料单价不变（同度量因素，固定在基期）的前提下，其产量报告期比基期上升了42.57%，从而导致原材料消耗总额增加了106 000元。

（3）原材料单耗变动

$$I_m = \frac{\sum q_1m_1p_0}{\sum q_1m_0p_0} = \frac{200\times9\times100+500\times2\times20+500\times6\times50}{355\,000} = \frac{350\,000}{355\,000} \approx 98.59\%$$

$$\sum q_1m_1p_0 - \sum q_1m_0p_0 = 350\,000 - 355\,000 = -5\,000(\text{元})$$

表明3种产品在产量不变（同度量因素，固定在报告期）和原材料单价不变（同度量因素，固定在基期）的前提下，其原材料单耗报告期比基期下降了1.41%，从而导致原材料消耗总额减少了5 000元。

（4）原材料单价变动

$$I_p = \frac{\sum q_1m_1p_1}{\sum q_1m_1p_0} = \frac{361\,000}{350\,000} \approx 103.14\%$$

$$\sum q_1m_1p_1 - \sum q_1m_1p_0 = 361\,000 - 350\,000 = 11\,000(\text{元})$$

表明3种产品在产量不变（同度量因素，固定在报告期）和原材料单耗不变（同度量因素，固定在报告期）的前提下，其原材料单价报告期比基期上涨了3.14%，从而导致原材料消耗总额增加了11 000元。

（5）从指数体系上反映

在相对数上：$142.57\% \times 98.59\% \times 103.14\% = 144.97\%$

在绝对数上：$106\,000 - 5\,000 + 11\,000 = 112\,000$（元）

由此可见，产品产量上升了42.57%，使原材料消耗总额增加了106 000元；原材料单耗下降了1.41%，使原材料消耗总额减少了5 000元；又由于原材料单价上涨了3.14%，使原材料消耗总额增加了11 000元。三者共同影响，3种产品的原材料消耗总额增长了44.98%，原材料消耗总额增加了112 000元。

3. 平均指标因素分析

平均指标是反映社会经济现象总体一般水平的指标。总体一般水平决定于两个因素：一个是总体内部各部分的水平，另一个是总体的结构，即各部分在总体中所占的比重。平均指标的变动是这两个因素变动的综合结果。因此对平均指标变动进行因素分析时，需要从数量上分析它们对总体平均指标变动的影响。故相应地编制两个平均指标指数：

固定构成指数和结构影响指数。

平均水平的计算公式如下：

$$\bar{x} = \frac{\sum xf}{\sum f} = \sum x\left(\frac{f}{\sum f}\right) \tag{7-21}$$

式中 x——水平值；

f——频数。

在平均指标变动分析中，一般将各部分的比重视为数量因素，各组水平视为质量因素。结合加权综合指数编制的一般原则，平均指标变动的指数体系包含3种指数：

假定：$\bar{x}_n = \dfrac{\sum x_0 f_1}{\sum f_1}$

（1）可变组成指数

$$I_{可} = \frac{\bar{x}_1}{\bar{x}_0} = \frac{\dfrac{\sum x_1 f_1}{\sum f_1}}{\dfrac{\sum x_0 f_0}{\sum f_0}} \tag{7-22}$$

反映总体平均水平的综合变动状况。

（2）固定构成指数

$$I_{固} = \frac{\bar{x}_1}{\bar{x}_n} = \frac{\dfrac{\sum x_1 f_1}{\sum f_1}}{\dfrac{\sum x_0 f_1}{\sum f_1}} \tag{7-23}$$

反映总体各部分水平的变动，对总体平均水平的影响。

（3）结构影响指数

$$I_{结} = \frac{\bar{x}_n}{\bar{x}_0} = \frac{\dfrac{\sum x_0 f_1}{\sum f_1}}{\dfrac{\sum x_0 f_0}{\sum f_0}} \tag{7-24}$$

反映总体结构的变动，对总体平均水平的影响。

相对数分析

$$I_{可} = I_{固} \times I_{结}$$

表示总体平均水平受各部分水平和结构的影响方向。

绝对数分析

$$\bar{x}_1 - \bar{x}_0 = (\bar{x}_1 - \bar{x}_n) + (\bar{x}_n - \bar{x}_0)$$

表示总体平均水平受各部分水平和结构的影响程度。

【例 7-10】 某企业员工平均工资和人数资料如表 7-8 所示。

表 7-8 员工平均工资和人数资料

员工类型	平均工资（元/月）		人数（人）	
	基期	报告期	基期	报告期
管理人员	2 000	3 000	30	16
生产工人	1 000	1 800	100	80

试从相对数和绝对数上分析该企业全体员工的平均工资受各类员工的平均工资及人数的影响。

解： 由 $I_{可}=I_{固}\times I_{结}$ 可知，总体平均工资的变动受各类员工平均工资和各组人数的变动影响。

（1）总体平均工资的变动

$$I_{可}=\frac{\bar{x}_1}{\bar{x}_0}=\frac{\dfrac{\sum x_1f_1}{\sum f_1}}{\dfrac{\sum x_0f_0}{\sum f_0}}=\frac{\dfrac{3\,000\times16+1\,800\times80}{16+80}}{\dfrac{2\,000\times30+1\,000\times100}{130}}=\frac{\dfrac{192\,000}{96}}{\dfrac{160\,000}{130}}\approx\frac{2\,000}{1\,230.77}\approx162.5\%$$

$$\bar{x}_1-\bar{x}_0=2\,000-1\,230.77=769.23(\text{元})$$

表明该企业全部员工的平均工资报告期比基期增长了 62.5%，总体平均工资增加了 769.23 元。

（2）各类员工的平均工资变动

$$I_{固}=\frac{\bar{x}_1}{\bar{x}_n}=\frac{\dfrac{\sum x_1f_1}{\sum f_1}}{\dfrac{\sum x_0f_1}{\sum f_1}}=\frac{2\,000}{\dfrac{2\,000\times16+1\,000\times80}{16+80}}=\frac{2\,000}{\dfrac{112\,000}{96}}\approx\frac{2\,000}{1\,166.67}\approx171.43\%$$

$$\bar{x}_1-\bar{x}_n=2\,000-1\,166.67=833.33(\text{元})$$

表明该企业各类员工的平均工资报告期比基期增长了 71.43%，从而使总体平均工资上升了 833.33 元。

（3）各类员工的人数变动

$$I_{结}=\frac{\bar{x}_n}{\bar{x}_0}=\frac{\dfrac{\sum x_0f_1}{\sum f_1}}{\dfrac{\sum x_0f_0}{\sum f_0}}\approx\frac{1\,166.67}{1\,230.77}\approx94.79\%$$

$$\bar{x}_n-\bar{x}_0\approx1\,166.67-1\,230.77\approx-64.1(\text{元})$$

表明该企业员工人数报告期比基期减少了 5.21%，从而使总体平均工资下降了 64.1 元。

（4）从指数体系上反映

在相对数上：$171.429\%\times94.79\%\approx162.5\%$

在绝对数上：$833.33-64.1=769.23$

由此可见，由于各类员工的平均工资增长了 71.43%，使总体的平均工资每人每月增加了 833.33 元；又由于员工人数减少了 5.21%，使总体的平均工资每人每月下降了 64.1 元。两者共同影响，该企业的全体员工的平均工资增长了 62.5%，从而全部员工的平均工资每人每月增加了 769.23 元。

7.4 统计指数的应用

统计指数作为一种重要的分析指标，被广泛应用到各行各业。我国目前编制的指数主要有消费物价指数、生产者物价指数以及股票价格指数等。

7.4.1 消费物价指数

消费物价指数（CPI，consumer price index）是世界各国普遍编制的一种指数，它可以用于分析市场价格的基本动态，是政府制定相关政策的重要依据。

消费物价指数是反映一定时期内城乡居民所购买的生活消费品价格和服务项目价格变动趋势和程度的相对数，是对城市居民消费价格指数和农村居民消费价格指数进行综合汇总计算的结果。利用消费物价指数，可以观察和分析消费品的零售价格和服务价格变动对城乡居民实际生活费支出的影响程度。在我国又称为居民消费价格指数，该指标是社会产品和服务项目的最终价格，同人民生活密切相关，在整个国民经济价格体系中具有极为重要的地位。

居民消费价格指数是通过一组代表性消费品及服务项目随着时间的变动，反映在居民家庭购买消费品及服务价格水平变动情况的相对数（指数的基期数值定为100）。居民消费价格指数度量指定的一篮子消费商品和服务随着时间的变动，价格发生的变动。它是进行经济分析和决策、价格总水平监测和调控及国民经济核算的重要指标。其按年度计算的居民消费价格指数变动率通常被用来作为反映通货膨胀或紧缩程度的指标。一般来讲，物价全面地、持续地上涨被认为发生了通货膨胀。

居民消费价格指数可按城乡分别编制城市居民消费价格指数和农村居民消费价格指数，也可按全社会编制全国居民消费价格总指数。

从2001年起，我国采用国际通用做法，逐月编制并公布以2000年价格水平为基期的居民消费价格定基指数，作为反映我国通货膨胀（或紧缩）程度的主要指标。经国务院批准，国家统计局城调总队负责全国居民消费价格指数的编制及相关工作，并组织、指导和管理各省区市的消费价格调查统计工作。

居民消费价格指数是采用固定权数加权算术平均指数方法来编制。其编制方法是：首先，将各种居民消费划分为食品类、衣着类、家庭设备及用品类、医疗保健用品类、交通及通信工具类、文教娱乐用品类、居住类和服务项目8大类，各大类再划分为若干中类和小类；其次，从上述各类中选定325种有代表性的商品项目（含服务项目）入编指数，利用有关对比时期的价格资料分别计算个体指数；最后，依据有关时期内各种商品的销售额构成确定代表品的权数。

计算公式为

$$I = \frac{\sum kw}{\sum w}$$

式中　w——基期销售额（根据居民生活收支调查资料确定，一经确定，几年不变）。

在实践中，通常通过 CPI 指数来反映一国或某一地区的通货膨胀情况，也反映了货币购买力指数。因此，CPI 指数的实际应用主要体现在以下几个方面：

1. 衡量货币购买力

货币购买力是指单位货币所能购买商品或服务的数量。

$$货币购买力 = \frac{1}{居民消费价格指数}$$

2. 测定通货膨胀率

通货膨胀率是反映通货膨胀程度，说明一定时期内商品价格变动幅度。

$$通货膨胀率 = 居民消费价格指数(CPI) - 1 = 环比价格指数 - 1 = \frac{本期价格指数}{上一期价格指数} - 1$$

【例7-11】 同样多的货币，本年只能购买到去年同样商品的90%，则本年的通货膨胀率为多少?

解： 只能购买去年的90%，即货币的购买力为90%，则

$$CPI = \frac{1}{90\%} \approx 111.11\%$$

所以，通货膨胀率为 111.11% −1 = 11.11%

因此，CPI 指数值可以反映其经济发展的基本态势，受到各界的关注。

通货膨胀的基本分类：爬行的通货膨胀（1% ~3%）；温和的通货膨胀（3% ~6%）；严重的通货膨胀（6% ~9%）；飞奔的通货膨胀（10% ~50%）；恶性的通货膨胀（50% 以上）。

3. 名义工资和实际工资

居民的实际消费水平受两个因素的影响：名义工资和居民消费价格指数。当名义工资一定时，居民消费价格指数上升相当于居民的实际收入下降；反之，则实际收入上涨。因此，可以通过居民消费价格指数将居民的名义工资转换为实际工资，从而反映居民的实际消费水平。

$$实际工资 = \frac{名义工资}{居民消费价格指数} = 名义工资 \times 货币购买力指数$$

7.4.2　生产者物价指数

生产者物价指数(PPI) 主要的目的在衡量各种商品在不同的生产阶段的价格变化情形。一般而言，商品的生产分为3个阶段：①原始阶段，商品尚未做任何的加工；②中间阶段，商品尚需做进一步的加工；③完成阶段，商品至此不再做任何加工手续。

PPI是衡量工业企业产品出厂价格变动趋势和变动程度的指数，是反映某一时期生产领域价格变动情况的重要经济指标，也是制定有关经济政策和国民经济核算的重要依据。目前，我国PPI的调查产品有4 000多种（含规格品9 500多种)，覆盖全部39个工业行业大类，涉及调查种类186个。

根据价格传导规律，PPI对CPI有一定的影响。PPI反映生产环节价格水平，CPI反映消费环节的价格水平。整体价格水平的波动一般首先出现在生产领域，然后通过产业链向下游产业扩散，最后波及消费品。

PPI通常作为观察通货膨胀水平的重要指标。由于食品价格因季节变化加大，而能源价格也经常出现意外波动，为了能更清晰地反映出整体商品的价格变化情况，一般将食品和能源价格的变化剔除，从而形成“核心生产者物价指数”，进一步观察通货膨胀率变化趋势。

一般来说，PPI上升不是好事，如果生产者转移成本，终端消费品价格上扬，会造成通胀；如果不转移，企业利润下降，经济有下行风险。

我国的PPI主要调查8大类商品：①燃料、动力类；②黑色金属类；③有色金属材料类；④化工原料类；⑤木材及纸浆类；⑥建材类（钢材、木材、水泥)；⑦农副产品类；⑧纺织原料类。

7.4.3　股票价格指数

股票价格指数即股票指数，是用以反映整个市场上各种股票市场价格的总体水平及其变动情况的指标。由于股票价格起伏无常，投资者必然面临市场价格风险。对于具体某一种股票的价格变化，投资者容易了解，而对于多种股票的价格变化，要逐一了解，既不容易，也不胜其烦。为了适应这种情况和需要，一些金融服务机构就利用自己的业务知识和熟悉市场的优势，编制出股票价格指数，公开发布，作为市场价格变动的指标。投资者据此就可以检验自己投资的效果，并用以预测股票市场的动向。同时，新闻界、公司经营者乃至政界领导人等也以此为参考指标，来观察、预测社会政治、经济发展形势。

股票价格指数是描述股票市场总价格水平变化的指标，也就是表明股票行市变动情况的价格平均数。编制股票指数，通常以某年某月为基础，以这个基期的股票价格作为100，用以后各时期的股票价格和基期价格比较，计算出升降的百分比，就是该时期的股票指数。投资者根据指数的升降，可以判断出股票价格的变动趋势。并且为了能实时的向投资者反映股市的动向，所有的股市几乎都是在股价变化的同时即时公布股票价格指数。

计算股票指数，要考虑3个因素：①抽样，即在众多股票中抽取少数具有代表性的成分股；②加权，按单价或总值加权平均，或不加权平均；③计算程序，计算算术平均数、几何平均数，或兼顾价格与总值。

下面着重介绍几种重要的股票指数。

1. 上证综合指数

“上证综合指数”全称“上海证券交易所综合股价指数”，又称“沪指”，反映上海股市总体走势的统计指标。

上证指数由上海证券交易所编制，于1991年7月15日公开发布，上证指数以“点”为单位，基日定为1990年12月19日。基日点数定为100点。

随着上海股票市场的不断发展，于1992年2月21日，增设上证A股指数与上证B股指数，以反映不同股票（A股、B股）的各自走势。1993年6月1日，又增设了上证分类指数，即工业类指数、商业类指数、地产业类指数、公用事业类指数、综合业类指数、以反映不同行业股票的各自走势。

至此，上证指数已发展成为包括综合股价指数、A股指数、B股指数、分类指数在内的股价指数系列。

上证指数是以报告期发行股数为权数的加权综合股价指数，即以帕氏指数为计算原理。

$$\text{报告期指数} = (\text{报告期采样股的市价总值} / \text{基日采样股的市价总值}) \times 100$$

$$\text{市价总值} = \Sigma(\text{市价} \times \text{发行股数})$$

其中，基日采样股的市价总值亦称为除数。

2. 道·琼斯指数

道·琼斯股票指数是世界上历史最为悠久的股票指数，它的全称为股票价格平均数。它是在1884年由道·琼斯公司的创始人查理斯·道开始编制。其最初的道·琼斯股票价格平均指数是根据11种具有代表性的铁路公司的股票，采用算术平均法进行计算编制而成，发表在查理斯·道自己编辑出版的《每日通讯》上。其计算公式为

$$\text{股票价格平均数} = \text{入选股票的价格之和} / \text{入选股票的数量}$$

自1897年起，道·琼斯股票价格平均指数开始分成工业与运输业两大类，其中工业

股票价格平均指数包括12种股票，运输业平均指数则包括20种股票，并且开始在道·琼斯公司出版的《华尔街日报》上公布。在1929年，道·琼斯股票价格平均指数又增加了公用事业类股票，使其所包含的股票达到65种，并一直延续至今，具体构成如下：

第1组是工业股票价格平均指数。由30种有代表性的大工商业公司的股票组成，且随经济发展而变大，大致可以反映美国整个工商业股票的价格水平，这也就是人们通常所引用的道·琼斯工业股票价格平均数。

第2组是运输业股票价格平均指数。由20种有代表性的运输业公司的股票组成，即8家铁路运输公司、8家航空公司和4家公路货运公司。

第3组是公用事业股票价格平均指数，是由代表着美国公用事业的15家煤气公司和电力公司的股票所组成。

现在的道·琼斯股票价格平均指数是以1928年10月1日为基期，因为这一天收盘时的道·琼斯股票价格平均数恰好约为100美元，所以就将其定为基准日。而以后股票价格同基期相比计算出的百分数，就成为各期的股票价格指数，所以现在的股票指数普遍用点来做单位，而股票指数每一点的涨跌就是相对于基准日的涨跌百分数。

道·琼斯股票价格平均指数最初的计算方法是用简单算术平均法求得，当遇到股票的除权除息时，股票指数将发生不连续的现象。1928年后，道·琼斯股票价格平均数就改用新的计算方法，即在计点的股票除权或除息时采用连接技术，以保证股票指数的连续，从而使股票指数得到了完善，并逐渐推广到全世界。

道·琼斯股票价格平均指数是目前世界上影响最大、最有权威性的一种股票价格指数，原因之一是道·琼斯股票价格平均指数所选用的股票都具有代表性，这些股票的发行公司都是本行业具有重要影响的著名公司，其股票行情为世界股票市场所瞩目，各国投资者都极为重视。为了保持这一特点，道·琼斯公司对其编制的股票价格平均指数所选用的股票经常予以调整，用具有活力的更有代表性的公司股票替代那些失去代表性的公司股票。自1928年以来，仅用于计算道·琼斯工业股票价格平均指数的30种工商业公司股票，已有30次更换，几乎每两年就要有一个新公司的股票代替老公司的股票。原因之二是，公布道·琼斯股票价格平均指数的新闻载体——《华尔街日报》是世界金融界最有影响力的报纸。该报每天详尽报道其每个小时计算的采样股票平均指数、百分比变动率、每种采样股票的成交数额等，并注意对股票分股后的股票价格平均指数进行校正。在纽约证券交易营业时间里，每隔半小时公布一次道·琼斯股票价格平均指数。原因之三是，这一股票价格平均指数自编制以来从未间断，可以用来比较不同时期的股票行情和经济发展情况，成为反映美国股市行情变化最敏感的股票价格平均指数之一，是观察市场动态和从事股票投资的主要参考。当然，由于道·琼斯股票价格指数是一种成分股指数，它包括的公司仅占目前2 500多家上市公司的极少部分，而且多是热门股票，且未将近年来发展迅速的服务性行业和金融业的公司包括在内，所以它的代表性也一直受到人们的质疑和批评。

□本章小结

统计指数分为广义的指数和狭义的指数，广义的指数是指表示各种数量对比关系的相对数；狭义的指数是指反映现象动态变化的相对数。一般情况下的指数是指狭义的指数，即反映现象不同时间上的数量对比关系的相对数。

统计指数的作用主要有：可以综合反映现象总体数量的变动方向和程度；可以分析各个因素变动对总体变动的影响方向和程度；可以对现象进行综合评价和测定；可以研究现象数量在长期内的变动趋势。

质量指标指数是反映现象质量的动态变化；如价格指数、单位产品成本指数、劳动生产率指数等都是质量指标指数。在我国统计实践中，计算质量指标指数时，其同度量因素固定在报告期。

数量指标指数是反映现象数量的动态变化；如销售量指数、产量指数等都是数量指标指数。在我国统计实践中，计算数量指标指数时，其同度量因素固定在基期。

平均数指数则是在综合指数的基础上通过代数变形得到的。

指数体系是指相互联系且在数值上具有一定数量对应关系的，3个或3个以上的指数所形成的体系。通过指数体系可以对复杂现象总体的数量变化从相对数和绝对数两个方面进行因素分析，从而说明各因素对总体数量变动的影响方向和程度。同时还可以通过指数体系进行指数推算。

因素分析是指利用指数体系中各个指数之间的数量联系关系，对现象的总变动的各个影响因素进行分解，分析各因素变动对现象总体总变动的影响程度和绝对效果。

□学习建议

在本章的学习过程中，了解指数在经济生活中的重要作用，重点掌握各种综合指数的编制方法，尤其是我国关于综合指数同度量因素的确定时间。对于各种指数要重点分析其影响因素，从而了解指数的内部构成，为经济生活决策提供更好的依据。

1. 本章重点

指数的概念与种类；综合指数的编制方法；平均数指数的编制方法；指数体系与因素分析。

2. 本章难点

数量指标指数与质量指标指数的区别；同度量因素的确定；综合指数与平均数指数的编制方法；因素分析。

□核心概念

统计指数　质量指标指数　同度量因素　数量指标指数　CPI　PPI　股票价格指数

□课后思考与练习

1. 什么是统计指数？统计指数的作用有哪些？
2. 统计指数的分类？
3. 什么是质量指标指数？什么是数量指标指数？
4. 什么是个体指数？
5. 什么是同度量因素？
6. 拉氏指数和帕氏指数的特点？
7. 综合指数和平均数指数的联系和区别？
8. 什么是指数体系？
9. 三因素分析的注意事项是什么？
10. 可变组成指数、固定构成指数和结构影响指数的定义以及三者的关系？
11. 如何应用CPI指数分析经济问题？
12. 下表是两种商品在基期和报告期的价格和销售量资料。

商品名称	计量单位	价格（元）		销售量	
		基期	报告期	基期	报告期
A	件	100	150	80	60
B	个	300	500	100	70

要求：(1) 计算两种商品的个体物价指数和个体销售量指数。

(2) 计算价格总指数。

(3) 计算销售量总指数。

(4) 计算销售额总指数。

13. 某百货公司3种商品的销售价格和销售量资料如下表所示：

商品名称	计量单位	价格（元）		销售量	
		基期	报告期	基期	报告期
甲	套	1 800	1 200	40	80
乙	盒	2 000	3 000	50	30
丙	件	1 500	1 600	80	100

要求：(1) 计算3种商品的销售额总指数。

(2) 计算3种商品的价格总指数并分析价格变动对销售额的变动影响。

(3) 计算3种商品的销售量总指数并分析销售量变动对销售额的变动影响。

14. 某企业3种产品的产值和销售量资料如下表所示：

产品名称	计量单位	产值（万元）		个体销售量指数（%）
		基期	报告期	
A	个	15	20	120
B	米	3	5	80
C	克	22	35	150

要求：计算3种产品的销售量总指数。

15. 某企业3种产品产值和产量变化情况如下表所示：

产品名称	计量单位	2007年产值（万元）（按当年价格计算）	2008年比2007年产量增减（%）
A	吨	1 000	10
B	台	3 200	−5
C	块	1 800	20

要求：计算3种产品的产量总指数并分析产量变动对产值变动的影响方向和程度。

16. 某商场4种商品的销售额和价格资料如下表所示：

商品名称	计量单位	销售额（万元）		个体价格指数（%）
		基期	报告期	
A	件	20	30	120
B	套	35	50	150
C	米	10	8	80
D	双	8	10	100

要求：计算4种商品的价格总指数并分析销售额受价格变动的影响方向和程度。

17. 已知某商场3种商品的销售额报告期比基期增长20%，其商品价格及报告期销售额资料如下表所示：

商品名称	计量单位	价格（元）		报告期销售额（元）
		基期	报告期	
甲	个	60	100	5 000
乙	台	50	55	8 000
丙	吨	100	120	6 000

试从相对数和绝对数上分析：

（1）物价总指数及其对销售额的影响情况；

（2）销售量总指数及其对销售额的影响情况。

18. 某工厂3种产品的产量、原材料单耗和原材料单价资料如下表所示：

产品名称	计量单位	产量		原材料单耗		原材料单价（元）	
		基期	报告期	基期	报告期	基期	报告期
甲	台	100	120	80	60	200	250
乙	件	150	140	100	70	300	500
丙	个	200	250	120	150	500	400

试从相对数和绝对数上分析：

(1) 原材料总费用的变动情况；

(2) 产量总指数及其对原材料总费用的影响情况；

(3) 单耗总指数及其对原材料总费用的影响情况；

(4) 价格总指数及其对原材料总费用的影响情况。

19. 某车间3种产品的产量及单位成本资料如下表所示：

产品名称	计量单位	单位成本（元）		产量	
		基期	报告期	基期	报告期
A	台	200	250	100	120
B	套	500	400	200	400
C	个	300	200	50	80

要求：(1) 单位成本总指数及由于单位成本变动引起总成本的变动情况。

(2) 产量总指数及由于产量变动引起的总成本的变动情况。

(3) 总成本指数及其变动额。

20. 某公司各类员工的平均工资及人数构成情况如表所示：

员工类型	平均工资（元/月）		人数（人）	
	基期	报告期	基期	报告期
生产工人	1 600	1 800	100	120
项目经理	3 500	4 000	15	13
部门经理	6 000	8 000	5	3

试从相对数和绝对数上分析：

(1) 总平均工资的变动情况。

(2) 平均每人工资的变动情况。

(3) 员工人数的变动情况。

21. 某商场2008年的销售额比2007年提高了15%，而其销售量上升了12%，则2008年对比2007年其价格变化如何？

22. 假定本年的CPI指数同比为104.8%，则本年的货币购买力指数为多少？其通货膨胀率又为多少？

23. 某人本月的收入为3 000元，本月CPI同比去年同期指数为105%，则其本月收入相当于去年同期的多少收入？

第8章 CHAPTER8

抽样分布

☐学习目标

- 理解抽样的基本问题，建立有关抽样的基本概念。
- 掌握样本平均数、样本比率、样本方差的抽样分布。
- 会运用中心极限定理解决实际问题。
- 理解大数定律的含义以及在实践中的运用。

社会经济现象繁纷复杂，而其中非常多的现象存在着的不确定性，也就是说这些现象是随机现象。如何刻画和描述这些随机现象，对深刻认识社会经济现象的规律性是非常必要的，所以随机现象是我们必须研究的重要内容，而研究和认识随机现象的基本方法就是抽样。

8.1 抽样的基本问题

8.1.1 抽样的概念和作用

1. 抽样的概念

在实际问题中，我们研究的总体一般都包含了大量的个体元素，而每一个个体元素都对应了相关的数量特征，也就是说我们要面对的是大量的数据，我们的目的之一就是想知道这些大量数据的数量特征。

【例8-1】 京华时报2008年12月21日报道：昨天，记者从北京各大火车站了解到，铁道部已下发《关于调整儿童票身高的通知》，对符合购买半价条件的儿童身高做出调整，由1.4米提高到了1.5米。

为什么要调整儿童火车票身高标准呢？这是因为随着人民生活水平的提高，我国儿童的平均身高比过去有很大的提高。卫生部2006年12月31日发布的全国第四次儿童体格调查结果显示：6岁组男童身高从1975年的112.3厘米增加到2005年的118.7厘米，女童身高从111.5厘米增高到117.7厘米。30年间，中国儿童的平均身高提高了6厘米。为了体现公平原则，铁道部决定对符合购买半价条件的儿童身高标准做出调整。

按照2005年我国1%人口抽样调查的数据，0～14岁的人口为26 478万人（联合国《儿童权利公约》对儿童的定义是指“18岁以下的任何人”）。对如此庞大的研究对象逐一进行测量显然是一件非常困难的事情。为了科学地测算出我国各年龄段的儿童平均身高，我们可以采取抽样的方法来解决这个问题，即从全部的研究对象中抽取一部分对象组成所谓的样本，这个过程我们就称为抽样。

抽样可以分为随机抽样和非随机抽样。随机抽样是指完全排除研究者主观因素的抽样，其反面就是非随机抽样。如无特殊声明，以后的内容中所说的抽样均指随机抽样。

2. 抽样的目的和作用

从上面的例子中我们理解了什么叫抽样，那么抽样的目的是什么？又有哪些作用呢？

抽样的目的是进行抽样推断，主要包含两个方面的内容：一是利用抽样所得到的信息对研究对象的总体数量特征进行估计；二是利用抽样所得到的信息对某些假设进行检验。

抽样的作用可以归纳为以下几个方面：

1）对随机现象进行推断。例如顾客在一家快餐店的消费支出是不确定的，也就是说这是一种随机现象。我们可以通过抽样的方法，抽取一个合适的样本，利用样本的信息对所有顾客在这家快餐店的平均消费支出做出推断。

2）节约调查成本。这是我们进行抽样的一个重要的原因之一。例如在例8-1中所提到的问题，要想知道上千万儿童的平均身高，是要花费大量成本的，但进行抽样估计，可以快捷地得到结果，节约大量的调查成本。

3）有效地控制误差。抽样方法是科学的方法，可以对误差进行控制，在很多时候可以用抽样调查对全面调查的结果进行验证。

4）对某些假设进行检验，从而做出科学的决策。（这部分内容将在第10章学习）

8.1.2 抽样的有关概念

1. 总体和样本

(1) 总体

总体又称全及总体，指所要研究对象的全体，由许多客观存在的具有某种共同性质的单位构成。总体中所包含的单位数用 N 表示，称为总体容量，当总体容量是有限时，我们称为有限总体；当总体容量是无限时，我们称为无限总体。总体是唯一的、确定的。

（2）样本

样本又称子样，是从总体中抽取部分单位组成的集合，是总体的一部分。样本中包含的单位数用 n 表示，称为样本容量。样本是不确定的、可变的、随机的；从总体中可能抽出的所有样本数目，称为样本可能数目，记为 M。这一数目的大小与总体容量、样本容量有关，也与抽样方法有关。

2. 参数和统计量

（1）参数

参数是总体参数的简称，是反映总体数量特征的指标，其数值是唯一的、确定的，但往往是未知的。最常用的参数有总体均值（记为 μ）、总体比率（记为 π）和总体方差（记为 σ^2）。例如在例 8-1 中某一年龄段男童的平均身高就是一个参数，是我们想要知道的内容，但在现实中往往是未知的。

（2）统计量

统计量是样本统计量的简称，是由样本中单位的变量值计算得到的反映样本数量特征的指标，其数值是不确定的、随机的。最常用的统计量有样本平均数（记为 $\bar{x}$）、样本比率（记为 p）、样本方差（记为 s^2）。例如在例 8-1 中，为了估计某一年龄段男童的平均身高（参数），我们在全国抽取 1 000 名这个年龄段的男童，对他们身高进行测量并计算出这 1 000 名男童的平均身高（$\bar{x}$），这个平均身高就是统计量。需要特别注意的是，这 1 000 名男童的抽取是有多种多样不同的结果，我们计算得到的统计量的值会随着样本的不同而发生变化，所以说统计量是随机变量。

3. 抽样方法

（1）重复抽样

又称有放回抽样。其抽样过程是：先从总体中抽取第 1 个单位并记录所需数据后，把这个单位再放回总体；再抽取第 2 个单位并记录所需数据后，把这个单位再放回总体；依此类推，直到抽足样本所要求的单位数目为止。重复抽样的特点是：第一，n 个单位的样本是由 n 次试验的结果构成的。第二，每次试验是独立的，即其试验的结果与前次、后次的结果无关。第三，每次试验是在相同条件下进行的，每个单位在多次试验中选中的机会（概率）是相同的。设从总体容量是 N 的总体中按重复抽样的方法，抽取样本容量为 n 的样本，则样本可能数目为 $M = N^n$。

（2）不重复抽样

又称不放回抽样。其抽样过程是：每次从总体抽取一个单位，登记后不放回原总体，不参加下一轮抽样；下一次继续从总体中余下的单位中抽取样本，直到抽足样本所要求的单位数目为止。其特点是：第一，n个单位的样本由n次试验结果构成，但由于每次抽出不重复，所以实质上相当于从总体中同时抽取n个单位。第二，每次试验结果不是独立的，上次中选情况影响下次抽选结果。第三，每个单位在多次（轮）试验中中选的机会是不等的。如果是考虑顺序，其样本可能数目为$M=\frac{N!}{(N-n)!}$（排列数）；如果不考虑顺序，其样本可能数目为$M=\frac{N!}{(N-n)!\ n!}$（组合数）。

4. 抽样误差

抽样的目的是进行抽样推断，就是用统计量对参数进行推断，这个过程显然会有误差。

误差可以分为登记性误差和代表性误差。所谓登记性误差是指在登记、汇总数据时产生的误差，从理论上讲，登记性误差是可以避免的；而代表性误差是指用样本统计量推断总体参数而产生的误差，又分为偏差和随机误差；偏差是指破坏了抽样的随机原则而产生的误差，这种误差在理论上也是可以避免的；随机误差是指在抽样中遵循了随机原则，但由于样本的不稳定性而产生的误差，也就是抽样误差，这种误差是必然会产生的，是不可避免的，但是可以对其进行控制和计算。

在这里，我们只讨论抽样误差。

抽样误差又可以分为实际误差、抽样平均误差和抽样极限误差。例如在例8-1中，我们在某一年龄段男童中抽取了一个样本容量为1 000的样本，计算出统计量$\bar{x}$，我们用$\bar{x}$对这一年龄段的男童的真实平均身高μ进行估计，则$\bar{x}-\mu$就是实际误差，由于μ一般来说是未知的，所以实际误差只有理论意义。

有实际意义的是抽样平均误差，也称为标准误差。我们仍以平均数来说明，由于对于给定的样本容量，我们可以抽取很多个不同的样本，设样本可能数目为M，而每个样本都可以得到一个对应的$\bar{x}$，每一个$\bar{x}$与μ都会有一个误差，直观地理解这些误差的平均值可以表示为$\frac{\sum_{i=1}^{M}(\bar{x}-\mu)}{M}$，但是由于分子中的离差可正可负，相加后会互相抵消，其结果为零（后面会看到这个结果）。所以这些误差的平均值应表示为

$$E_{\bar{x}}=\sqrt{\frac{\sum_{i=1}^{M}(\bar{x}-\mu)^2}{M}} \tag{8-1}$$

式中 $E_{\bar{x}}$——样本平均数的抽样平均误差。

式（8-1）表示的是用 $\bar{x}$ 估计 μ 的所有误差的平均值，我们称其为 $\bar{x}$ 的抽样平均误差，也称为标准误差。

同样的，我们还可以定义样本比率 p 的抽样平均误差。

抽样极限误差将在以后的内容中讨论。

8.2 抽样方式

抽样方式是多种多样的，但都遵循同一个原则——随机原则，就是完全排除研究者的主观因素，下面介绍主要的抽样方式。

8.2.1 简单随机抽样

简单随机抽样的组织原则是：①在抽取样本时，必须保证每一个可能样本被抽到的概率相等；②总体中每一个单位被包括在样本中的可能性相等。简单随机抽样可以用随机数字法、抽签法等多种方法。最简单的方法是使用随机数字。随机数字可以借助于电子计算机得到，也可以利用随机数字表（见附表 A-1）。

8.2.2 分层抽样

分层抽样是先把总体按一定标志划分成许多性质相近的类型或组别，然后在每种类型中抽取单位。抽取方法有两种：①按各类型在总体中的比重确定各类型应抽样本容量；②在各类型中抽取相同容量的样本。估计值以各类型比重加权。

分层抽样与其他抽样方式相比，由于考虑到总体中各类型之间的差别，因此，它能更准确地反映总体的分布特征。

8.2.3 系统抽样

系统抽样从总体中抽取样本时，是按照时间或空间的等距间隔抽取的。过程一般分为两步：①确定抽样距离 k；②在前 k 单位中随机抽取 1 个单位，然后，每间隔 k 个单位抽取 1 个，直到抽够要求的数目为止。

系统抽样的优点是：比简单随机抽样简便，节省费用；所抽单位在总体中的分布比简单随机抽样更均匀。

8.2.4 整群抽样

整群抽样是先把总体分为若干个群，然后在这些群中随机地抽选部分群作为样本。

这种抽样方式适合于群与群之间的差异不大的情况，其优点是能够大大地节省时间和费用，但如果群间差异较大，则会产生很大的误差。

8.3 抽样分布

8.3.1 抽样分布的概念

我们知道，统计量是随机变量，它会随着样本的不同而变化。我们进行抽样的目的之一就是要用统计量对参数进行估计，要进行这样的估计，我们首先要知道统计量是如何分布的。

某个统计量对应的频率分布或概率分布称为该统计量的抽样分布。常用的抽样分布有样本平均数（$\bar{x}$）的抽样分布、样本比率（p）的抽样分布、样本方差（s^2）的抽样分布。抽样分布是一种理论分布，可以由数学推导或试验获得其分布的形态。

8.3.2 $\bar{x}$的抽样分布

为了得到$\bar{x}$的抽样分布，我们做一个试验。

【例8-2】 假设一个总体包含6个单位，分别是$x_1=1$，$x_2=2$，$x_3=3$，$x_4=4$，$x_5=5$，$x_6=6$。采取重复抽样的方法，从中抽取2个单位组成样本，试描述$\bar{x}$的抽样分布。

解：首先考虑总体的分布情况。显然总体服从均匀分布。

x	1	2	3	4	5	6
$P(x)$	1/6	1/6	1/6	1/6	1/6	1/6

总体均值为

$$\mu=\frac{\sum_{i=1}^{N}x_i}{N}=\frac{1+2+3+4+5+6}{6}=3.5$$

总体方差为

$$\sigma^2=\frac{\sum_{i=1}^{N}(x_i-\mu)^2}{N}$$

$$=\frac{(1-3.5)^2+(2-3.5)^2+(3-3.5)^2+(4-3.5)^2+(5-3.5)^2+(6-3.5)^2}{6}=2.92$$

采取重复抽样的方法从$N=6$个单位中抽取$n=2$个单位组成样本，一共可以抽取$M=6^2=36$个样本，对应的可以计算出36个$\bar{x}$（见表8-1）。

表 8-1 所有容量为 2 的样本及其平均数

x_i，x_j ($\bar{x}$)		第二次抽取					
		1	2	3	4	5	6
第一次抽取	1	1，1 (1.0)	1，2 (1.5)	1，3 (2.0)	1，4 (2.5)	1，5 (3.0)	1，6 (3.5)
	2	2，1 (1.5)	2，2 (2.0)	2，3 (2.5)	2，4 (3.0)	2，5 (3.5)	2，6 (4.0)
	3	3，1 (2.0)	3，2 (2.5)	3，3 (3.0)	3，4 (3.5)	3，5 (4.0)	3，6 (4.5)
	4	4，1 (2.5)	4，2 (3.0)	4，3 (3.5)	4，4 (4.0)	4，5 (4.5)	4，6 (5.0)
	5	5，1 (3.0)	5，2 (3.5)	5，3 (4.0)	5，4 (4.5)	5，5 (5.0)	5，6 (5.5)
	6	6，1 (3.5)	6，2 (4.0)	6，3 (4.5)	6，4 (5.0)	6，5 (5.5)	6，6 (6.0)

我们观察到，所有 36 个样本对应的统计量 $\bar{x}$ 的取值出现的次数是不同的，那么其出现的频率也是不同的（见表 8-2）。

表 8-2 $\bar{x}$ 的抽样分布

$\bar{x}$	频数 f_i	频率 p ($\bar{x}$)
1.0	1	1/36
1.5	2	2/36
2.0	3	3/36
2.5	4	4/36
3.0	5	5/36
3.5	6	6/36
4.0	5	5/36
4.5	4	4/36
5.0	3	3/36
5.5	2	2/36
6.0	1	1/36

a）x的分布

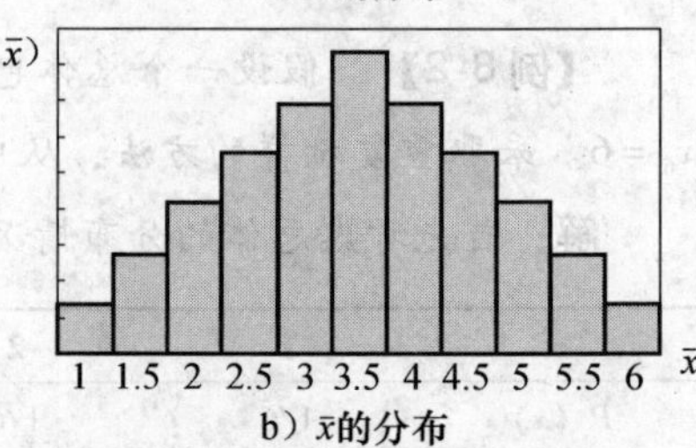

b）$\bar{x}$的分布

图 8-1 x 与 $\bar{x}$ 的抽样分布

我们分别绘制总体分布图和抽样分布图（见图 8-1）。

从这两个分布图中我们可以看到，在本例中，虽然总体服从均匀分布，但经过抽样平均后，样本平均数 $\bar{x}$ 的抽样分布是对称的。

有了 $\bar{x}$ 抽样分布的基本印象后，我们还可以进一步探索 $\bar{x}$ 的数量特征、分布的形态以及抽样平均误差。

1. $\bar{x}$ 的数学期望

在例 8-2 中，$\bar{x}$ 的数学期望就是所有 $\bar{x}$ 的平均数，记为 $\mu_{\bar{x}}$。

$$\mu_{\bar{x}} = \frac{\sum_{i=1}^{11} \bar{x}_i f_i}{M} = \frac{1.0 \times 1 + 1.5 \times 2 + \cdots + 6 \times 1}{36} = 3.5 \tag{8-2}$$

由于总体均值$\mu=3.5$，所以有$\mu_{\bar{x}}=\mu=3.5$。

2. $\bar{x}$ 的方差

$\bar{x}$ 的方差记为$\sigma_{\bar{x}}^2$。

$$\sigma_{\bar{x}}^2=\frac{\sum_{i=1}^{M}(\bar{x}_i-\mu_{\bar{x}})^2}{M}=\frac{\sum_{j=1}^{11}(\bar{x}_j-\mu)^2 f_j}{\sum_{j=1}^{11}f_j}$$

$$=\frac{(1.0-3.5)^2\times 1+(1.5-3.5)^2\times 2+\cdots+(6.0-3.5)^2\times 1}{1+2+\cdots+2+1}=1.46 \quad (8\text{-}3)$$

由于总体方差$\sigma^2=2.92$，所以有$\sigma_{\bar{x}}^2=\frac{\sigma^2}{2}=\frac{\sigma^2}{n}=1.46$。

3. $\bar{x}$ 抽样分布的形态

在例8-2中，我们假定总体中只有6个单位，只抽取容量$n=2$的样本。在这个条件下，我们得到了如下结果：$\bar{x}$的抽样分布是对称的，且$\mu_{\bar{x}}=\mu=3.5$，$\sigma_{\bar{x}}^2=\frac{\sigma^2}{2}=\frac{\sigma^2}{n}=1.46$。于是，我们自然会做出如下合理的推测：当总体中包含的单位非常多，我们抽取的样本容量足够大时，$\bar{x}$的抽样分布会越来越趋近于正态分布。

大量的试验表明，无论总体服从什么分布，只要总体方差已知，样本容量足够大，样本平均数近似服从正态分布，这个结论就是著名的中心极限定理（见图8-2）。

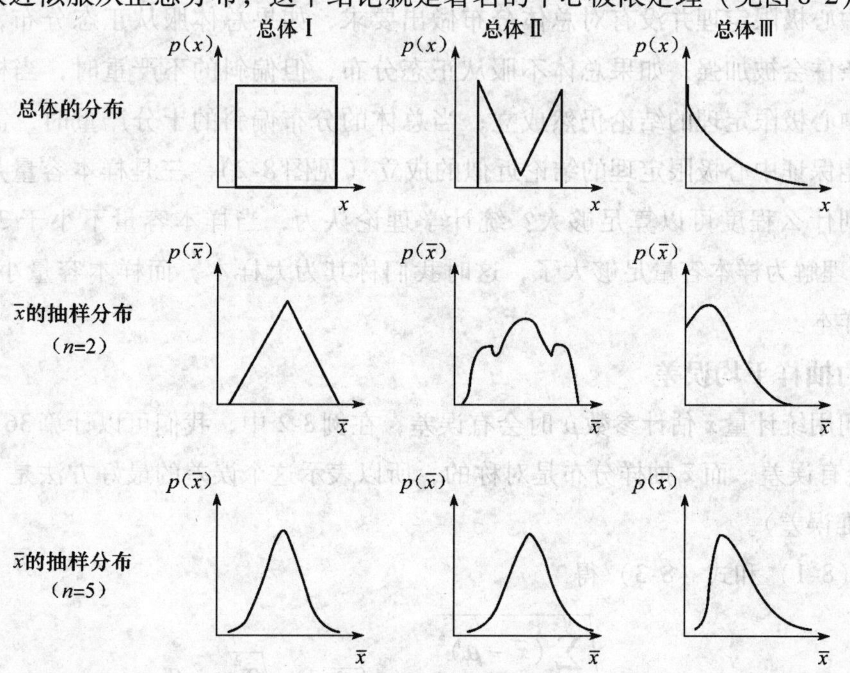

图8-2　不同样本容量下的$\bar{x}$的抽样分布

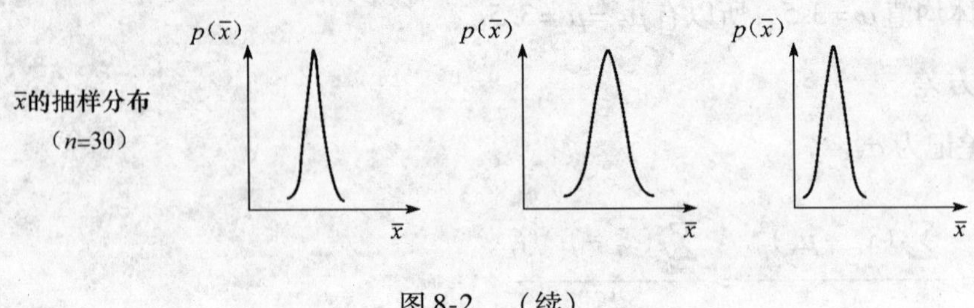

图 8-2 （续）

中心极限定理：设总体均值为μ，且存在有限方差σ^2，从中抽取样本容量为n的样本。当样本容量足够大时，样本平均数$\bar{x}$的抽样分布近似地服从正态分布，且$\mu_{\bar{x}}=\mu$，$\sigma_{\bar{x}}^2=\dfrac{\sigma^2}{n}$。样本容量越大，$\bar{x}$的抽样分布与正态分布近似程度越高。

这个结论用数学表达式表示为

$$\bar{x}\sim N\left(\mu_{\bar{x}},\ \sigma_{\bar{x}}^2\right)=N\left(\mu,\ \frac{\sigma^2}{n}\right) \tag{8-4}$$

式中 $\mu_{\bar{x}}$——样本平均数的数学期望，$\mu_{\bar{x}}=\mu$；

$\sigma_{\bar{x}}^2$——样本平均数的方差，$\sigma_{\bar{x}}^2=\dfrac{\sigma^2}{n}$。

理解中心极限定理时要注意几个问题：一是总体存在有限方差。也就是σ^2已知，其意义是总体中数据的分散程度是已知的、确定的；如果σ^2未知，则总体中数据的分散程度是未知的、不确定的，这时$\bar{x}$的抽样分布不再服从正态分布，而是服从t分布。二是总体分布。中心极限定理并没有对总体分布做出要求，如果总体服从正态分布，则中心极限定理的条件会被加强；如果总体不服从正态分布，但偏斜的不严重时，当样本容量足够大时，中心极限定理的结论仍然成立；当总体的分布偏斜的十分严重时，需要用更大的样本才能保证中心极限定理的结论近似的成立（见图 8-2）。三是样本容量足够大。样本容量大到什么程度可以算足够大？统计学理论认为，当样本容量不小于 30 时（$n\geqslant 30$），可以理解为样本容量足够大了，这时我们称其为大样本，而样本容量小于 30 的样本称为小样本。

4. $\bar{x}$的抽样平均误差

当我们用统计量$\bar{x}$估计参数μ时会有误差，在例 8-2 中，我们可以计算 36 个$\bar{x}$，每个$\bar{x}$与μ都会有误差，而$\bar{x}$抽样分布是对称的，所以表示这个误差的最好方法是$\bar{x}$抽样平均误差（标准误差）。

由式（8-1）和式（8-3）得

$$E_{\bar{x}}=\sqrt{\frac{\sum_{i=1}^{M}\left(\bar{x}-\mu\right)^2}{M}}=\sqrt{\sigma_{\bar{x}}^2}=\sqrt{\frac{\sigma^2}{n}}=\frac{\sigma}{\sqrt{n}} \tag{8-5}$$

当σ^2未知时可用s^2代替。当大样本时，由中心极限定理，这个结论显然是成立的。

由式（8-5）可以看出，抽样平均误差与样本容量以及总体方差有关，此外还与抽样方法有关。样本容量越大，则抽样平均误差就越小；总体方差越小，抽样平均误差就越小；从理论上讲，重复抽样要比不重复抽样的抽样平均误差大。

5. 修正系数

上述结论是在重复抽样的条件下得到的，如果是有限总体且不重复抽样，当样本容量超过总体容量的5%时，要对方差进行修正，修正系数为$\frac{N-n}{N-1}$。这时方差为

$$\sigma_{\bar{x}}^2 = \frac{\sigma^2}{n}\left(\frac{N-n}{N-1}\right) \tag{8-6}$$

$\bar{x}$的抽样平均误差为

$$E_{\bar{x}} = \sqrt{\sigma_{\bar{x}}^2\left(\frac{N-n}{N-1}\right)} = \sqrt{\frac{\sigma^2}{n}\left(\frac{N-n}{N-1}\right)} = \frac{\sigma}{\sqrt{n}}\sqrt{\frac{N-n}{N-1}} \tag{8-7}$$

无限总体不需要修正。

6. 标准化变换

为了方便的求出$\bar{x}$落在某区间的概率，我们可以将$\bar{x}$标准化，使其变换成标准正态随机变量，再通过查标准正态分布表（见附表A-2）或利用计算机求出对应的概率。

在大样本，总体方差已知条件下，由式（8-4）有

$$Z = \frac{\bar{x}-\mu}{\sigma/\sqrt{n}} \sim N(0,1) \tag{8-8}$$

标准正态分布的分布函数记为$\Phi(Z)$，即$\Phi(Z) = \frac{1}{\sqrt{2\pi}}\int_{-\infty}^{Z} e^{-\frac{x^2}{2}}dx$，它有三个重要的性质：

1）$p(a<Z<b) = \Phi(b) - \Phi(a)$

2）$\Phi(-a) = 1-\Phi(a)$

3）$p(|Z|<a) = 2\Phi(a) - 1$

利用这三个性质，可以求出我们需要的概率。

【例8-3】 设$\mu=8$，$\sigma=7$，$n=36$，求$p(\bar{x}<5)$。

解：$p(\bar{x}<5) = P\left(\frac{\bar{x}-\mu}{\sigma/\sqrt{n}}<\frac{5-8}{7/\sqrt{36}}\right) \approx P(Z<-2.57)$

$= \Phi(-2.57) = 1-\Phi(2.57) = 1-0.9949 = 0.0051$

在大样本、总体方差未知条件下，可以用s^2代替σ^2，这时标准化后的统计量服从t分布

$$t=\frac{\bar{x}-\mu}{s/\sqrt{n}}\sim t(n-1) \tag{8-9}$$

t分布也称为学生分布，在统计推断中有广泛的运用。t分布的形态是类似于标准正态分布的对称分布，其分布密度函数的图像比标准正态分布平坦。t分布依赖于自由度，随着自由度的增大，t分布会逐渐趋近于标准正态分布（见图8-3），我们可以求出给定自由度下某一设定的上侧面积对应的临界值，这些结果也可以查t分布表（见附表A-3）或利用计算机求得。

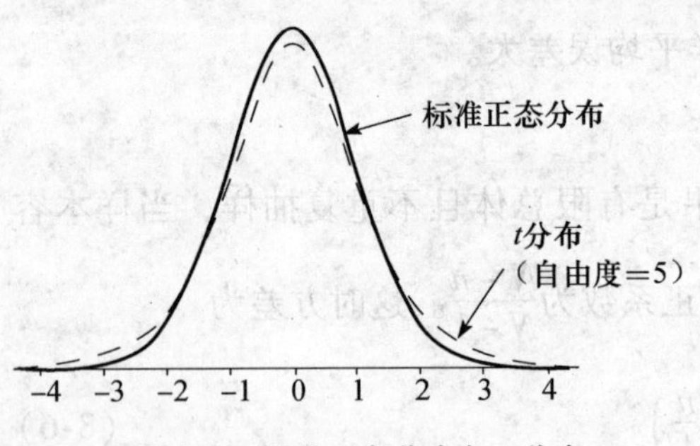

图8-3 标准正态分布与t分布

例如，设自由度$k=16$，上侧面积$\alpha=0.05$，则$t_\alpha(k)=t_{0.05}(16)=1.746$。即当自由度为16时，$t=1.746$上侧面积为0.05。

7. 小样本的情形

中心极限定理要求抽取的样本是大样本，但在实际运用中，由于各种客观条件的限制，我们得到的往往只能是小样本。这时需要将条件加强——总体服从正态分布，在这个条件下，我们可以得到与大样本时类似的结论，即当总体方差已知时，$\bar{x}$的抽样分布服从正态分布，标准化后的标准随机变量同式（8-8）表示；当总体方差未知时，$\bar{x}$的抽样分布服从t分布，标准化后的标准随机变量同式（8-9）表示。

【例8-4】 2008年某地区为了调查农村居民纯收入的情况，从该地区的农村居民中随机抽取100户做样本，计算其样本平均数$\bar{x}$；(1) 假设该地区农村居民平均纯收入为5 800元，总体标准差等于1 000元，试描述$\bar{x}$的抽样分布，并计算其抽样平均误差；(2) $\bar{x}$大于5 600元且小于6 100元的概率是多少？(3) 如果总体方差未知，那么$\bar{x}$的抽样分布是怎样的？

解： 已知 $n=100$，$\mu=5\,800$，$\sigma=1\,000$

(1) 根据中心极限定理，大样本且总体方差已知时，$\bar{x}$的抽样分布是正态分布，

且 $\mu_{\bar{x}}=\mu=5\,800$， $\sigma_{\bar{x}}^2=\frac{\sigma^2}{n}=\frac{1\,000^2}{100}=100^2$ 故 $\bar{x}\sim N(5\,800,100^2)$

抽样平均误差 $E_{\bar{x}}=\frac{\sigma}{\sqrt{n}}=\frac{1\,000}{\sqrt{100}}=100$

(2)
$$\begin{aligned}P(5\,600<\bar{x}<6\,100)&=P\left(\frac{5\,600-5\,800}{1\,000/\sqrt{100}}<\frac{\bar{x}-\mu}{\sigma/\sqrt{n}}<\frac{6\,100-5\,800}{1\,000/\sqrt{100}}\right)\\&=P(-2<Z<3)=\Phi(3)-\Phi(-2)=\Phi(3)-[1-\Phi(2)]\\&=0.998\,7-(1-0.977\,2)=0.975\,9\end{aligned}$$

(3) 如果总体方差未知，则$\bar{x}$的抽样分布将服从t分布。

【例8-5】 某学校教学楼内电梯的质量标志注明：最大载重量1 000kg，限载13人。假定该校校内人群的体重服从正态分布，平均体重为70kg，标准差为10kg，试问随机进入电梯13人，超重的概率是多少？

解：已知 $n=13$，$\mu=70$，$\sigma=10$

因为质量标志为最大载重量1 000kg，限载13人。所以，如果样本平均数 $\bar{x}>\frac{1\,000}{13}\approx 76.9$ 则会超重。

由于总体服从正态分布，总体方差已知，当小样本时，根据中心极限定理，$\bar{x}$ 的抽样分布仍服从正态分布。即 $\bar{x}\sim N\left(70,\ \frac{10^2}{13}\right)$，则随机进入电梯13人超重的概率是

$$
\begin{aligned}
P(\bar{x}>76.9) &= P\left(\frac{\bar{x}-\mu}{\sigma/\sqrt{n}}>\frac{76.9-70}{10/\sqrt{13}}\approx 2.49\right)\\
&= P(Z>2.49)=1-\Phi(2.49)=1-0.9936\\
&= 0.0064
\end{aligned}
$$

即超重的概率不超过1%。

8.3.3 *p* 的抽样分布

与样本平均数 $\bar{x}$ 一样，样本比率 p 也是一个随机变量，我们也要考虑 p 的抽样分布。

由概率论知识我们有以下结论：当样本容量足够大时，p 的抽样分布近似服从正态分布。其中大样本的标准是：同时满足 $n\pi\geqslant 5$ 或 $n(1-\pi)\geqslant 5$ 的 n 为大样本标准，如果 π 未知，可用 p 代替。

1. *p* 的数学期望和方差

可以证明，p 的数学期望为 π，记为 μ_p；p 的方差为 $\frac{\pi(1-\pi)}{n}$，记为 σ_p^2。即：$\mu_p=\pi$，$\sigma_p^2=\frac{\pi(1-\pi)}{n}$。

2. *P* 的抽样分布的形态

由上述结论可知，在大样本条件下，p 抽样分布服从数学期望为 π，方差为 $\frac{\pi(1-\pi)}{n}$ 的正态分布。

用数学表达式表示为：

$$
p\sim N(\mu_p,\sigma_p^2)=N\left(\pi,\ \frac{\pi(1-\pi)}{n}\right) \tag{8-10}
$$

式中 $\mu_p=\pi$；

$\sigma_p^2=\frac{\pi(1-\pi)}{n}$。

在实际运用中，当 π 未知时，可用 p 代替。这是中心极限定理的另一种表现形式。

3. p 的抽样平均误差

与样本平均数 $\bar{x}$ 一样，我们可以计算 p 的抽样平均误差：

$$E_p = \sqrt{\sigma_p^2} = \sqrt{\frac{\pi(1-\pi)}{n}} \tag{8-11}$$

式中 E_p——样本比率的抽样平均误差。

4. 修正系数

如果是有限总体且不重复抽样，当样本容量超过总体容量的5%时，要对样本方差进行修正，修正系数为$\frac{N-n}{N-1}$。这时方差为：

$$\sigma_p^2 = \frac{\pi(1-\pi)}{n}\frac{N-n}{N-1} \tag{8-12}$$

抽样平均误差为：

$$E_p = \sqrt{\sigma_p^2\left(\frac{N-n}{N-1}\right)} = \sqrt{\frac{\pi(1-\pi)}{n}\left(\frac{N-n}{N-1}\right)} \tag{8-13}$$

无限总体不需要修正。

5. 标准化变换

为了方便地求出统计量 p 落入某一区间的概率，我们可以将 p 标准化，使其变换成标准正态随机变量，再通过查标准正态分布表或利用计算机求出对应的概率。

$$Z = \frac{p-\pi}{\sqrt{\frac{\pi(1-\pi)}{n}}} \sim N(0,1) \tag{8-14}$$

【例 8-6】 某企业生产的一种产品，根据以往的经验，合格率为 95%。现从生产线上随机抽取 100 件产品进行检验，问样本合格率大于等于 90% 的概率是多少？

解： 已经 $\pi = 95\%$，$n = 100$

由于 $n(1-\pi) = 100\times(1-95\%) = 5$，所以抽取的样本是大样本。

根据中心极限定理有 $p \sim N\left(\pi, \frac{\pi(1-\pi)}{n}\right)$

样本合格率大于等于 90% 的概率，即求 $p \geqslant 90\%$ 的概率。

$$P(p \geqslant 90\%) = P\left(\frac{p-\pi}{\sqrt{\frac{\pi(1-\pi)}{n}}} \geqslant \frac{90\% - 95\%}{\sqrt{\frac{95\% \times (1-95\%)}{100}}} \approx -2.29\right) = P[Z \geqslant -2.29]$$

$$= 1 - \Phi(-2.29) = \Phi(2.29) = 0.989$$

样本合格率大于等于 90% 的概率大约为 0.989。

8.3.4 s^2 的抽样分布

由概率论知识可知，s^2 的抽样分布服从卡方分布。

设 $X \sim N(\mu, \sigma^2)$，$Z = \dfrac{X-\mu}{\sigma} \sim N(0, 1)$，令 $Y=Z$，则 $Y^2 \sim \chi^2(1)$。

可以证明，统计量

$$\chi^2 = \frac{(n-1)s^2}{\sigma^2} \sim \chi^2(n-1) \tag{8-15}$$

χ^2 分布的特点是，随机变量 χ^2 的取值范围是（0，+∞），其分布的形态是一个非对称分布，并依赖于自由度，如图8-4所示。

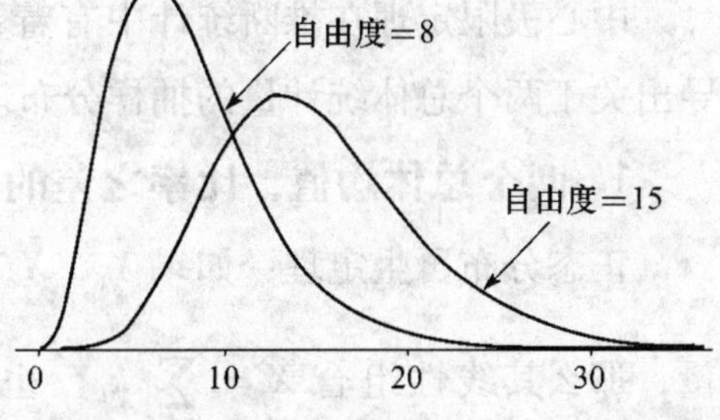

图8-4 χ^2 分布图

我们可以通过查 χ^2 分布表（见附表A-4），求出给定的自由度下某一设定的上侧面积对应的临界值，或通过计算机得到相关的结果。

例如，设自由度 $k=16$，上侧面积 $\alpha=0.05$，则 $\chi^2_\alpha(k)=\chi^2_{0.05}(16)=26.296$。即当自由度为16时，$\chi^2=26.296$ 上侧面积为0.05。

再如，设自由度 $k=16$，上侧面积 $\alpha=0.95$，则 $\chi^2_\alpha(k)=\chi^2_{0.95}(16)=7.962$。即当自由度为16时，$\chi^2=7.962$ 上侧面积为0.95，或 $\chi^2=7.962$ 下侧的面积为0.05。

8.4 一些重要的结论

8.4.1 大数定律

大数定律在概率论中有着非常重要的地位，是我们认识随机现象的理论基础之一，最重要的是下面两个大数定律。

1. 独立同分布大数定律

设独立随机变量 X_1，X_2，…，X_n，…服从同一分布，且存在数学期望 μ 及方差 σ^2，对于任意给定的 $\varepsilon>0$ 有

$$\lim_{n\to\infty} P\left(\left| \frac{1}{n}\sum_{i=1}^{n} X_i - \mu \right| < \varepsilon \right) = 1 \tag{8-16}$$

这个大数定律告诉我们：虽然个别现象受偶然因素影响，但是，对总体的大量观察后进行平均，就能使偶然因素的影响相互抵消，样本平均数会稳定在 μ 附近，从而为我们用样本平均数对总体均值进行估计提供了理论依据。

2. 伯努利大数定律

在独立试验序列中，m 是事件 A 在 n 次试验中发生的次数，p 是事件 A 发生的概率，对于任意给定的 $\varepsilon>0$ 有

$$\lim_{n\to\infty} P\left(\left|\frac{m}{n}-p\right|<\varepsilon\right)=1 \tag{8-17}$$

这个大数定律告诉我们：当我们多次重复观察某个现象时，这个现象发生的频率与这个现象发生的概率之间的差距是非常小的，这为我们用频率去代替概率提供了理论依据。

8.4.2 中心极限定理的推广

中心极限定理在推断统计中有着重要的应用，根据概率论的有关理论，我们可以推导出关于两个总体统计量的抽样分布。

1. 两个总体均值、比率之差的抽样分布

正态分布再生定理：如果 X_1，X_2，…，X_n 都是服从 $X_i \sim N(\mu_i,\ \sigma_i^2)$ 的独立随机变量，那么其线性组合 $X=\sum_{i=1}^{n} k_i X_i$ 也服从均值为 $\sum_{i=1}^{n} k_i\mu_i$，方差为 $\sum_{i=1}^{n} k_i^2\sigma_i^2$ 的正态分布，即：

$$X \sim N\left(\sum_{i=1}^{n} k_i\mu_i,\ \sum_{i=1}^{n} k_i^2\sigma_i^2\right) \tag{8-18}$$

考虑从两个总体中独立地抽取两个样本，在大样本、总体方差已知的条件下，由中心极限定理知两个样本平均数 $\bar{x}_1$，$\bar{x}_2$ 是独立的且分别服从正态分布，即 $\bar{x}_1 \sim N\left(\mu_1,\ \frac{\sigma_1^2}{n_1}\right)$、$\bar{x}_2 \sim N\left(\mu_2,\ \frac{\sigma_2^2}{n_2}\right)$，其中 μ_1，μ_2 分别表示两个总体的均值；σ_1^2，σ_2^2 分别表示两个总体的方差；n_1，n_2 分别表示两个样本容量。则由式（8-18）得：

$$\bar{x}_1-\bar{x}_2 \sim N\left(\mu_1-\mu_2,\ \frac{\sigma_1^2}{n_1}+\frac{\sigma_2^2}{n_2}\right) \tag{8-19}$$

同理，可以得出两个样本比率差的抽样分布：

$$p_1-p_2 \sim N\left(\pi_1-\pi_2,\ \frac{\pi_1(1-\pi_1)}{n_1}+\frac{\pi_2(1-\pi_2)}{n_2}\right) \tag{8-20}$$

式（8-19）和式（8-20）的结论可以认为这两个结论是中心极限定理的推广，为我们在两个总体之间进行参数的比较提供了理论依据。

【例 8-7】 为了比较甲、乙两座城市在岗职工的收入情况，独立地从两座城市抽取样本容量为 $n_1=160$，$n_2=125$ 的样本。假设两座城市的在岗职工的收入服从正态分布，且甲城市的在岗职工的月平均收入为 2 600 元，标准差为 800 元；乙城市在岗职工的月平均收入为 2 300

元，标准差为500元。(1) 描述两个样本平均数之差的抽样分布；(2) 两个样本平均数之差在200～450元之间的概率。

解： 已知 $\mu_1=2\,600$，$\sigma_1=800$，$\mu_2=2\,300$，$\sigma_2=500$，$n_1=160$，$n_2=125$

(1) 设 $\bar{x}_1$，$\bar{x}_2$ 分别表示两个样本平均数，则由式 (8-19) 有

$$\bar{x}_1-\bar{x}_2 \sim N\left(\mu_1-\mu_2,\frac{\sigma_1^2}{n_1}+\frac{\sigma_2^2}{n_2}\right)$$

即 $\bar{x}_1-\bar{x}_2 \sim N\left(2\,600-2\,300,\ \dfrac{800^2}{160}+\dfrac{500^2}{125}\right)=N\ (300,\ 6\,000)$

即两个样本平均数之差的抽样分布服从正态分布。

(2) 两个样本平均数之差在200～450元之间的概率

$$\begin{aligned}P(200<\bar{x}_1-\bar{x}_2<450) &= P\left(\frac{200-300}{\sqrt{6\,000}}<\frac{(\bar{x}_1-\bar{x}_2)-(\mu_1-\mu_2)}{\sqrt{\dfrac{\sigma_1^2}{n_1}+\dfrac{\sigma_2^2}{n_2}}}<\frac{450-300}{\sqrt{6\,000}}\right)\\ &= P(-1.29<Z<1.94)=\Phi(1.94)-\Phi(-1.29)\\ &= \Phi(1.94)-[1-\Phi(1.29)]\\ &= 0.973\,8-(1-0.901\,5)\\ &= 0.875\,3\end{aligned}$$

2. 两个总体方差之比的抽样分布

关于两个总体之间方差的比较要用到 F 分布。由概率论知识可以证明：设 $U\sim\chi^2(k_1)$，$V\sim\chi^2(k_2)$ 是两个互相独立的随机变量，则有，$F=\dfrac{U/k_1}{V/k_2}\sim F\ (k_1,\ k_2)$。式中，$k_1$ 称为分子自由度，k_2 称为分母自由度。

F 分布的特点是，随机变量 F 的取值范围是 $(0,\ +\infty)$，其分布的形态是一个非对称分布，并依赖于自由度（见图8-5）。而且有下面的性质：

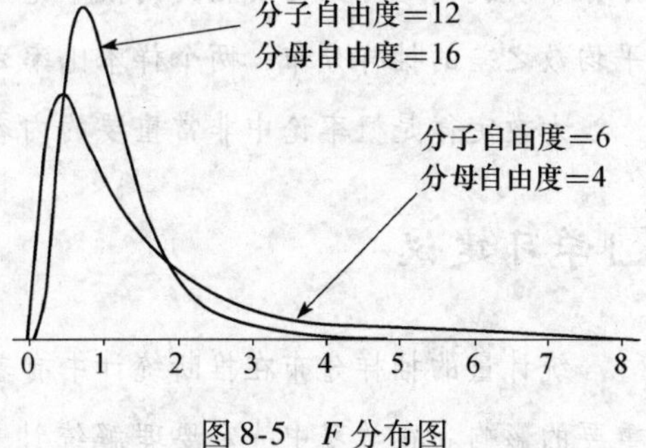

图8-5 F 分布图

$$F_{1-\alpha}(k_1,k_2)=\frac{1}{F_\alpha(k_2,k_1)} \tag{8-21}$$

我们可以通过查 F 分布表（见附表A-5），求出给定的自由度下某一设定的上侧面积对应的临界值，或通过计算机得到相关的结果。

例如，设 $k_1=10$，$k_2=12$，上侧面积 $\alpha=0.05$，查 F 分布表得 $F_\alpha=F_{0.05}=2.75$。

若求下侧面积为0.05对应的临界值，则由式 (8-21) 得 $F_{1-\alpha}=F_{0.95}=\dfrac{1}{F_{0.05}}\approx 0.344$。

从两个总体中独立的抽取两个样本，两个总体的方差分别是 σ_1^2，σ_2^2；两个样本容量

分别是 n_1，n_2；两个样本的方差分别是 s_1^2，s_2^2。则 $\chi_1^2 = \dfrac{(n_1-1)\ s_1^2}{\sigma_1^2} \sim \chi^2\ (n_1-1)$，$\chi_2^2 = \dfrac{(n_2-1)\ s_2^2}{\sigma_2^2} \sim \chi^2\ (n_2-1)$。于是有：

$$F = \frac{\chi_1^2/(n_1-1)}{\chi_2^2/(n_2-1)} = \frac{s_1^2/\sigma_1^2}{s_2^2/\sigma_2^2} \sim F(n_1-1, n_2-1) \tag{8-22}$$

这个结论为我们进行两个总体方差的比较提供了理论依据。

□本章小结

抽样是认识社会经济现象便捷、经济、科学的方法。

抽样得到的集合就是样本，由样本数据计算得到的反映样本数量特征的指标就是统计量，因为统计量会随样本的不同而发生变化，所以统计量是随机变量；常用的统计量有样本平均数、样本比率和样本方差。

统计量的频率分布或概率分布称为该统计量的抽样分布，统计量的抽样分布在推断统计中有着非常重要的作用，描述抽样分布的重要结论是中心极限定理。样本平均数的抽样分布在总体方差已知、大样本条件下服从正态分布；在总体方差未知、大样本条件下服从 t 分布；当样本是小样本时，则要求总体服从正态分布，此时在总体方差已知和总体方差未知时，可以有与大样本条件下同样的结论。样本比率在大样本条件下服从正态分布，样本方差的抽样分布是卡方分布。我们还可以运用相关的概率论知识得到关于两个样本统计量的抽样分布，如两个样本平均数之差的抽样分布，两个样本比率之差的抽样分布，两个样本方差比的抽样分布。

大数定律是概率论中非常重要的内容，为我们进行估计和推断提供了理论基础。

□学习建议

统计量的抽样分布在推断统计中有着非常重要的作用，掌握这部分内容对以后的学习有着重要的影响。在学习中一定要理解统计量是随机变量的属性，理解中心极限定理的条件和结论，掌握各种抽样分布的形态和数量特征，理解抽样误差的概念，特别是抽样平均误差（标准误差）的概念和意义，会正确使用分布表求出相关的临界值或概率。

1. 本章重点

参数与统计量的概念和属性；中心极限定理的条件和结论；抽样平均误差的概念和意义；各种概率分布的临界值或概率的求法。

2. 本章难点

中心极限定理的条件和结论；抽样平均误差的概念和意义。

核心概念

参数　统计量　随机抽样　重复抽样　不重复抽样　抽样分布　中心极限定理　大数定律　总体方差已知　总体方差未知　正态分布　t分布　卡方分布　F分布

课后思考与练习

1. 为什么说统计量是随机变量？常用的统计量有哪些？写出它们的计算公式。
2. 描述样本平均数和样本方差的抽样分布。
3. 什么叫抽样平均误差？样本平均数的抽样平均误差如何计算？试分析影响抽样平均误差的因素。
4. 重复抽样和不重复抽样有什么区别？如果总体容量为1 000，抽取样本容量为30的样本，按重复抽样的方法，样本可能数目是多少？说说这个数目具体有多大。
5. 总体方差已知和总体方差未知各表示什么意义？
6. 从$\mu=100$，$\sigma=20$的正态总体中抽取容量$n=16$的样本，描述样本平均数的抽样分布，计算样本平均数$\bar{x}$的抽样平均误差。并计算下列各概率：(1) $P(\bar{x}>105)$；(2) $P(\bar{x}<96)$；(3) $P(96<\bar{x}<110)$。
7. 在上题中，如果$n=25$和$n=100$时，分别描述样本平均数的抽样分布，重新计算上述概率，并观察发生了怎样的变化。绘制抽样分布图，解释发生这些变化的原因。
8. 据统计，我国男性的平均身高是170厘米。假设我国男性身高服从正态分布，且标准差为7厘米。现随机抽取49名我国成年男性组成样本：(1) 描述样本平均数的抽样分布；(2) 计算抽样平均误差；(3) 样本平均数小于167厘米的概率是多少？
9. 电视广告商非常重视观众收看电视的时间。假设某城市的成年人每天收看电视的时间服从正态分布，均值为5小时，标准差为1.5小时。(1) 从该市的成年人中抽取1人，他收看电视的时间超过7小时的概率是多少？(2) 从该市的成年人中抽取25人组成样本，他们平均收看电视的时间超过7小时的概率是多少？
10. 一条自动瓶装生产线灌装的饮料质量标准是容量600毫升。假设这条生产线灌装的容量服从正态分布，标准差为12毫升，从生产线上随机抽取36瓶饮料进行检测，这36瓶饮料的平均容量小于594毫升概率是多少？如果某天在检测中发现36瓶饮料的平均容量小于594毫升，你认为生产线工作正常吗？
11. 一种电子元件的合格率是98%。随机抽取800个元件，其合格率超过96%的概率是多少？如果在这次抽样中发现样本合格率低于96%，你对这种元件的生产可以做出怎样的判断？
12. 某家电生产商声称，其公司生产的产品在销售后两年内需要维修的比例不超过5%。消费者协会为了验证该生产商的说法，调查了400户在两年内购买过该生产商产品的家庭，那么在两年内需要维修的比例超过8%的概率是多少？如果400户家庭中有8%的家庭称在两年内至少维修了一次，那么你对该生产商的信誉有何评价？

□实训应用

【案例8-1】 假设以下数据是通过统计调查得到的总体数据，现在要求从中随机抽取30个数据作为样本数据，并计算样本数据的统计量。⊖

94	74	35	58	66	90	13	72	10	11
90	12	21	47	89	84	44	10	26	14
40	79	39	94	38	65	98	18	76	91
14	21	82	75	28	64	13	37	81	41
15	27	32	30	80	63	22	33	58	18
85	92	52	22	43	50	30	84	77	33
22	24	76	48	18	95	25	84	86	82
78	17	75	28	66	51	36	37	39	11
43	22	98	53	34	63	78	72	55	53
16	48	50	79	25	81	75	77	42	65
22	22	56	62	46	56	82	40	87	98
23	42	42	97	93	44	52	42	26	45
76	82	53	71	59	39	58	55	29	30
57	58	28	27	52	53	53	66	69	44
93	81	43	36	69	75	11	14	72	54
57	16	84	36	76	15	66	20	29	78
64	91	11	64	92	15	70	24	32	76
78	95	21	53	87	84	54	19	18	36
60	19	17	54	98	11	42	82	22	33
20	79	28	66	49	90	19	58	22	54

1. 实训项目：用Excel进行抽样。

2. 实训目的：紧密围绕本章的抽样知识点，实现课堂教学内容、教学实例、计算机软件和统计方法的结合，应用计算机处理大量数据的抽样。

3. 实训指导：

（1）启动电脑操作系统，打开Excel软件；

（2）在Excel中输入数据；

（3）启动数据分析工具包，

工具→数据分析→抽样→确定；

（4）对数据进行分析，

在“输入区域”中输入全部的数据，选择“随机”选项，定义“样本数”和“输出区域”，确定；

（5）计算样本统计量。

4. 实训组织：教师首先对实验项目作说明，然后分发实验数据，学生一人一机，利用Excel提供的分析方法完成实训项目，并撰写实验报告。

5. 实训考核：每次要求实验完后撰写实验报告，作为成绩的基本依据。以撰写实验报告的结果评定成绩，实验成绩作为课程的综合成绩的一部分，约占10%。

⊖ 数据文件见电子课件。

CHAPTER9 第9章

参数估计

□学习目标

- 理解参数估计的基本问题，理解置信水平、置信区间、抽样极限误差等概念。
- 理解参数估计的基本原理。
- 掌握参数区间估计的方法。
- 掌握确定样本容量的基本方法。

东方网2007年5月3日消息：现代生活节奏快，连人们走路的速度也相应变快。这不仅仅是很多人的感觉，现在也是得到了科学论证的“真理”。

综合外电报道称，英国最新的一项研究发现，世界各地城市人口走路的速度比10年前平均加快了10%。研究人员选择了世界上32个大城市进行研究，在每个城市内选择35名成年男女，计算他们在没有障碍、没有负重以及不在讲电话的情况下走60英尺（约18米）所需的平均时间。

他们发现世界上居民走路最快的城市是新加坡，走60英尺平均需时10.55秒。而中国居民步伐最快的城市则是广州，世界排名第4，走完60英尺需时10.94秒。与此相比，纽约人的步伐则明显慢得多，排名世界第8（12秒）；而伦敦人则只排名第12（12.17秒）；巴黎人排名第16（12.65秒）。在新加坡和广州之后排名最高的亚洲城市是排名第19位的东京（12.83秒）。

研究人员将本次测量的结果与美国加州州立大学20世纪90年代一项研究进行比较后发现，世人步行的平均速度在10年中增加了10%。新加坡人步行的速度在10年中加快了30%，广州人的速度则加快了20%。

在这项研究中，研究者在每个城市选取了35名成年人进行测试，然后用这个测试结果（样本的数量特征）对这座城市的总体的数量特征进行估计，这种方法就是参数估计。

9.1 参数估计的一般问题

9.1.1 关于参数估计的一些基本概念

1. 参数估计的概念

在第8章中我们比较详细地讨论了抽样以及抽样分布，我们进行抽样的一个重要的目的就是要用统计量对参数进行估计。所谓参数估计就是用样本的数量特征（统计量）对总体的数量（参数）特征进行估计的统计方法。在现实现象中，参数往往是未知的，比如全国某一年龄段男童的平均身高。我们可以用抽样的方法，用样本统计量对总体参数进行估计，这就是参数估计。常用的参数有总体均值μ、总体比率π、总体方差σ^2，我们将参数抽象地记为θ。

2. 估计量与估计值

用来估计总体参数的统计量的名称，称为估计量。例如，样本平均数$\bar{x}$、样本比率p、样本方差s^2都是估计量，我们将估计量抽象地记为$\hat{\theta}$。

由样本数据计算得到的对应估计量的数值称为估计值。例如，为了估计全国某一年龄段男童的平均身高，我们抽取了一个样本，并计算出该样本的平均数为117厘米，这个数值就是一个估计值。

3. 点估计与区间估计

参数估计有点估计和区间估计两种。用某一个样本的估计量$\hat{\theta}$的值作为参数θ的估计值，称为参数的点估计。例如，为了估计全国某一年龄段男童的平均身高，我们抽取了一个样本，并计算出该样本的平均数为117厘米，即$\bar{x}=117$，如果我们用这个估计值作为总体均值，即$\mu=\bar{x}=117$，这就是点估计。点估计在方法上比较简便，在理论上也有可靠的依据，但是却不能表述出点估计值与参数的真实值接近的程度（估计的误差）。

在点估计的基础上，给出参数估计的一个范围，称为区间估计。区间估计是参数估计的重要方法，在后面的内容里我们将做详细的讨论。

9.1.2 参数估计的理论依据

1. 大数定律

在第8章中我们对大数定律做了描述，它为我们进行参数估计提供了理论基础。例如，设全国某一年龄段男童的平均身高为μ，是一个未知的参数，我们对这一现象进行多次观察——抽样并测量样本中的个体的身高，记为x_1，x_2，…，x_n，由大数定律，当n（样本容量）足够大时，有$\bar{x}=\dfrac{\sum_{i=1}^{n}x_i}{n}\rightarrow\mu$。这个结论为我们用样本平均数$\bar{x}$对总体均值$\mu$进行估计提供了理论基础。同理，我们可以用样本比率$p$对总体比率$\pi$进行估计，用样本方差$s^2$对总体方差$\sigma^2$进行估计。

2. 中心极限定理

以样本平均数为例，在重复抽样、大样本、总体方差已知的条件下，我们有：$\bar{x}\sim N(\mu_{\bar{x}},\sigma_{\bar{x}}^2)=N\left(\mu,\ \dfrac{\sigma^2}{n}\right)$，其中$\mu_{\bar{x}}=\mu$，$\sigma_{\bar{x}}^2=\dfrac{\sigma^2}{n}$。其分布图见图9-1。由概率论知识，样本平均数$\bar{x}$落在总体均值$\mu$的两侧各为一个标准误差（抽样平均误差）$\sigma_{\bar{x}}=\dfrac{\sigma}{\sqrt{n}}$范围内的概率为0.682 7；落在两个标准误差范围内的概率为0.954 5；落在3个标准误差范围内的概率为0.997 3。

由图9-1可以看出，如果我们要求样本平均数$\bar{x}$离μ越近（估计的误差小），则对应的可能性也就是概率越小，即可靠程度越低；而样本平均数$\bar{x}$离μ越远（估计的误差大），对应的可能性也就是概率也越大，即可靠程度越高。这说明，估计的误差会受到两个因素的影响：一是抽样平均误差（标准误差）；另一个是我们要求的可靠程度。这些结论为我们描述估计的误差提供了依据。

3. 风险水平与置信水平

由上段的分析，可以理解估计的误差与可靠程度的关系。仍以样本平均数$\bar{x}$为例，设在估计时发生错误的概率为α，因为我们希望犯错误的可能性要尽量地小，所以我们设定的α很小，一般为5%或更小。α称为风险水平，其意义是指这样的事件发生的概率：$\bar{x}$“远离”了μ，或者说$\bar{x}$与μ的差距超过了允许的范围，即$\bar{x}$落入到了如图9-2所示阴影的范围内。由于$\bar{x}$的抽样分布是正态分布，所以α被平分在两侧。

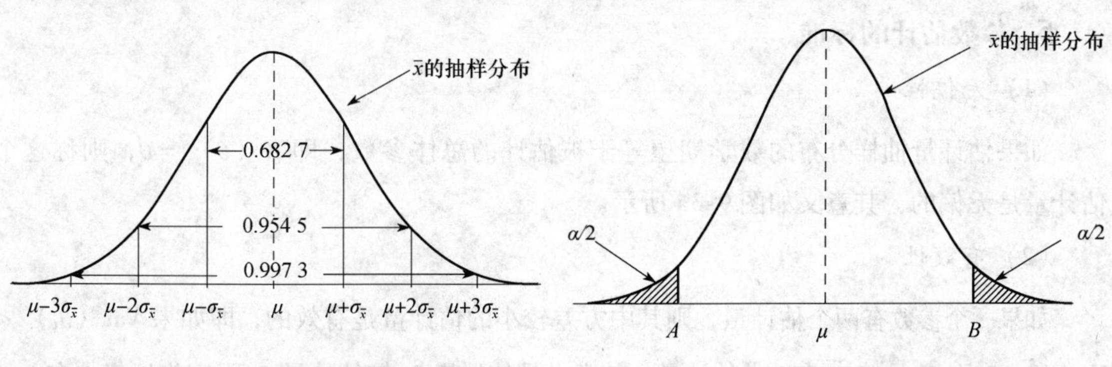

图9-1 $\bar{x}$的抽样分布　　图9-2 风险水平与置信水平

区间（A，B）对应的概率为 $1-\alpha$，我们称为置信水平。其意义是指我们相信在所有的 $\bar{x}$ 中，有（$1-\alpha$）的 $\bar{x}$ 与 μ 的差距没有超过允许的范围。

4. 抽样极限误差

我们将在参数估计中研究者所允许的误差称为抽样极限误差，也称为边际误差，记为 Δ。

如何度量 Δ 呢？仍然以 $\bar{x}$ 为例，从图 9-2 可以看出，这个允许的范围就是区间（A，B）的半径，而这个半径的长短是由 $\bar{x}$ 的抽样分布和风险水平 α 决定的。在 $\bar{x}$ 的抽样分布确定的条件下，α 的值越大，区间（A，B）就越窄，α 的值越小，区间（A，B）就越宽。

做标准化变换 $Z=\dfrac{\bar{x}-\mu}{\sigma/\sqrt{n}}$，则 $Z\sim N$（0，1）。当风险水平为 α 时，对应的临界值是 $Z_{\alpha/2}$，则 $\bar{x}-\mu$ 的最大的极限值（也就是 Δ）等于 $Z_{\alpha/2}\dfrac{\sigma}{\sqrt{n}}$，所以抽样极限误差为：

$$\Delta_{\bar{x}} = Z_{\alpha/2}\sigma_{\bar{x}} = Z_{\alpha/2}\frac{\sigma}{\sqrt{n}} \tag{9-1}$$

当总体方差未知时，用 s^2 代替 σ^2，这时 $t=\dfrac{\bar{x}-\mu}{s/\sqrt{n}}\sim t$（$n-1$），其抽样极限误差为：

$$\Delta_{\bar{x}} = t_{\alpha/2}\sigma_{\bar{x}} = t_{\alpha/2}\frac{s}{\sqrt{n}} \tag{9-2}$$

同理，可以得到关于样本比率 p 的抽样极限误差：

$$\Delta_p = Z_{\alpha/2}\sigma_p = Z_{\alpha/2}\sqrt{\frac{\pi(1-\pi)}{n}} \tag{9-3}$$

当 π 未知时可用 p 代替。

以上抽样极限误差（边际误差）都是在重复抽样条件下给出的，如果是不重复抽样，则需用修正系数进行修正。

5. 参数估计的标准

（1）无偏性

如果估计量抽样分布的数学期望等于被估计的总体参数，即 E（$\hat{\theta}$）$=\theta$，则称这个估计量是无偏的，其意义如图 9-3a 所示。

（2）有效性

如果一个参数有两个估计量，则其中方差较小的估计量是有效的，即如果 Var（$\hat{\theta}_1$）$<$ Var（$\hat{\theta}_2$），则 $\hat{\theta}_1$ 是较 $\hat{\theta}_2$ 有效的估计量，其意义是估计量 $\hat{\theta}_1$ 较估计量 $\hat{\theta}_2$ 更密集地集中在 θ 的

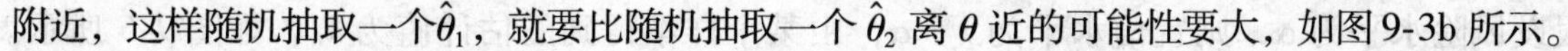

附近，这样随机抽取一个$\hat{\theta}_1$，就要比随机抽取一个$\hat{\theta}_2$离θ近的可能性要大，如图9-3b所示。

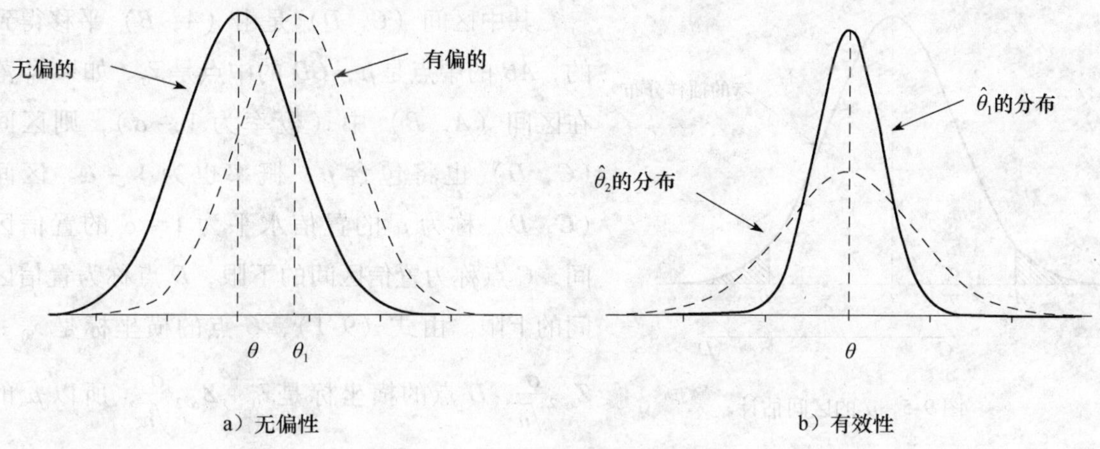

图9-3 无偏性和有效性

（3）一致性

如果随着样本容量的增大，估计量与参数之间的差距变小，则称这个估计量是一致的。其意义是随着样本容量的增大，抽样分布的方差会变小，其意义如图9-4所示。

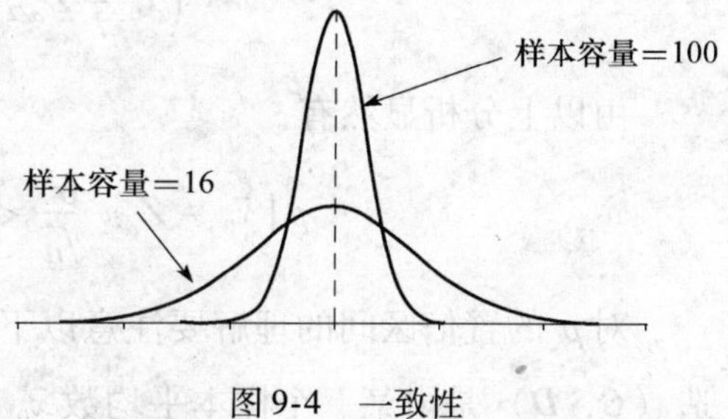

图9-4 一致性

可以证明，样本平均数$\bar{x}$、样本比率p、样本方差s^2分别是总体均值μ、总体比率π、总体方差σ^2的无偏、有效、一致的估计量。

9.2 一个总体参数的区间估计

我们进行抽样的目的之一就是要用统计量对参数进行估计。在实际的社会经济现象中，总体参数一般都是未知的，是需要我们进行估计的，而估计量是可以通过计算某个样本数据得到估计值的。仍然以样本平均数$\bar{x}$为例，由上节的分析，我们可以知道$\bar{x}$落在以μ为中心的一定范围内的概率是多少，由于$\bar{x}$与μ的距离是对称的，所以μ也以相同的概率被包含在以$\bar{x}$为中心的区间内，利用这个原理，可以对μ进行区间估计。

9.2.1 总体均值的区间估计

1. 大样本情形

（1）总体方差已知

由中心极限定理，当总体方差已知、大样本时，有$\bar{x} \sim N(\mu_{\bar{x}}, \sigma_{\bar{x}}^2) = N\left(\mu, \dfrac{\sigma^2}{n}\right)$。

假设风险水平为α，则置信水平为 $1-\alpha$，由某个样本得到的估计值为 $\bar{x}_0$，如图9-5所示。

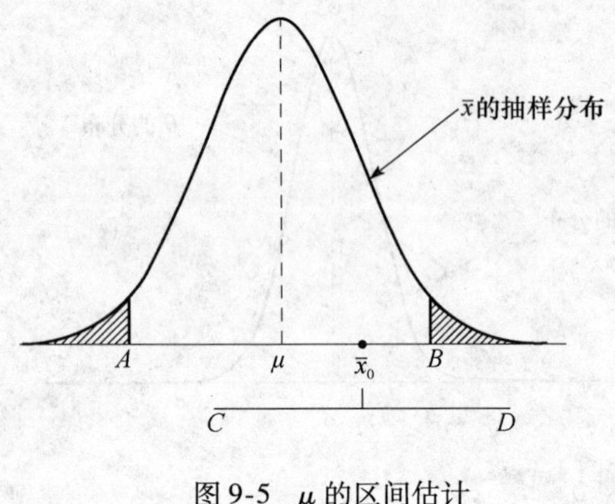

图9-5 μ的区间估计

其中区间（C，D）是由（A，B）平移得到的，AB 的中点是μ，CD 的中点是 $\bar{x}_0$。如果 $\bar{x}_0$ 落在区间（A，B）中（概率为 $1-\alpha$），则区间（C，D）也将包含 μ，概率也为 $1-\alpha$。区间（C，D）称为 μ 的置信水平为 $1-\alpha$ 的置信区间，C 点称为置信区间的下限，D 点称为置信区间的上限。由式（9-1），C 点的横坐标是 $\bar{x}_0-Z_{\alpha/2}\frac{\sigma}{\sqrt{n}}$，$D$ 点的横坐标是$\bar{x}_0+Z_{\alpha/2}\frac{\sigma}{\sqrt{n}}$，所以 μ 的 $1-\alpha$的置信区间是：

$$\left(\bar{x}_0-Z_{\alpha/2}\frac{\sigma}{\sqrt{n}}\quad,\quad \bar{x}_0+Z_{\alpha/2}\frac{\sigma}{\sqrt{n}}\right) \tag{9-4}$$

由以上分析显然有：

$$p\left(\bar{x}_0-Z_{\alpha/2}\frac{\sigma}{\sqrt{n}}<\mu<\bar{x}_0+Z_{\sigma/2}\frac{\sigma}{\sqrt{n}}\right)=1-\alpha \tag{9-5}$$

对 μ 的置信区间的理解要注意以下几个问题：一是区间（C，D）是随机的。因为构造（C，D）是由某一个样本平均数 $\bar{x}_0$ 确定的，而 $\bar{x}_0$ 是随机的，所以区间（C，D）也是随机的，我们得到的这个区间是用这种方法构造的成千上万个这样的区间中特定的一个。二是对置信水平的理解。假设风险水平 $\alpha=5\%$，则置信水平 $1-\alpha=95\%$，其含义是：假如按照构造置信区间的方法构造的这样的区间有10 000个，则其中有95%即9 500个区间包含总体均值 μ 的真值。我们有95%的把握相信，由某一个样本平均数 $\bar{x}_0$ 构造的区间是包含总体均值 μ 的真值的9 500个区间中的一个。

【例9-1】 为了研究居民用于报刊的消费支出，某城市的统计部门抽取了64户居民进行调查，得到平均用于报刊的消费支出为290元/年，假设总体的标准差是100元/年，置信水平为95%。1）计算抽样极限误差；2）对该城市居民户均用于报刊的消费支出做区间估计。

解： 已知 $n=64$，$\bar{x}_0=290$，$\sigma=100$，$1-\alpha=95\%$，查表得 $Z_{\alpha/2}=Z_{0.025}=1.96$

（1）由式（9-1）得 $\Delta_{\bar{x}}=Z_{\alpha/2}\sigma_{\bar{x}}=Z_{\alpha/2}\frac{\sigma}{\sqrt{n}}=1.96\times\frac{100}{\sqrt{64}}=24.5$

（2）由式（9-4）得

$$\bar{x}_0-Z_{\alpha/2}\frac{\sigma}{\sqrt{n}}=290-24.5=265.5\quad,\quad \bar{x}_0+Z_{\alpha/2}\frac{\sigma}{\sqrt{n}}=290+24.5=314.5$$

该城市居民户均用于报刊的消费支出的95%的置信区间为（265.5，314.5）。

(2) 总体方差未知

当总体方差未知时，则 $t=\frac{\bar{x}-\mu}{s/\sqrt{n}}$ 服从自由度为 $n-1$ 的 t 分布，置信水平为 $1-\alpha$ 的置信区间为

$$\left(\bar{x}_0-t_{\alpha/2}(n-1)\frac{s}{\sqrt{n}},\ \bar{x}_0+t_{\alpha/2}(n-1)\frac{s}{\sqrt{n}}\right) \tag{9-6}$$

同理有

$$p\left(\bar{x}_0-t_{\alpha/2}(n-1)\frac{s}{\sqrt{n}}<\mu<\bar{x}_0+t_{\sigma/2}(n-1)\frac{s}{\sqrt{n}}\right)=1-\alpha \tag{9-7}$$

【例9-2】 有一批供出口用的灯泡，从中随机抽取49只进行检验，测得平均寿命为2 400小时，标准差为210小时。假设置信水平为95%，求这批灯泡的平均寿命的置信区间。

解： 已知 $n=49$，$\bar{x}_0=2\,400$，$s=210$，$1-\alpha=95\%$，

$t_{\alpha/2}(n-1)=t_{0.025}(48)$ 可由Excel计算得到。

具体方法是，在Excel中插入函数，选择TINV函数，在概率一栏里键入0.05（双侧），在自由度一栏里键入48，得到 $t_{\alpha/2}(n-1)=t_{0.025}(48)=2.010\,635\approx2.01$。

由式（9-6）得

$$\bar{x}_0-t_{\alpha/2}(n-1)\frac{s}{\sqrt{n}}=2\,400-2.01\times\frac{210}{\sqrt{49}}=2\,339.7$$

$$\bar{x}_0+t_{\alpha/2}(n-1)\frac{s}{\sqrt{n}}=2\,400+2.01\times\frac{210}{\sqrt{49}}=2\,460.3$$

这批灯泡的平均寿命95%的置信区间为（2 339.7，2 460.3）。

2. 小样本情形

如果样本是小样本，则要求总体服从正态分布。

(1) 总体服从正态分布、方差已知

在这个条件下，μ 的置信区间构造方法同式（9-4）。

【例9-3】 某银行为了估计一台自动取款机（ATM）的日平均取款额，连续抽取了25天该自动取款机的取款额，计算得平均取款额为7.2万元。假设总体服从正态分布，标准差为1万元，求该自动取款机置信水平为95%的日平均取款额置信区间。

解： 已知 $n=25$，$\bar{x}_0=7.2$，$\sigma=1$，$1-\alpha=95\%$，查表得 $Z_{\alpha/2}=Z_{0.025}=1.96$

则由式（9-4）有

$$\bar{x}_0-Z_{\alpha/2}\frac{\sigma}{\sqrt{n}}=7.2-1.96\times\frac{1}{\sqrt{25}}=6.808$$

$$\bar{x}_0 + Z_{\alpha/2}\frac{\sigma}{\sqrt{n}} = 7.2 + 1.96 \times \frac{1}{\sqrt{25}} = 7.592$$

该自动取款机置信水平为95%的取款额置信区间为（6.808，7.592）。

（2）总体服从正态分布、方差未知

在这个条件下，μ 的置信区间构造方法同式（9-6）。

【例 9-4】 美国人每晚睡眠的小时数变化相当大，总人口中的12%的人睡眠少于6小时，有3%的人睡眠超过8小时。下面是由25个人组成的样本报告的每晚睡眠的小时数。

6.9	7.6	6.5	6.2	5.3
7.8	7.0	5.5	7.6	6.7
7.3	6.6	7.1	6.9	6.0
6.8	6.5	7.2	5.8	8.6
7.6	7.1	6.0	7.2	7.7

（1）每晚睡眠小时数的总体的点估计为多少？

（2）假设总体服从正态分布，构造每晚睡眠小时数的总体均值的95%的置信区间。

解：（1）由样本数据计算得 $\bar{x}_0=6.86$，$s=0.78$，$n=25$，$1-\alpha=95\%$，查表得 $t_{\alpha/2}(n-1)=t_{0.025}(24)=2.064$

每晚睡眠小时数的总体的点估计为6.86小时。

（2）由式（9-6）有

$$\bar{x}_0 - t_{\alpha/2}(n-1)\frac{s}{\sqrt{n}} = 6.86 - 2.064 \times \frac{0.78}{\sqrt{25}} \approx 6.538$$

$$\bar{x}_0 + t_{\alpha/2}(n-1)\frac{s}{\sqrt{n}} = 6.86 + 2.064 \times \frac{0.78}{\sqrt{25}} \approx 7.182$$

每晚睡眠小时数的总体均值的95%的置信区间为（6.538，7.182）。

9.2.2 总体比率的区间估计

由中心极限定理，当大样本、重复抽样时，即 $n\pi \geqslant 5$ 和 $n(1-\pi) \geqslant 5$ 同时成立时，样本比率的抽样分布是正态分布，其抽样极限误差如式（9-3）所示。所以总体比率的置信区间是：

$$\left(p - Z_{\alpha/2}\sqrt{\frac{\pi(1-\pi)}{n}},\ p + Z_{\alpha/2}\sqrt{\frac{\pi(1-\pi)}{n}}\right) \tag{9-8}$$

当 π 未知时可用 p 代替。

【例 9-5】 搜集到的爱普生运动地带网页的浏览者的性别数据，26%的用户是女性（《今日美国》，1998年1月21日）。假设这个百分比是根据400名用户组成的样本得出的。

(1) 与女性用户所占比例的95%的置信区间有关的抽样极限误差为多少?

(2) 爱普生运动地带网页的用户是女性的95%的置信区间为多少?

解: 已知 $n=400$, $p=26\%$, $1-\alpha=95\%$, 查表得 $Z_{\alpha/2}=Z_{0.025}=1.96$

(1) 抽样极限误差为

$$\Delta_{\bar{x}}=Z_{\alpha/2}\sqrt{\frac{p(1-p)}{n}}=1.96\times\sqrt{\frac{26\%\times(1-26\%)}{400}}\approx 0.043=4.3\%$$

(2) 由式 (9-8) 有

$$p-Z_{\alpha/2}\sqrt{\frac{p(1-p)}{n}}=26\%-4.3\%=21.7\%$$

$$p+Z_{\alpha/2}\sqrt{\frac{p(1-p)}{n}}=26\%+4.3\%=30.3\%$$

爱普生运动地带网页的用户是女性的95%的置信区间为 (21.7%, 30.3%)。

9.2.3 总体方差的区间估计

由第8章的内容知，样本方差的抽样分布服从卡方分布，由式 (8-15) 有: $\chi^2=\frac{(n-1)\ s^2}{\sigma^2}\sim\chi^2\ (n-1)$。假设置信水平为 $1-\alpha$，则如图9-6所示。

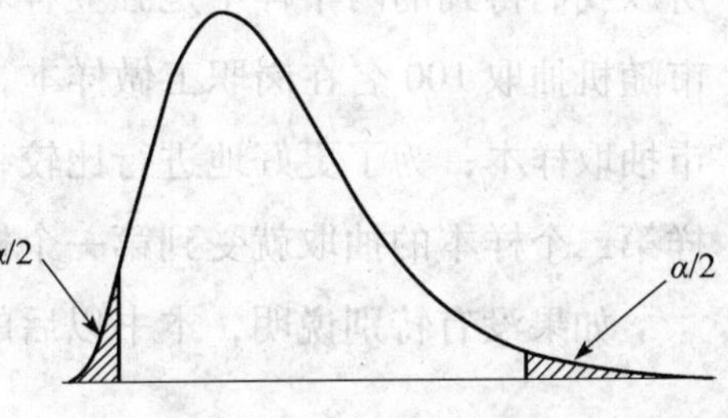

图9-6 卡方分布图

对总体方差做区间估计就是要使 $\chi^2_{1-\alpha/2}<\chi^2=\frac{(n-1)\ s^2}{\sigma^2}<\chi^2_{\alpha/2}$ 成立。整理得:

$$\frac{(n-1)\cdot s^2}{\chi^2_{\alpha/2}}<\sigma^2<\frac{(n-1)s^2}{\chi^2_{1-\alpha/2}} \tag{9-9}$$

这就是构造总体方差 σ^2 的置信区间的方法。

【例9-6】 为了评估饮料自动灌装生产线的工作情况，从生产线上随机抽取16瓶饮料进行检测，经计算这16瓶饮料的方差为15毫升，以置信水平为95%对总体方差做区间估计。

解: 已知 $n=16$, $s^2=15$, $1-\alpha=95\%$

查表得: $\chi^2_{\alpha/2}\ (n-1)\ =\chi^2_{0.025}\ (15)\ =27.488$, $\chi^2_{1-\alpha/2}\ (n-1)\ =\chi^2_{0.975}\ (15)\ =6.262$

$\frac{(n-1)\ s^2}{\chi^2_{\alpha/2}}=\frac{(16-1)\ \times 15}{27.448}=8.185$, $\frac{(n-1)\ s^2}{\chi^2_{1-\alpha/2}}=\frac{(16-1)\ \times 15}{6.262}=35.931$

则总体方差 σ^2 的置信区间为 (8.185, 35.931)。

9.3 两个总体参数的区间估计

很多时候我们需要在两个总体之间进行比较。例如，比较两个国家或地区的平均劳动报酬，就需要在两个国家或地区分别抽取样本，再用样本的平均数做出估计。为此先要建立一个基本概念——独立样本与匹配样本。

9.3.1 独立样本与匹配样本

当我们要在两个总体参数之间进行比较时，就要在两个总体中分别抽取样本，而在两个总体中抽取样本，可以有两种抽取方法：一种是两个样本的抽取互相之间没有影响，这时我们称这样抽取的两个样本是独立样本；另一种是两个样本的抽取互相之间有影响，这时我们称这样抽取的两个样本是匹配样本。

例如，我们要比较两个城市的在岗职工平均工资，如果由两个工作组分别在两个城市同时各随机抽取 100 名在岗职工做样本。由于这两个样本的抽取之间没有任何影响，所以我们得到的两个样本是独立样本。如果由一个工作组进行抽取，他们先在第一座城市随机抽取 100 名在岗职工做样本，并统计出样本中有 40 名女职工；然后再到第二座城市抽取样本，为了更好地进行比较，他们决定在第二次抽取时必须抽取 40 名女职工。这样第二个样本的抽取就受到第一个样本的影响，这样得到的两个样本就是匹配样本。

如果没有特别说明，本书以后的内容只讨论独立样本的情形。

9.3.2 两个总体均值之差的区间估计

两个总体均值之差的区间估计，在方法上与一个总体均值的区间估计方法基本相同。

1. 大样本情形

(1) 两个总体的方差已知

在这个条件下，由中心极限定理知两个样本平均数 $\bar{x}_1$，$\bar{x}_2$ 分别服从正态分布。即 $\bar{x}_1 \sim N\left(\mu_1, \dfrac{\sigma_1^2}{n_1}\right)$、$\bar{x}_2 \sim N\left(\mu_2, \dfrac{\sigma_2^2}{n_2}\right)$。

由正态分布再生定理知，$\bar{x}_1 - \bar{x}_2 \sim N\left(\mu_1 - \mu_2, \dfrac{\sigma_1^2}{n_1} + \dfrac{\sigma_2^2}{n_2}\right)$。其中 μ_1，μ_2 分别表示两个总体的均值；σ_1^2，σ_2^2 分别表示两个总体的方差；n_1，n_2 分别表示两个样本容量。

设置信水平为 $1-\alpha$，则抽样极限误差为：

$$\Delta_{\bar{x}_1 - \bar{x}_2} = Z_{\alpha/2}\sqrt{\frac{\sigma_1^2}{n_1} + \frac{\sigma_2^2}{n_2}} \tag{9-10}$$

两个总体均值之差 $\mu_1 - \mu_2$ 的置信区间为：

$$\left((\bar{x}_{10} - \bar{x}_{20}) - Z_{\alpha/2}\sqrt{\frac{\sigma_1^2}{n_1} + \frac{\sigma_2^2}{n_2}}, (\bar{x}_{10} - \bar{x}_{20}) + Z_{\alpha/2}\sqrt{\frac{\sigma_1^2}{n_1} + \frac{\sigma_2^2}{n_2}}\right) \tag{9-11}$$

(2) 两个总体方差未知但相等

设 s_1^2，s_2^2 分别表示两个样本的方差，置信水平为 $1-\alpha$，则由概率论知识可以证明：

$$t = \frac{(\bar{x}_{10} - \bar{x}_{20}) - (\mu_1 - \mu_2)}{\sqrt{s_p^2(\frac{1}{n_1} + \frac{1}{n_2})}} \sim t(n_1 + n_2 - 2) \tag{9-12}$$

其中：

$$s_p^2 = \frac{(n_1 - 1)s_1^2 + (n_2 - 1)s_2^2}{n_1 + n_2 - 2} \tag{9-13}$$

s_p^2 称为联合方差估计。

两个总体均值之差 $\mu_1-\mu_2$ 的置信区间为

$$\left((\bar{x}_{10} - \bar{x}_{20}) - t_{\alpha/2}s_p\sqrt{\frac{1}{n_1} + \frac{1}{n_2}}, (\bar{x}_{10} - \bar{x}_{20}) + t_{\alpha/2}s_p\sqrt{\frac{1}{n_1} + \frac{1}{n_2}}\right) \tag{9-14}$$

(3) 两个总体方差未知且不相等

此时，仍然可用式（9-12）t 分布近似，但其自由度 df 由下式决定

$$df \geqslant \frac{(s_1^2/n_1 + s_2^2/n_2)^2}{\left(\frac{(s_1^2/n_1)^2}{n_1 - 1} + \frac{(s_2^2/n_2)^2}{n_2 - 1}\right)} \tag{9-15}$$

两个总体均值之差 $\mu_1-\mu_2$ 的置信区间仍由式（9-14）给出，注意此时的自由度是由式（9-15）决定的。

【例9-7】 康奈尔大学有关男性和女性薪水差异的研究报告说，男性的薪水比女性的薪水高的一个理由是，男性往往比女性拥有更多年数的工作经验（《商业周刊》，2000年8月25日）。假设两个总体方差相等，下面的样本汇总给出了每一组的工作经验年数。

样本1： 男性 $\bar{x}_{10}=14.9$ 年，$s_1=5.2$ 年，$n_1=100$；

样本2： 女性 $\bar{x}_{20}=10.3$ 年，$s_2=3.8$ 年，$n_2=85$。

(1) 两个总体均值之差的点估计为多少？

(2) 两个总体均值之差的95%的置信区间为多少？

解：

(1) 因为 $\bar{x}_{10}-\bar{x}_{20}=14.9-10.3=4.6$，所以两个总体均值之差的点估计为4.6。

(2) 由式（9-13）得

$$\begin{aligned} s_p^2 &= \frac{(n_1 - 1)s_1^2 + (n_2 - 1)s_2^2}{n_1 + n_2 - 2} \\ &= \frac{(100 - 1) \times 5.2^2 + (85 - 1) \times 3.8^2}{100 + 85 - 2} \\ &\approx 21.26 \end{aligned}$$

由 Excel 得 $t_{\alpha/2}=1.973$，则

$$(\bar{x}_{10}-\bar{x}_{20})-t_{\alpha/2}s_p\sqrt{\frac{1}{n_1}+\frac{1}{n_2}}=4.6-1.973\times 4.6\times 0.15\approx 3.24$$

$$(\bar{x}_{10}-\bar{x}_{20})+t_{\alpha/2}s_p\sqrt{\frac{1}{n_1}+\frac{1}{n_2}}=4.6+1.973\times 4.6\times 0.15\approx 5.96$$

两个总体均值之差的95%的置信区间为（3.24，5.96）。

2. 小样本情形

当样本是小样本时，则要求两个总体均服从正态分布。此时，也可以分别讨论两个总体方差已知、两个总体方差未知但相等、两个总体方差未知且不相等三种情况，其结论与大样本时相同，置信区间分别可由式（9-11）和式（9-14）给出。

【例9-8】 保险公司为了确定性别对驾驶安全的影响，需要估计不同性别的司机每年的行驶里程数。为此，保险公司随机抽取了若干男性和女性司机组成样本。两个样本整理后的结果如下，假设两个总体服从正态分布且方差相等，求两个总体均值之差的95%的置信区间。

样本1： 男性 $\bar{x}_{10}=4\,600$（千米/年），$s_1=500$（千米/年），$n_1=24$；

样本2： 女性 $\bar{x}_{20}=3\,700$（千米/年），$s_2=300$（千米/年），$n_1=18$。

解：由式（9-13）得

$$s_p^2=\frac{(n_1-1)\ s_1^2+(n_2-1)\ s_2^2}{n_1+n_2-2}=\frac{(24-1)\ \times 500^2+(18-1)\ \times 300^2}{24+18-2}=182\,000$$

$s_p=426.61$ 查表得：$t_{\alpha/2}\ (n_1+n_2-2)\ =t_{0.025}\ (40)\ =2.021$

$$(\bar{x}_{10}-\bar{x}_{20})\ -t_{\alpha/2}s_p\sqrt{\frac{1}{n_1}+\frac{1}{n_2}}=900-2.021\times 426.61\times 0.31\approx 632.72$$

$$(\bar{x}_{10}-\bar{x}_{20})\ +t_{\alpha/2}s_p\sqrt{\frac{1}{n_1}+\frac{1}{n_2}}=900+2.021\times 426.61\times 0.31\approx 1\,167.28$$

两个总体均值之差的95%的置信区间为（632.72，1 167.28）。

9.3.3 两个总体比率之差的区间估计

两个总体比率之差的区间估计，要求是大样本，即：$n_1\pi_1\geqslant 5$ 及 $n_1\ (1-\pi_1)\ \geqslant 5$，$n_2\pi_2\geqslant 5$ 及 $n_2\ (1-\pi_2)\ \geqslant 5$ 都成立。此时，两个样本比率之差的抽样分布是：$p_1-p_2\sim N\left(\pi_1-\pi_2,\ \frac{\pi_1\ (1-\pi_1)}{n_1}+\frac{\pi_2\ (1-\pi_2)}{n_2}\right)$

设置信水平为 $1-\alpha$，则抽样极限误差为：

$$\Delta_{p_1-p_2}=Z_{\alpha/2}\sqrt{\frac{\pi_1(1-\pi_1)}{n_1}+\frac{\pi_2(1-\pi_2)}{n_2}} \tag{9-16}$$

两个总体比率之差 $\pi_1-\pi_2$ 的置信区间为：

$$\left((p_1-p_2)-Z_{\alpha/2}\sqrt{\frac{\pi_1(1-\pi_1)}{n_1}+\frac{\pi_2(1-\pi_2)}{n_2}},(p_1-p_2)+Z_{\alpha/2}\sqrt{\frac{\pi_1(1-\pi_1)}{n_1}+\frac{\pi_2(1-\pi_2)}{n_2}}\right) \tag{9-17}$$

当 π_1，π_2 未知时，用 p_1，p_2 代替。

【例9-9】 在某个品牌知名度调查中，在农村随机调查了240人，有30%的人知道该品牌；在城市随机调查了400人，有45%的人知道该品牌。试以95%的置信水平估计城市与农村对该品牌认知程度差异的置信区间。

解： 已知 $p_1=45\%$，$p_2=30\%$，$n_1=400$，$n_2=240$，$1-\alpha=95\%$

查表得 $Z_{\alpha/2}=Z_{0.025}=1.96$

$$(p_1-p_2)-Z_{\alpha/2}\sqrt{\frac{p_1(1-p_1)}{n_1}+\frac{p_2(1-p_2)}{n_2}}\approx 15\%-1.96\times 3.9\%\approx 7.4\%$$

$$(p_1-p_2)+Z_{\alpha/2}\sqrt{\frac{p_1(1-p_1)}{n_1}+\frac{p_2(1-p_2)}{n_2}}\approx 15\%+1.96\times 3.9\%\approx 22.6\%$$

该品牌认知程度城市与农村差异的95%的置信区间为（7.4%，22.6%）。

9.3.4 两个总体方差之比的区间估计

由第8章的式（8-22）有：$F=\dfrac{s_1^2/\sigma_1^2}{s_2^2/\sigma_2^2}\sim F(n_1-1, n_2-1)$。

整理得：$F=\dfrac{s_1^2/s_2^2}{\sigma_1^2/\sigma_2^2}\sim F(n_1-1, n_2-1)$。

设置信水平为 $1-\alpha$，则有：$F_{1-\alpha/2}<F=\dfrac{s_1^2/s_2^2}{\sigma_1^2/\sigma_2^2}<F_{\alpha/2}$，如图9-7所示。

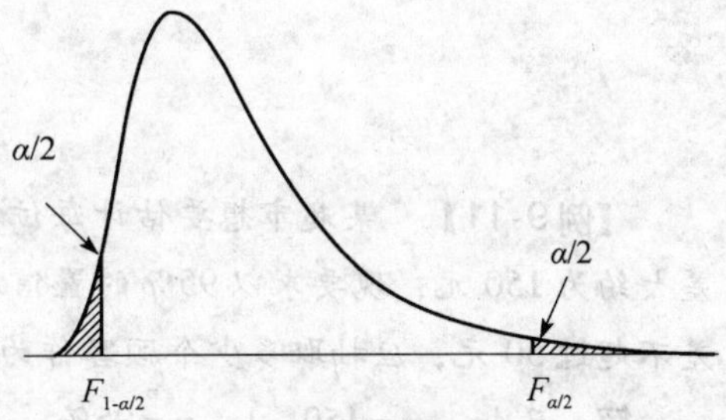

图9-7 方差之比置信区间示意图

取倒数得：$\dfrac{1}{F_{\alpha/2}}<\dfrac{\sigma_1^{\ 2}/\sigma_2^{\ 2}}{s_1^{\ 2}/s_2^{\ 2}}<\dfrac{1}{F_{1-\alpha/2}}$，则有

$$\frac{s_1^2/s_2^2}{F_{\alpha/2}}<\frac{\sigma_1^2}{\sigma_2^2}<\frac{s_1^2/s_2^2}{F_{1-\alpha/2}} \tag{9-18}$$

【例9-10】 从两条自动瓶装生产线上抽取两个独立样本，以检测其工作的稳定性。样本数据如下：样本1，$n_1=25$，$s_1^2=9$ 毫升；样本2，$n_2=16$，$s_2^2=5$ 毫升。以置信水平为95%估计两条自动瓶装生产线方差之比的置信区间。

解： 已知 $n_1=25$，$s_1^2=9$，$n_2=16$，$s_2^2=5$，$1-\alpha=95\%$。

查表得 $F_{\alpha/2}(24, 15)=2.70$，则 $F_{1-\alpha/2}(24, 15)=\dfrac{1}{F_{\alpha/2}(24, 15)}\approx 0.37$

由式（9-18）有$\frac{9/5}{2.70}<\frac{\sigma_1^2}{\sigma_2^2}<\frac{9/5}{0.37}$。

两条自动瓶装生产线方差之比的95%的置信区间为（0.67，4.86）。

9.4 样本容量的确定

我们知道，大样本要比小样本有更好的统计学性质，在其他条件不变的情况下，随着样本容量的增大，估计的误差（抽样极限误差）会减小。为了提高估计的准确性，一个最简单的办法就是增加样本容量。但是，在实际操作中，样本容量的增加会同时增加收集数据的成本，也可能会增加出现登记性误差的可能性。

于是，我们必须考虑这样一个问题：在给定的抽样极限误差和可靠程度的条件下，如何选择一个合适的样本容量。

9.4.1 估计总体均值时样本容量的确定

当估计一个总体均值时，由式（9-1）、式（9-2）知，样本容量与抽样极限误差成反比，与总体方差（或样本方差）成正比，与置信水平对应的可靠性系数成正比。于是，在给定相关条件下，我们可以确定样本容量。

当总体方差已知时有：

$$n = \frac{Z_{\alpha/2}^2\sigma^2}{\Delta_{\bar{x}}^2} \tag{9-19}$$

【例9-11】 某超市想要估计每位顾客平均每次购物花费的金额。根据过去的经验，标准差大约为150元，现要求以95%的置信水平估计每位顾客购物金额的置信区间，并要求允许误差不超过50元，应抽取多少个顾客作为样本？

解： 已知 $\sigma=150$，$1-\alpha=95\%$，$\Delta_{\bar{x}}=50$，查表得 $Z_{\alpha/2}=1.96$

由式（9-19）有：$n=\frac{Z_{\alpha/2}^2\sigma^2}{\Delta_{\bar{x}}^2}=\frac{1.96^2\times150^2}{50^2}=34.5744$

应至少抽取35名顾客作为样本。

当估计两个总体均值之差时，在 $n_1=n_2$ 的条件下，也可以得到类似的结果。

9.4.2 估计总体比率时样本容量的确定

当估计一个总体比率时，由式（9-3）得：

$$n = \frac{Z_{\alpha/2}^2\pi(1-\pi)}{\Delta_p^2} \tag{9-20}$$

当π未知时，可以取$\pi=0.5$。

【例9-12】 受一家电器制造商的委托，某市场调查公司要对某地区微波炉的家庭拥有率进行估计。如果希望估计误差不超过5%，假设置信水平取95%，应取多大容量的样本？

解：已知 $1-\alpha=95\%$，$\Delta_p=5\%$，查表得 $Z_{\alpha/2}=1.96$

因π未知，故取$\pi=0.5$。

由式（9-20）有：$n=\dfrac{Z_{\alpha/2}^2\pi\ (1-\pi)}{\Delta_p^2}=\dfrac{1.96^2\times0.5\times\ (1-0.5)}{(5\%)^2}=384.16$

应至少抽取385户家庭作为样本。

当估计两个总体比率之差时，在$n_1=n_2$的条件下，也可以得到类似的结果。

□本章小结

参数估计是推断统计的重要内容，区间估计是其中基本的方法。

参数估计的理论依据是大数定律和中心极限定理，我们可以在一定的置信水平保证下构造参数的置信区间。

总体均值的置信区间的构造方法是：当总体方差已知、大样本时，可以用正态分布构造置信区间；当总体方差未知，大样本时，则要用t分布构造置信区间。当样本是小样本时，则要求总体服从正态分布，在总体方差已知和总体方差未知的条件下，与大样本一样构造置信区间。

总体比率的置信区间的构造方法是：当满足大样本条件时，用正态分布构造置信区间。

总体方差的置信区间的构造方法是：用卡方分布构造置信区间。

我们还可以构造两个总体参数差或比的置信区间。

置信区间的宽窄与风险水平或置信水平有关，我们可以在风险水平和误差程度之间选择一个平衡点。

在实际运用中，可以在一定的可靠程度和允许误差的条件下，确定合适的样本容量。

□学习建议

参数估计是推断统计的重要内容，而其中最基本的内容是区间估计。在学习这部分内容时，一是要理解进行区间估计的理论基础是大数定律和中心极限定理，掌握区间估计的基本原理；二是要理解置信水平和抽样极限误差的概念以及相互关系；三是要正确判断样本统计量的抽样分布，特别是估计总体均值时，什么条件下用正态分布，什么条件下用t分布；四是会正确确定样本容量。

1. 本章重点

区间估计的原理和方法；理解抽样极限误差的概念和意义；样本容量的确定。

2. 本章难点

区间估计的原理和方法；正确判断样本统计量的抽样分布。

□核心概念

点估计　区间估计　大数定律　中心极限定理　置信水平　标准误差　抽样极限误差　置信区间

□课后思考与练习

1. 风险水平和置信水平之间有什么关系?
2. 置信水平和置信区间之间有什么关系?
3. 如何理解抽样极限误差?
4. 在总体均值的估计中，在什么条件下要用 t 分布?
5. 当样本容量增加时，而其他条件不变，会对置信区间产生怎样的影响?
6. 在估计总体均值时，采用重复抽样。假设其他条件不变，当样本容量增加 1 倍和 3 倍时，抽样平均误差（标准误差）将怎样变化?
7. 某大学经济系的学生，为了估计该学校在校学生的平均体重，随机抽取了 64 名学生，测得平均体重为 69 千克，假设总体标准差为 12 千克。
   (1) 对该学校在校学生的平均体重做点估计;
   (2) 求抽样极限误差（边际误差）;
   (3) 以 95% 的置信水平求该学校在校学生的平均体重的置信区间。
8. 某大型超市想了解顾客一次购买商品的平均金额，在一周内的不同时间抽取了 49 名顾客做样本，计算得到平均消费金额为 146 元，标准差为 60 元。
   (1) 对顾客一次购买商品的平均金额做点估计;
   (2) 求抽样极限误差（边际误差）;
   (3) 以 95% 的置信水平对顾客一次购买商品的平均金额做区间估计。
9. 快餐业特别在意顾客排队等候的时间。某快餐厅在不同时点观察了 25 位顾客排队等候的时间，计算得到顾客平均排队等候的时间为 6 分钟。假设总体服从正态分布，标准差为 2 分钟。
   (1) 抽样平均误差（标准误差）是多少? 抽样极限误差（边际误差）是多少?
   (2) 对该快餐厅顾客平均排队等候的时间做区间估计（置信水平为 90%）。
10. 某公司为研究职工上班从家里到单位的距离，抽取了由 16 个人组成的一个随机样本，他们从家到单位的距离平均为 9.5 公里，标准差为 4 公里。假设总体服从正态分布，求该公司职工上班从家里到单位平均距离 95% 的置信区间。
11. 银行为了提高服务质量，在每个储蓄窗口都设立了服务质量电子评价牌，顾客可以在“很满意”、“基本满意”、“不满意”3个选项中做出选择。某银行在年末时，抽取了400条评价记录进行统计，发现有30%的顾客选择“很满意”。

(1) 求抽样极限误差（边际误差）；

(2) 求该银行顾客评价为“很满意”的置信水平为95%的置信区间。

12. 在一项家电市场调查中，随机抽取了500户居民，调查他们是否拥有某一品牌的洗衣机，据统计拥有该品牌洗衣机的家庭占23%。估计该品牌洗衣机市场占有率的置信水平为95%的置信区间。

13. 汽油的价格从1999～2000年大幅上涨。美国汽车协会给出了这两年中自助式销售常规无铅汽油每加仑的平均价格信息。假设下面的结果是从全美不同区域组成的独立样本中得到的，总体方差相等。

2000年的价格 $\bar{x}_1=1.58$（美元），$s_1=0.12$（美元），$n_1=50$；

1999年的价格 $\bar{x}_2=0.98$（美元），$s_2=0.08$（美元），$n_2=42$。

(1) 1999～2000年，每加仑汽油的平均价格上浮的点估计是多少？

(2) 1999～2000年，每加仑汽油的平均价格上浮的95%的置信区间是多少？

14. 对于金融理财产品，选择保守型产品的投资者一般年龄较大，而选择激进型产品的投资者一般年龄较小。某基金管理公司的调查结果如下，假设两个样本是独立样本，总体年龄均服从正态分布且方差相等。

样本1（保守型产品）$\bar{x}_1=52$（岁），$s_1=9$（岁），$n_1=24$；

样本2（激进型产品）$\bar{x}_2=35$（岁），$s_2=6$（岁），$n_2=18$。

求两类产品的投资者年龄差距的95%的置信区间。

15. 某食品公司对其所做的报纸广告在甲、乙两个城市的效果进行了比较。他们从甲城市中随机调查了400名居民，其中有100人看过该广告；从乙城市中调查了500名居民，其中有80人看过该广告。求两城市居民中看过该广告的比例之差的置信水平为95%的置信区间。

16. A，B两厂生产同种型号的手机电池。从A厂抽取25块手机电池进行检测，测得标准差为12小时。从B厂抽取30块手机电池进行检测，测得标准差为9小时。假设手机电池寿命服从正态分布，在置信水平为95%时求：

(1) B厂生产的手机电池使用寿命方差的置信区间；

(2) 两厂家手机电池使用寿命方差之比的置信区间。

17. 某医院欲估计医生花在每个病人身上的平均时间。假如要求置信度为95.45%，允许的误差范围在3分钟。根据以往的经验看病时间的标准差为10分钟。试问需要多大的样本？

18. 根据以往的生产数据，某种产品的合格率为94%。如果要求95%的置信区间，要求允许误差不超过4%，应至少抽取多大容量的样本？

□实训应用

【案例9-1】 某快餐厅管理人员为了估计顾客在柜台购买食物所花费的时间，在不同时段随机抽取了30位顾客进行调查，并记录下了他们所花费的时间，数据见表9-1。利用这些数据，对这家快餐厅的总体均值（总体顾客购买食物所花费的时间的均值）分别做置信水平为95%和99%的区间估计。[⊖]

表 9-1 （单位：分钟）

0.9	2.2	2.8	2.1	3.0	2.3	4.8	3.3	7.2	3.6
1.0	1.9	5.2	6.8	4.5	2.7	3.5	5.0	9.1	7.3
1.2	3.6	1.8	1.3	2.8	5.7	2.6	4.0	2.8	9.0

1. 实训项目：用Excel进行区间估计。
2. 实训目的：紧密围绕本章的参数估计知识点，实现课堂教学内容、教学实例、计算机软件和统计方法的结合，应用计算机处理大量数据的区间估计。
3. 实训指导：
（1）启动电脑操作系统，打开Excel软件；
（2）在Excel中输入数据；
（3）启动数据分析工具包，
工具→数据分析→描述统计→确定（结果见表9-2）；

表 9-2

列1	
指标	意义
平均	样本均值
标准误差	抽样平均误差（$E_{\bar{x}}$）
中位数	
众数	
标准差	样本标准差（S）
方差	样本方差（S^2）
峰度	
偏度	
区域	极差
最小值	
最大值	
求和	
观测数	
最大（1）	
最小（1）	
置信度（95.0%）	极限误差（$\Delta_{\bar{x}}$）

（4）对数据进行分析：
在“输入区域”中刷入全部的数据，定义“平均数置信度”和“输出区域”，确定；
（5）对输出结果进行分析。
4. 实训组织：教师首先对实验项目作说明，然后分发实验数据，学生一人一机，利用Excel提供的分析方法完成实训项目，并撰写实验报告。
5. 实训考核：每次要求实验完后撰写实验报告，作为成绩的基本依据。以撰写实验报告的结果评定成绩，实验成绩作为课程的综合成绩的一部分，约占10%。

⊖ 相关数据文件见电子课件。

CHAPTER10 第10章

假设检验

❑学习目标

- 理解假设检验的基本概念，掌握假设检验的基本原理。
- 理解仅依靠样本进行决策的风险。
- 能运用假设检验解决各种实际问题。
- 理解假设检验中的临界值方法和 p 值方法的异同。

如果你遇到一打篮球的小伙子，向你吹嘘他投篮的命中率可以达到80%。自然你不会轻易相信，得让他当场示范。结果投20次只中了5次，凭直觉你会觉得他在吹牛，因为如果他真是80%的高命中率，正常来讲投球命中次数应该在16次左右，即使发挥不好也不会差得太多，而实际只命中5次这就太离谱了。因此在这个例子中，在假设为真的前提下，极不正常的结果发生了，这就是假设不为真的证据，从而否定了最初的假设，这就是假设检验的基本原理。而怎样来判断“极不正常”，则需要用到相关的统计学知识。

10.1 假设检验的一般方法

10.1.1 假设检验

统计推断中许多问题是由科学研究中的一些现实问题所提出的。研究者需要对客观事物建立模型，并估计模型的参数，但得到的信息往往是很少的。研究者经常要从少量的样本来估计一个总体的参数，或是用来对参数是否取某一些参数值做出判断。

例如，一家奶制品公司生产一种婴儿奶粉，奶粉中一种关键的营养成分是蛋白质，那么从奶粉的一部分样本中可以推测出全部奶粉的蛋白质含量。假设公司想了解奶粉平均蛋白质含量这个参数有没有达到国家要求。那么公司可以利用样本来得出如下两种可能的结论：

平均蛋白质含量没有达到国家最低要求水平；

平均蛋白质含量达到了国家最低要求水平。

怎样对这两个可能的结论进行判断呢？一个基本的方法就是对其所生产的奶粉进行抽样，然后用样本的检验结果对这两个可能的结论进行判断。

上述例子说明了统计中需要解决的问题，这些判断过程就称为假设检验或显著性检验。

在统计中应用假设检验的推理过程就好比是法官审案的过程。法官必须依靠证据来判断一个嫌疑犯张三是否有罪，而法官对张三的初始假设是无罪的，要由公诉人收集并提交可用的证据来反驳无罪假定并使之定罪。如果存在足够的令人信服的证据，法官就会拒绝原先做出的无罪假定并宣布张三有罪。反之，如果不存在足够证据，法官则会维持原来的无罪假定。要注意一点的是，虽然法庭可能宣布嫌疑犯无罪，这并不能充分证明嫌疑犯的清白，而只能说不存在足够证据证明其有罪。我们可以用相同的推理来解释假设检验中的一些基本概念。这些概念将会用在6类假设检验问题中，分别是一个总体的均值、比率和方差检验；两个总体的均值、比率和方差检验。

10.1.2 假设检验的步骤

通常一个假设检验包括了7个步骤：①建立假设，原假设记为 H_0，备择假设记为 H_1；②确定检验统计量的分布；③设定 α 值，即显著性水平；④确定临界值和拒绝域；⑤收集样本数据计算检验统计量；⑥将检验统计量和临界值进行比较；⑦做出决策。

每个要素的变化都会产生不同的假设检验，我们先来具体解释关于假设检验的一些基本概念。

1. 假设

所谓假设就是某些对客观事物特征的初始判断或者说断言；用统计语言表达就是对总体参数的取值所作的断言。由于这些断言的理由并不充分，所以有对这些断言进行检验的要求。假设包括了原假设和备择假设，备择假设 H_1 通常是研究者希望支持的假设，就好比公诉人希望逮到的嫌疑犯有罪一样。而原假设 H_0 是和备择假设相反的假设。原假设通常是一个被研究者怀疑的，而且要被检验的假设，两种假设具有完备性，也就是说两种假设包括了所有可能性，不存在第三种假设。

我们可以看到，如果有足够证据拒绝原假设，那么我们将选择备择假设。所以统计研究者总是假设原假设为真，然后收集数据，利用样本信息来决定证据是有利于 H_0 或是 H_1，最后可能得出两种不同的结论。一种结论是拒绝 H_0；另一种结论是不能拒绝 H_0。

为了进行假设检验，首要步骤就是提出假设，而一般情况下先构造备择假设，这是因为备择假设是研究者支持的假设，一般容易表达。当备择假设确定后，其对立事件就是原假设。下面来看两个例子。

【例 10-1】 如果研究者想说明沿海地区工人月平均工资不等于全国工人月平均水平2 000元，由于研究者支持的观点是沿海地区工人的平均工资不等于全国平均工资，所以备择假设可以写成如下形式 H_1：$\mu \neq 2\,000$，那么原假设为 H_0：$\mu = 2\,000$。

【例 10-2】 一家工厂目前的不合格品率为3%，在经过了工艺改造之后，管理者想知道不合格品率是否有所下降。备择假设可以写成 H_1：$\pi < 0.03$（研究者支持的观点），那么原假设为 H_0：$\pi \geq 0.03$。

读者还会注意到，上面两个例子中所给出的备择假设的形式有所不同，在例 10-1 中，备择假设对 μ 没有方向性的要求，只要大于或是小于 2 000 都可以，这种形式的检验称为双侧检验；在例 10-2 中，备择假设对 π 值有方向性的要求，这种形式的检验称为单侧检验。

设 μ 为总体参数，μ_0 为假设的总体参数的某一具体数值，我们可以将假设的基本形式总结如表 10-1 所示的形式，需注意的是单侧检验中的等号一般放在原假设中。

表 10-1 假设检验的基本形式

假设	双侧检验	单侧检验	
		左侧检验	右侧检验
原假设	H_0：$\mu = \mu_0$	H_0：$\mu \geq \mu_0$	H_0：$\mu \leq \mu_0$
备择假设	H_1：$\mu \neq \mu_0$	H_1：$\mu < \mu_0$	H_1：$\mu > \mu_0$

2. 检验统计量

在提出了具体的原假设后，研究者就需要证据来决定是否可以拒绝原假设。对原假设做出拒绝或不拒绝的决策是基于样本中所包含的信息，而样本中的数据有可能十分繁杂，需要从中提炼和压缩得到简化而不会过于失真的样本信息，这种提炼的思路在统计学中经常会遇到，例如在描述统计中，我们想了解一个年级的学生英语成绩，我们抽取了 20 名学生，然后统计出他们的具体成绩，但这 20 个具体成绩并不能说明什么问题，而用他们的平均成绩则可以较好地提炼这些信息，这个信息可以帮助我们进行决策。

检验统计量的值是利用样本数据计算得到的，用于对原假设和备择假设做出决策的某一个样本统计量，它代表了样本中的信息。检验统计量的另外一种表现形式是其对应的概率，我们称为p值，这些内容将在后面详细讨论。

从抽样分布的知识我们了解到，每次抽取的样本是不一样的，我们可以得到成千上万个不同的样本，所以计算出的检验统计量也是不同的，所以检验统计量是一个随机变量，其分布服从相应的抽样分布。

检验统计量是如何构造的，我们又如何利用检验统计量进行决策呢？下面以平均数为例来说明。

【例 10-3】 在例 10-1 中假设我们调查了 100 名沿海地区工人的工资，将其平均工资记为$\bar{x}$，那么这个平均工资就提供了样本信息。我们可以首先建立如下假设

$$H_0:\mu = 2\,000 \quad H_1:\mu \neq 2\,000$$

根据中心极限定理，样本均值$\bar{x}$服从正态分布，如果原假设为真，那么样本均值$\bar{x}$应该和总体均值μ距离不会太远。如果我们调查得到的$\bar{x}$为 3 000 元，还知道总体标准差σ为 2 000，这些样本信息能够支持原假设吗？

可以看到，样本均值和总体均值的离差是 1 000，假如有“正方”和“反方”两个阵营来对这个离差做出解释：支持原假设为真的正方认为，这个离差是由于抽样所形成的随机误差而造成的；支持备择假设的反方认为样本均值和总体均值本来就不一样，因为这个离差已经足够大了，显示原假设是错误的。如何判断哪一方正确呢？我们需要一个将样本信息量化的方法——构造检验统计量。

我们可以利用反证法的思路来考虑。先假定原假设为真，在本例中也就是先假定$\mu=2\,000$，根据抽样分布的知识，从这个假定均值 2 000 的总体中抽取样本容量为 100 的样本，$\bar{x}$服从正态分布，而且，$E(\bar{x})=\mu=2\,000$，$\sigma_{\bar{x}}=\sigma/\sqrt{n}=2\,000/\sqrt{100}=200$，即：$\bar{x}\sim N\left(\mu,\dfrac{\sigma}{n}\right)=N(2\,000,200^2)$，如图 10-1 所示。下面我们对样本均值进行标准化变换：$Z=\dfrac{\bar{x}-\mu}{\sigma/\sqrt{n}}=\dfrac{3\,000-2\,000}{200}=5$，得到标准正态分布即$Z$分布，如图 10-2 所示。而$Z=5$说明样本均值$\bar{x}$和总体均值$\mu$之间的距离达到了 5 倍的标准差，由概率论知识我们知道，当随机变量服从正态分布时，那么将有 99% 以上的变量值会落在 3 倍标准差之内，而现在这个离差达到 5 倍标准差，显示其距离相当的远，出现概率极其的小。

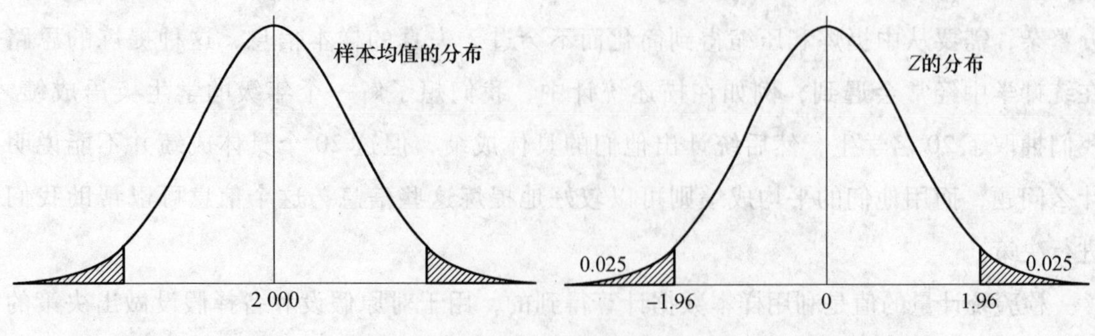

图 10-1 样本均值的分布　　图 10-2 标准正态分布

这个结果告诉我们什么呢？如果原假设为真，要抽出这么极端离谱的样本均值出来，概率是非常的小，一般我们记这个概率为p，也就是我们所说的p值。在这个例子里p值就是标准正态分布Z值为±5的外侧曲线下面积。

由小概率原理，当一个事件发生的概率非常小时（例如小于0.05），在一次试验中这个事件是不会发生的。而在本例中，这样的小概率事件居然发生了，这说明我们不能支持原假设为真，所以做出拒绝原假设的决策。

在本例中我们利用样本信息来构造一个检验统计量，具体构造方法是$Z=\dfrac{\bar{x}-\mu}{\sigma/\sqrt{n}}$，这个检验统计量称为$Z$检验统计量。$Z$检验统计量的绝对值越大，表示$\bar{x}$和$\mu$之间“距离”越远，拒绝原假设的理由越充分，反之，不拒绝原假设的理由越充分。

3. 拒绝域与显著性水平

在例10-3中我们根据$Z=5$很容易地做出了拒绝原假设的决策，如果这个Z检验统计量计算出来的值是1或者2，那么我们应该如何决断呢？这就需要我们预先设定一个“门槛”，也就是预先对Z设定一个界限，如果检验统计量的值超过了这个界限，就表示样本统计量与总体参数距离过“远”，这样就有足够的证据拒绝原假设。如果检验统计量的值小于这个界限，表示样本统计量与总体参数距离还不是那么“远”，则没有足够证据来拒绝原假设。这个“门槛”或界限我们称为临界值，所有可能的检验统计量的值会形成一个一维数轴，而如图10-2所示，临界值将这个数轴分为两个区域，临界值外侧的区域称为拒绝域。

回到例10-3，由于该例中的备择假设没有方向性，所以这是一个双侧检测，只要样本算出的$\bar{x}$与μ比较非常大，或者非常小，我们都有理由拒绝原假设，那么该例中的临界值就有两个，如果我们认为检验统计量绝对值不能大于1.96，那么临界值就是1.96和-1.96，而我们计算出来的检验统计量是5，大于右侧临界值1.96，检验统计量的值落在拒绝域之内，所以拒绝原假设。此时我们可以说结论具有统计显著性，统计显著性意味着检验统计量的值非常大，不大可能是由于抽样误差造成的，或者说是“非偶然的”。这样可以得出结论，即沿海地区工人的平均工资不等于全国工人的平均工资2 000元。

在上面的推理过程中，还有一个问题需要解决，即如何来确定“门槛”也就是临界值？这个值的选择十分微妙，如果原假设为真，而临界值数字选择较小，意味着$\bar{x}$与μ之间出现较小的离差就会使检验统计量落入拒绝域中，由此拒绝原假设，而此时的离差可能是由于抽样误差造成的，这样得到拒绝原假设的结论可能是错误的结论。当确定下某个临界值后，这个犯错误的可能性可以通过抽样分布的知识计算出来，它是正态分布曲线下临界值外侧的面积，在例10-3中就是$p(|Z|>1.96)=0.05$，其意义是当$|Z|>1.96$时我们做出拒绝原假设的决策犯错误的概率不超过0.05。那么我们

可以这样说，预选的临界值越大，外侧面积越小，“门槛”就越高，拒绝原假设这个结论犯错误的概率越小。为了控制犯错误的概率，研究者通常预设一个可以承受的概率值，这个概率值就被称为显著性水平，通常用 α 来表示。在例 10-3 中我们预先确定的显著性水平是 0.05，这个数值代表了我们愿意承担的“错误的拒绝原假设”的概率，由于是双侧检验，$P(|Z|>1.96)=0.05$，临界值为 ±1.96，拒绝域也被自然地确定下来。

要注意统计上的“显著”并不表示“重要”，而只代表这个结果是“仅靠随机性不容易发生”，即小概率事件。显著性水平可以认为和统计检验结论的可靠性有关，当显著性水平为 0.05 时，可靠性就有 95%，可见显著性水平越小，结论的可靠性越大，这个可靠性称为置信水平，即 $1-\alpha$。在研究过程中，显著性水平都是预先设定的，常用的显著性水平有 $\alpha=0.01$，$\alpha=0.05$，$\alpha=0.1$，当然也可以取其他值。

4. 第一类错误与第二类错误

读者们可能会想到，为什么不将例 10-3 中显著性水平设得更小一些，那样犯错误的概率不是可以更小吗？结论的可靠性不是更高吗？下面例子我们可以看到假设检验中犯错误实际上有两种。还是以法官断案为例，如表 10-2 所示，嫌犯的实际情况有两种，而法官的判断也有两种，这样可以画出一个包含四元素的表格。

可以看到，在左上角和右下角的判决都是正确的，而右上角和左下角的判决都是错误的，但要注意犯错的类型是不一样的，左下角犯错是将无罪人判为有罪，好人蒙冤，右上角犯错是将有罪人判为无罪，坏人脱刑。类似地，表 10-3 显示了假设检验中的两种错误。一般来讲，犯第一类错误的后果更严重。

表 10-2 法官判案的四种结果

	嫌犯是清白的	嫌犯有罪
法官判决无罪	判决正确	判决错误 Ⅱ
法官判决有罪	判决错误 Ⅰ	判决正确

表 10-3 假设检验中的四种结果

	原假设实际为真	原假设实际为假
不拒绝原假设	结论正确	结论错误 Ⅱ
拒绝原假设	结论错误 Ⅰ	结论正确

如果原假设实际上是真的，但我们错误地拒绝了原假设，这种错误称为第一类错误，通常简称为“拒真”。如果原假设实际上是假的，但我们没有拒绝它，这种错误称为第二类错误，通常简称为“存伪”。前面所讲的 α 代表的就是犯第一类错误的概率，又称为显著性水平，犯第二类错误的概率记为 β。假设检验中 α 预先选定以控制第一类错误，由概率论知识可以证明如果它的数值变小时，会使得第二类错误产生的概率增大，α 和 β 之间是一个此消彼长的关系，所以我们不能将 α 设定得太小。

而且 β 的控制相对比较复杂，研究者一般只事先确定 α，当拒绝原假设时，犯第一类错误的概率不超过 α。但当样本信息没有充分证据否定原假设时，难以确定犯第二类错误概率 β，因此在这种情况下我们不能说“接受原假设”，而只能表述成“不拒绝原假设”。

10.2 一个总体参数的检验

本节将具体讨论对三种总体参数的检验，分别是总体均值μ、总体比率π和总体方差σ^2。上一节中的各种概念和方法都会在本节内容中出现，但由于检验的参数不同，构造检验统计量的方法也不同。

10.2.1 总体均值的检验(总体方差已知)

关于一个总体均值的检验是基本的假设检验之一，研究者希望通过这个方法来确定总体中的均值是否和假设数值相一致。如果总体方差已知，总体服从正态分布，无论样本大小，样本均值都服从正态分布；若总体分布未知而样本容量较大，且总体方差已知，根据中心极限定理，样本均值也服从正态分布。那么我们可以构造Z检验统计量来对单个均值进行假设检验，这种方法又称为Z检验。

$$Z = \frac{\bar{x} - \mu_0}{\sigma / \sqrt{n}} \tag{10-1}$$

式中 Z——Z检验统计量；

$\bar{x}$——样本均值；

μ_0——假设的总体均值；

σ——总体标准差；

n——样本容量。

【例10-4】 一家超市收银处顾客原来需要平均等待5分钟，在改进了收银设备和程序之后，管理层希望知道顾客平均等待时间是否有变化，或者还是和原来的时间没有差别。假设顾客等待时间的标准差是2分钟，抽取了100名顾客进行调查，发现新的平均等待时间是4.4分钟。设显著性水平α为0.05。

解:

(1) 建立假设。管理层希望顾客等待时间均值能有变化，但并不清楚变化的方向，那么备择假设就是均值不等于原来的5分钟，原假设是，均值仍等于原来的5分钟。则双侧检验如下:

$$H_0:\mu = 5 \quad H_1:\mu \neq 5$$

(2) 选择合适的检验统计量。本例是对单个总体均值的检验，且总体方差已知，那么使用Z检验。

(3) 确定显著性水平α。在本例中α为0.05。

(4) 确定临界值和拒绝域。因为本例是双侧检验，临界值有两个，且α为0.05，所以分布曲线两侧各有$\alpha/2$的面积，即0.025。查标准正态分布表，得右侧临界值$Z_{\alpha/2} = Z_{0.025} = 1.96$，则

左侧临界值 $-Z_{\alpha/2}=-Z_{0.025}=-1.96$，相应的拒绝域为 $(-\infty, -1.96)$ 和 $(1.96, +\infty)$。

(5) 收集样本数据计算检验统计量。已知，$\bar{x}=4.4$，$n=100$，$\sigma=2$，以及 $\mu=5$，那么可以算出

$$Z=\frac{\bar{x}-\mu}{\sigma/\sqrt{n}}=\frac{4.4-5}{2/\sqrt{100}}=-3$$

(6) 将检验统计量的值和临界值进行比较。由于检验统计量为 -3，小于分布左侧的临界值 -1.96，说明检验统计量 $Z=-3$ 落入拒绝域之内，如图 10-3 所示。

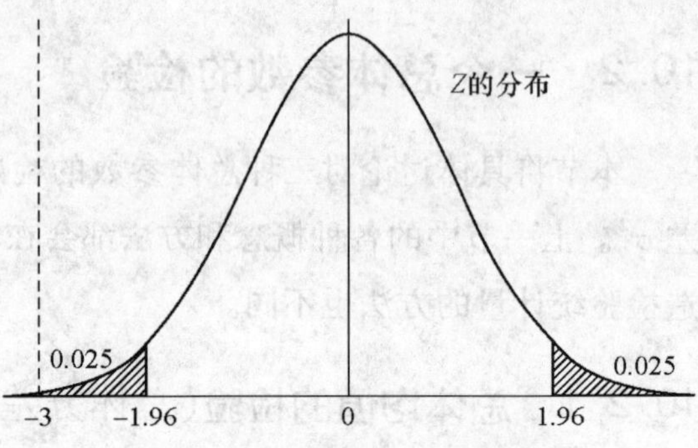

图 10-3　Z 分布曲线及临界值

(7) 得出结论。拒绝原假设，顾客平均等待时间有明显的不同，在对收银设备和程序作改进后其时间的变化是统计显著的。

Excel 方法　如果没有标准正态分布表，我们也可以利用 Excel 软件来辅助计算出临界值，进入 Excel 表格界面，在函数窗口中输入“=NORMSINV(0.975)”，即可以得到右侧临界值 1.96。

10.2.2　用 p 值方法来处理问题

在之前的例子里，显著性水平是在检验之前就确定的，这就意味着事先确定了拒绝域，使我们有一个明确的取舍标准。但此方法不足的是，显著性水平是犯第一类错误的上限，它只能提供检验结果可靠性是否及格，对一个具体的检验问题，不能给出其可靠性的精确度量。这就好比是学生考试之后，只知道是否及格，而不知道具体的分数是多少。

而 p 值方法则弥补了它的不足。p 值是利用检验统计量的值计算出的一个概率值，同样包含了样本的信息，它是在以原假设为真的条件下，得到实际检验统计量的概率，此概率越小则说明检验统计量与总体参数不一致，越不利于原假设。

临界值方法是将检验统计量的值和事先确定的临界值相比较，p 值方法则是将检验统计量的值换算成概率，然后和显著性水平比较，其结论是完全一致，但包含了更多的信息，而且用计算机使用 p 值方法会非常方便。下面我们用 p 值方法来处理例 10-4 的问题。

例 10-4 中前 3 步不用改变，第 4 步计算临界值则可以省去，在第 5 步计算出统计量后得到 -3，再利用 p 值的方法思路，查标准正态分布表，得到左侧曲线下面积，即 $P(Z<-3)=0.0013$，由于是双侧检验，我们要计算的 p 值是 $P(|Z|>3)=0.0013\times2=0.0026$。它代表了在原假设为真的条件下，得到实际检验统计量的概率，这个概率非常小，小于事先设定的显著性水平 0.05，因此我们可以拒绝原假设。

p 值方法和前面采用的临界值方法结论是完全一致的，可以从图10-4 看到当 p 值小于 α 值时，$p/2$ 也就小于 $\alpha/2$，Z 统计量 -3 也就必然小于 -1.96，从而落在拒绝域之内。p 值又称为观测显著性水平，它定义了可以拒绝原假设的最小 α 值，它的方便之处在于，如果一个检验的 p 值为 0.02，那么它在 α 为 0.025 水平上可以拒绝原假设，但在 α 为 0.01 水平上则不能拒绝。p 值也表示可能犯第一类错误的真实风险。

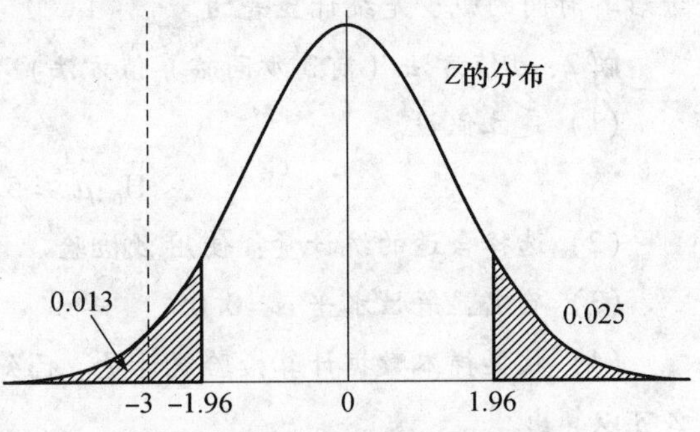

图10-4 临界值法与 p 值方法

双侧检验为什么要将求出的概率值乘2得到 p 值，再和 α 相比较呢？因为此例为双侧检验，我们计算得到 Z 统计量小于 -3 的概率是 0.013，这个概率值实际上是和左半边阴影面积 0.025 相比较。那么要和显著性水平 α 相比较自然需要将 0.013 乘 2，如图10-4 所示。如果是单侧检验则不必如此。我们现在总结一下临界值法和 p 值方法的决策规则，如表10-4 所示。

表10-4 总体方差已知情况下单个总体均值的检验方法

	双侧检验	右侧检验	左侧检验
假设形式	$H_0: \mu=\mu_0$，$H_1: \mu\neq\mu_0$	$H_0: \mu\leqslant\mu_0$，$H_1: \mu>\mu_0$	$H_0: \mu\geqslant\mu_0$，$H_1: \mu<\mu_0$
检验统计量		$Z=\dfrac{\bar{x}-\mu_0}{\sigma/\sqrt{n}}$	
拒绝域	$\lvert Z\rvert>Z_{\alpha/2}$	$Z>Z_\alpha$	$Z<-Z_\alpha$
p 值决策规则		$P<\alpha$ 拒绝 H_0	

【例10-5】 如果在例10-4 的问题中，管理层明确地知道改进收银程序应该会使平均时间减少，只是需要统计方法来确认一下，那么这个时候就可以使用单侧检验，因为备择假设是具有方向性的。下面我们使用单侧检验的临界值法和 p 值方法来解决这个问题。

解1：临界值方法

(1) 建立假设。原假设是均值仍等于原来的5分钟，备择假设是均值小于原来的5分钟。

$$H_0:\mu \geqslant 5;\quad H_1:\mu < 5$$

(2) 选择合适的统计量。本例是对单个总体均值的检验，且总体方差已知，那么使用 Z 检验。

(3) 确定显著性水平 α，在本例中 α 为 0.05。

(4) 确定临界值和拒绝域，此时检验为左侧检验，临界值在左边，且 α 为 0.05，即为 Z 分布曲线下左侧面积为 0.05 的 Z 值，由正态分布表可查得 $P(Z<-1.65)=0.05$，相应的拒绝域为 $(-\infty,\ -1.65)$。

(5) 收集样本数据计算检验统计量。已知，$\bar{x}=4.4$，$n=100$，$\sigma=2$，以及 $\mu=5$，那么可以算出

$$Z=\frac{\bar{x}-\mu}{\sigma/\sqrt{n}}=\frac{4.4-5}{2/\sqrt{100}}=-3$$

(6) 将检验统计量的值和临界值进行比较。由于检验统计量为 -3，小于分布左侧的临界值 -1.65，落入拒绝域之内。

(7) 得出结论。拒绝原假设，顾客平均等待时间有明显的减小，在对收银设备和程序作改进后其时间的减少是统计显著的。

解2：p 值方法（前3步同临界值方法）

(1) 建立假设。

$$H_0:\mu \geqslant 5 \qquad H_1:\mu < 5$$

(2) 选择合适的统计量：使用 Z 检验。

(3) 确定显著性水平 $\alpha = 0.05$。

(4) 收集样本数据计算检验统计量。已知，$\bar{x} = 4.4$，$n = 100$，$\sigma = 2$，以及假设的 $\mu = 5$，那么可以算出

$$Z = \frac{\bar{x} - \mu}{\sigma / \sqrt{n}} = \frac{4.4 - 5}{2 / \sqrt{100}} = -3$$

(5) 由检验统计量的值来计算 p 值。Z 值等于 -3，查标准正态分布表，得 $P(Z < -3) = 0.001\,3$，此即 p 值。因为是单侧检验，不需要乘以2。

(6) 将 p 值和 α 值相比较。p 值为 0.001 3，和 α 值 0.05 相比较小，如图 10-5 所示。

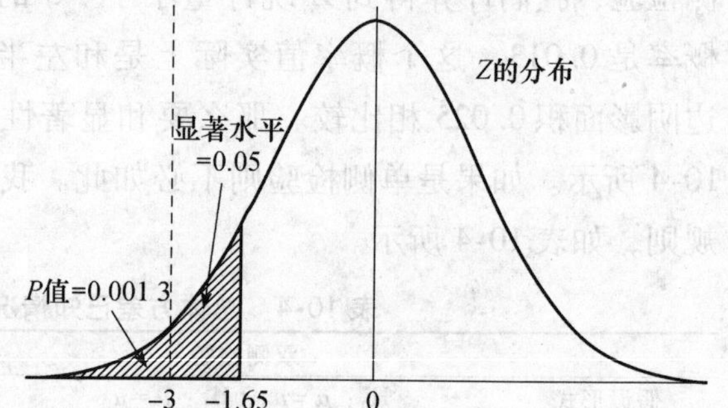

图 10-5 统计量落入拒绝域

(7) 得出结论。拒绝原假设，顾客平均等待时间有明显的减小，在对收银设备和程序作改进后其时间的减少是统计显著的。

Excel 方法 如果没有标准正态分布表，我们也可以利用 Excel 软件来辅助计算出 p 值，进入 Excel 表格界面，在函数窗口中输入"=NORMSDIST(-3)"，即可以得到相应的 p 值。如果得到的是样本原始数据，也可以直接使用 ZTEST 函数得到 p 值，相关细节可参照 Excel 帮助。

在检验方法的选择上，如果是手工计算用临界值法比较清楚，如果有计算机软件辅助则用 p 值法会很方便。另外需要注意的是，使用 Z 检验的前提条件为下述任一条件均可：①总体服从正态分布且总体方差已知；②总体不服从正态分布，大样本且总体方差已知。如果总体方差未知，Z 检验就不再适用了，应该使用下节中的 t 检验。

10.2.3 总体的均值检验（总体方差未知）

在 10.2.2 节中我们用 Z 检验为例详细讲述了假设检验的步骤，但在实际统计工作中，Z 检验用处并非很大，这是因为统计研究中能获得的对象是样本而非总体，所以总体方差一般是不知道的，这种情况下我们需要利用另一种检验统计量来进行假设检验，

也就是t检验。下式为 t 统计量公式，与 Z 统计量不同的是用样本标准差 s 来代替总体标准差 σ。

运用 t 检验的条件是：大样本时，无论总体是何分布均可使用；如果是小样本，则要求总体服从正态分布。

$$t = \frac{\bar{x} - \mu_0}{s/\sqrt{n}} \sim t(n-1) \tag{10-2}$$

式中 t——t 统计量；

$\bar{x}$——样本均值；

μ_0——假设的总体均值；

s——样本标准差；

n——样本容量。

【例 10-6】 某工厂产品重量服从正态分布，质检部门发现近期产品的平均重量不是25克，推测生产设备可能出现了故障，为了检验这个问题是否存在，从中随机抽取20件产品并称重。数据如下所示。利用这些数据能做出怎样的判断？设 α 为0.05。

22.6	22.2	23.2	27.4	24.5
27.0	26.6	28.1	26.9	24.9
26.2	25.3	23.1	24.2	26.1
25.8	30.4	28.6	23.5	23.6

解：从样本数据可计算出 $\bar{x}=25.51$，$n=20$，$s=2.19$。

(1) 建立假设。由于质检部门目的是要了解设备是否正常，过轻或过重都说明设备工作不正常，备择假设没有方向性，那么使用双侧检验。

$$H_0: \mu = 25 \quad H_1: \mu \neq 25$$

(2) 选择合适的统计量。本例中总体服从正态分布，小样本，总体方差未知，使用 t 检验。

(3) 确定显著性水平，α 为0.05。

(4) 确定临界值和拒绝域。双侧检验临界值有两个，且 α 为0.05，所以 t 分布在临界值外侧各有 $\alpha/2$ 的面积，即0.025。另外样本数量为20，所以检验的自由度为19，查 t 分布表可以得出，右侧临界值 $t_{0.025}(19)=2.09$，左侧临界值 $-t_{0.025}(19)=-2.09$，所以相应的拒绝域为 $(-\infty, -2.09)$ 和 $(2.09, +\infty)$。

(5) 收集样本数据计算检验统计量。由已知条件可算出

$$t = \frac{\bar{x} - \mu}{s/\sqrt{n}} = \frac{25.51 - 25}{2.19/\sqrt{20}} \approx 1.04$$

(6) 将检验统计量的值和临界值进行比较。由于检验统计量为1.04，不在拒绝域之内。

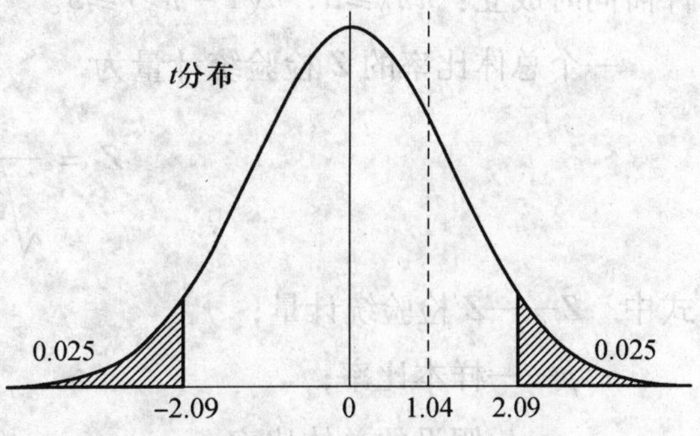

图10-6 t 检验未落入拒绝域

(7) 得出结论。不能拒绝原假设，即找不到足够证据来证明设备有故障。

Excel 方法 如果没有 t 分布表，我们也可以利用 Excel 软件来辅助计算，若采用临界值方法，在函数栏中输入“=TINV(0.05，19)”，其中 19 是自由度，0.05 是显著性水平，得到临界值 2.09，统计量在临界值内侧，在函数中之所以不输入 0.025，是因为 Excel 中 TINV 函数默认处理双侧检验。

同样，对于 t 检验也可以采用 p 值检验，此时求 p 值的方法为：在函数栏中输入“=TDIST(1.04，19，2)”，其中 1.04 是检验统计量的值，19 是自由度，2 表示双侧检验，得到 p 值为 0.31，大于显著性水平 0.05，不拒绝原假设。总体方差未知情况下，一个总体均值的检验方法见表 10-5。

表 10-5 总体方差未知情况下一个总体均值的检验方法

	双侧检验	右侧检验	左侧检验
假设形式	$H_0: \mu=\mu_0$，$H_1: \mu\neq\mu_0$	$H_0: \mu\leqslant\mu_0$，$H_1: \mu>\mu_0$	$H_0: \mu\geqslant\mu_0$，$H_1: \mu<\mu_0$
检验统计量		$t=\dfrac{\bar{x}-\mu_0}{s/\sqrt{n}}$	
拒绝域	$\|t\|>t_{\alpha/2}(n-1)$	$t>t_\alpha(n-1)$	$t<-t_\alpha(n-1)$
p 值决策规则		$P<\alpha$ 拒绝 H_0	

10.2.4 一个总体的比率检验

当数据以定性的方式表示时，就涉及数据分析中的比率问题。例如市场研究人员想知道产品消费者中女性的比率是否上升，制造车间的质量控制人员想确定次品率是否符合要求。通常用字母 π 表示总体比率，π_0 表示对总体比率的某一假设值，用 p 表示样本比率。

由中心极限定理可知，从两项分布总体中进行随机抽样，当样本容量很大时，其样本比率 p 近似服从正态分布，所以总体比率也能进行和总体均值类似的假设检验，我们使用的是 Z 检验，要注意使用这种方法的前提是大样本，此时大样本标准是以下两个条件需同时成立：$n\pi_0\geqslant5$，$n(1-\pi_0)\geqslant5$。

一个总体比率的 Z 检验统计量为

$$Z=\frac{p-\pi_0}{\sqrt{\dfrac{\pi_0(1-\pi_0)}{n}}} \tag{10-3}$$

式中 Z——Z 检验统计量；

p——样本比率；

π_0——假设的总体比率；

n——样本容量。

【例10-7】 外贸公司的进口部门相信最近进口的一批产品的次品率是8%，公司决定抽取一批200个产品的样本来检验这个说法是否正确。发现其中有33件产品为次品，这个结果能说明什么问题？设α为0.05。

解1：临界值解法

(1) 建立假设。

$$H_0:\pi = 0.08 \quad H_1:\pi \neq 0.08$$

(2) 选择合适的统计量。本例是对单个总体比率的检验，且$n\pi_0 = 16 \geqslant 5$，$n(1-\pi_0) \geqslant 5$，所以用Z检验。

(3) 确定显著性水平α，α为0.05。

(4) 确定临界值和拒绝域。双侧检验的临界值有两个，分别为$Z_{\alpha/2} = Z_{0.025} = 1.96$，$-Z_{\alpha/2} = -Z_{-0.025} = -1.96$，那么相应的拒绝域为（$-\infty$，$-1.96$）和（1.96，$+\infty$）。

(5) 收集样本数据计算检验统计量。已知，$p = \dfrac{33}{200} = 0.165$，$n = 200$，以及假设的$\pi = 0.08$，那么可以算出

$$Z = \frac{p - \pi_0}{\sqrt{\dfrac{\pi_0(1-\pi_0)}{n}}} = \frac{0.165 - 0.08}{\sqrt{\dfrac{0.08 \times 0.92}{200}}} \approx 4.43$$

(6) 将检验统计量的值和临界值进行比较。由于检验统计量为4.43，大于右侧的临界值1.96，落入拒绝域之内，如图10-7所示。

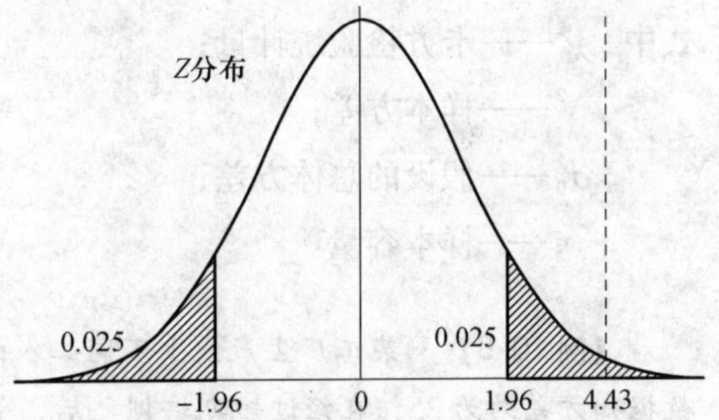

图10-7 Z统计量落入拒绝域

(7) 得出结论。拒绝原假设，这批进口产品的次品率不是8%，而且从样本信息中可看出次品率明显的较高。

解2：采用p值方法

(1) 建立假设。

$$H_0:\pi = 0.08 \quad H_1:\pi \neq 0.08$$

(2) 选择合适的统计量。本例是对一个总体比率的检验，且$n\pi_0 = 16 \geqslant 5$，$n(1-\pi_0) \geqslant 5$，所以用Z检验。

(3) 确定显著性水平α，α为0.05。

(4) 收集样本数据计算检验统计量。

$$Z = \frac{p - \pi_0}{\sqrt{\dfrac{\pi_0(1-\pi_0)}{n}}} = \frac{0.165 - 0.08}{\sqrt{\dfrac{0.08 \times 0.92}{200}}} = 4.43$$

(5) 由检验统计量的值来计算P值。

p值为：$P(|Z| > 4.43) = 2 \times P(Z > 4.43) = 0.000\,01$

(6) 将p值和α值相比较。p值为0.000 01，和α值的0.05相比较小。

(7) 得出结论。拒绝原假设，一个总体比率的检验方法见表10-6。

表 10-6　一个总体比率的检验方法

	双侧检验	右侧检验	左侧检验
假设形式	$H_0: \pi=\pi_0$，$H_1: \pi\neq\pi_0$	$H_0: \pi\leqslant\pi_0$，$H_1: \pi>\pi_0$	$H_0: \pi\geqslant\pi_0$，$H_1: \pi<\pi_0$
检验统计量		$Z=\dfrac{p-\pi_0}{\sqrt{\dfrac{\pi_0(1-\pi_0)}{n}}}$	
拒绝域	$\lvert Z\rvert>Z_{\alpha/2}$	$Z>Z_\alpha$	$Z<-Z_\alpha$
p 值决策规则		$P<\alpha$ 拒绝 H_0	

10.2.5　一个总体方差的检验

研究人员经常需要对总体的方差进行假设检验，例如在零件制造中，质量控制人员不仅需要了解其平均质量是否达标，还要了解其质量变动情况。因为一组数据的方差越大，那么其均值的代表性就越差，说明其质量越不稳定，所以对方差的检验是相当重要的。从前面的章节知识我们知道样本方差可以用来估计总体方差，在总体服从正态分布的假定前提下，可以利用卡方分布来进行假设检验。χ^2 检验统计量公式

$$\chi^2=\frac{(n-1)s^2}{\sigma_0^2}\sim\chi^2(n-1) \tag{10-4}$$

式中　χ^2——卡方检验统计量；

s^2——样本方差；

σ_0^2——假设的总体方差；

n——样本容量。

【例 10-8】　某工厂生产线上不同工人的作业时间不一样，且服从正态分布。根据原来的数据知方差约为 25，在经过短期培训之后，管理人员想了解其方差是否发生改变。管理人员抽取了一个包含 16 个数据的样本（如下所示），利用这些数据来做出结论（取 $\alpha=0.10$）。

57	56	52	44	46	53	44	44
48	51	55	48	63	53	51	50

解 1：临界值解法

（1）建立假设。

$$H_0:\sigma^2=25\quad H_1:\sigma^2\neq 25$$

（2）选择合适的统计量。本例是对一个总体方差的检验，且总体服从正态分布，使用 χ^2 检验。

（3）确定显著性水平 α，在本例中我们设 α 为 0.1。

（4）确定临界值和拒绝域。本例中自由度为 $n-1=15$，卡方分布两侧的面积分别是 $\alpha/2=0.05$，确定自由度和概率后查卡方分布表，双侧检验的临界值分别为 $\chi^2_{0.05}(15)=24.99$，$\chi^2_{0.95}(15)=7.26$。相应的拒绝域为（0，7.26）和（24.99，$+\infty$），如图 10-8 所示，其中两侧

阴影面积之和即为显著性水平。

(5) 收集样本数据计算检验统计量。由样本数据可算出样本方差 $s^2 = \dfrac{\sum(x_i - \bar{x})^2}{n-1} = 28.1$，原假设 $\sigma_0^2 = 25$，可得

$$\chi^2 = \frac{(n-1)s^2}{\sigma_0^2} = \frac{15 \times 28.1}{25} = 16.86$$

(6) 将检验统计量的值和临界值进行比较。由于检验统计量为16.86，如图10-8中虚线所在位置，没有落入拒绝域之内。

(7) 得出结论。不拒绝原假设，工人作业时间的方差没有明显变化。

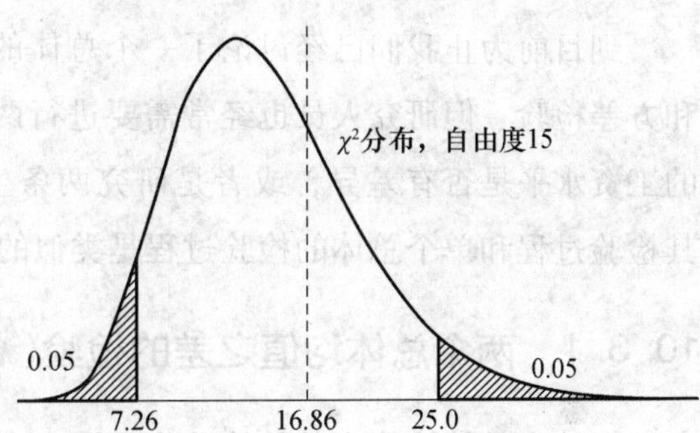

图10-8 χ^2 检验未落入拒绝域

解2：p 值方法

(1) 建立假设。

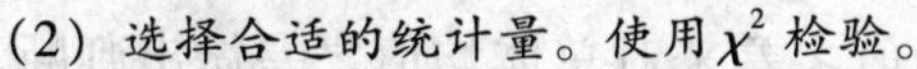

$H_0:\sigma^2 = 25$； $H_1:\sigma^2 \neq 25$

(2) 选择合适的统计量。使用 χ^2 检验。

(3) 确定显著性水平 α，在本例中我们设 α 为0.10。

(4) 收集样本数据计算检验统计量。由样本数据可算出样本方差 $s^2 = \dfrac{\sum(x_i - \bar{x})^2}{n-1} = 28.1$，原假设 $\sigma^2 = 25$，可得

$$\chi^2 = \frac{(n-1)s^2}{\sigma_0^2} = \frac{15 \times 28.1}{25} = 16.86$$

(5) 由检验统计量的值来计算 p 值。卡方统计量双侧检验的 p 值计算略有不同，它需要分别计算 χ^2 曲线下，位于统计量左侧和右侧面积，取较小的一个值再乘以2，即可得到 p 值。本例中自由度为15，统计量为16.86，可得出 $P(\chi^2 < 16.86) = 0.67$，$P(\chi^2 > 16.86) = 0.33$，则 p 值为0.66。

(6) p 值和显著性水平相比较大，所以不拒绝原假设。

(7) 得出结论。经过培训后工人作业时间的方差没有明显变化，一个总体方差的检验方法见表10-7。

表10-7 一个总体方差的检验方法

	双侧检验	右侧检验	左侧检验
假设形式	$H_0:\ \sigma^2 = \sigma_0^2$，$H_1:\ \sigma^2 \neq \sigma_0^2$	$H_0:\ \sigma^2 \leqslant \sigma_0^2$，$H_1:\ \sigma^2 > \sigma_0^2$	$H_0:\ \sigma^2 \geqslant \sigma_0^2$，$H_1:\ \sigma^2 < \sigma_0^2$
检验统计量		$\chi^2 = \dfrac{(n-1)\ s^2}{\sigma_0^2}$	
拒绝域	$\chi^2 > \chi^2_{\alpha/2}(n-1)$ 或 $\chi^2 < \chi^2_{1-\alpha/2}(n-1)$	$\chi^2 > \chi^2_{\alpha}(n-1)$	$\chi^2 > \chi^2_{1-\alpha}(n-1)$
p 值决策规则		$P < \alpha$ 拒绝 H_0	

Excel方法 如果没有 χ^2 分布表，我们也可以利用Excel软件来辅助计算，若采用临界值方法，函数栏输入“CHIINV(0.05，15)”，其中15是自由度，0.05是显著性水平的

一半，即右侧的面积，得到右侧临界值 24.99，左侧临界值则要用公式“CHIINV(0.95, 15)”，得到 7.26。

10.3 两个总体参数的检验

到目前为止我们已经讨论了一个总体的三种假设检验，分别是均值检验、比率检验和方差检验。但研究人员也经常需要进行两个总体的假设检验。例如分析两个不同地区的工资水平是否有差异，或者是研究两条生产线上制造出来的零件次品率是否不一样。其检验过程和单个总体的检验过程是类似的。

10.3.1 两个总体均值之差的检验(总体方差已知)

在两个总体均值之差的检验中，研究者一般会从两个总体中分别抽取两个独立的样本，然后计算出各自的样本均值，利用两样本均值之差来对总体均值之差做出判断。如果样本均值之差很小，我们可以认为两样本没有差别，它们来自于同一总体，这时两个总体均值是相等的；如果样本均值之差很大，则支持我们做出相反的判断。如果是大样本，且总体方差已知，根据中心极限定理，两个样本均值之差服从正态分布；如果是小样本，则总体必须服从正态分布，且方差已知，这时两个样本均值之差仍服从正态分布。这时，可以用 Z 检验，两总体均值之差的检验统计量如下。

$$Z = \frac{(\bar{x}_1 - \bar{x}_2) - (\mu_1 - \mu_2)}{\sqrt{\dfrac{\sigma_1^2}{n_1} + \dfrac{\sigma_2^2}{n_2}}} \tag{10-5}$$

式中，Z 是 Z 检验统计量；$\bar{x}_1$ 是样本 1 的均值；$\bar{x}_2$ 是样本 2 的均值；n_1 是样本 1 的容量；n_2 是样本 2 的容量；μ_1 是假设的总体 1 均值；μ_2 是假设的总体 2 均值；σ_1^2 是总体 1 的方差；σ_2^2 是总体 2 的方差。

【例 10-9】 教育研究人员想知道不同的教学方法是否对学生的考试成绩有影响。将学生分成两组用不同的方法教学，然后考试取得两组成绩。从两组成绩中各抽取 100 个来作为样本，已知信息如下：$\bar{x}_1 = 2.7$，$\sigma_1^2 = 0.36$，$\bar{x}_2 = 2.54$，$\sigma_2^2 = 0.4$。那么样本信息是否能说明这两种教学方法的效果有明显差异？(取 $\alpha = 0.05$)

解：

(1) 建立假设。原假设认为两个总体均值没有差异，备择假设反之。

$$H_0: \mu_1 - \mu_2 = 0 \qquad H_1: \mu_1 - \mu_2 \neq 0$$

(2) 选择合适的统计量。本例是对两个总体均值的检验，且总体方差已知，使用 Z 检验。

（3）确定显著性水平 α，α 为0.05。

（4）确定临界值和拒绝域。因为本例是双侧检验，临界值有两个，且 α 为0.05，所以分布曲线两侧各有 $\alpha/2$ 的面积，即0.025。查标准正态分布表，得右侧临界值 $Z_{\alpha/2}=Z_{0.025}=1.96$，左侧临界值 $-Z_{\alpha/2}=-Z_{0.025}=-1.96$，相应的拒绝域为（$-\infty$，$-1.96$）和（1.96，$+\infty$）。

（5）收集样本数据计算检验统计量。

$$Z=\frac{(\bar{x}_1-\bar{x}_2)-(\mu_1-\mu_2)}{\sqrt{\frac{\sigma_1^2}{n_1}+\frac{\sigma_2^2}{n_2}}}=\frac{2.7-2.54}{\sqrt{\frac{0.36}{100}+\frac{0.4}{100}}}=1.84$$

（6）将检验统计量的值和临界值进行比较。由于检验统计量为1.84，没有落入拒绝域之内。

（7）得出结论。不拒绝原假设，两组学生的成绩没有明显差异，没有足够证据说明两种教学效果有什么不同。

Excel方法　如果没有正态分布表，有三种方法可以利用Excel软件来帮助我们计算。第1种是使用函数NORMSINV（0.025）来得到临界值；第2种是使用函数NORMDIST（1.84）来得到 p 值，再利用 p 值进行检验；第3种是直接使用Excel内置的双样本 Z 检验工具包，该方法需要事先获得样本原始数据，并且要让Excel先加载"数据分析"工具。加载的方法是在Excel的"工具"栏选择"加载宏"，在弹出菜单中选择"数据分析"，之后在Excel的"数据"栏中就可以看到"数据分析"选项了。在点击"数据分析"选项后，从中选取"Z-检验：双样本平均差检验"，即可看到对话框，如图10-9所示。

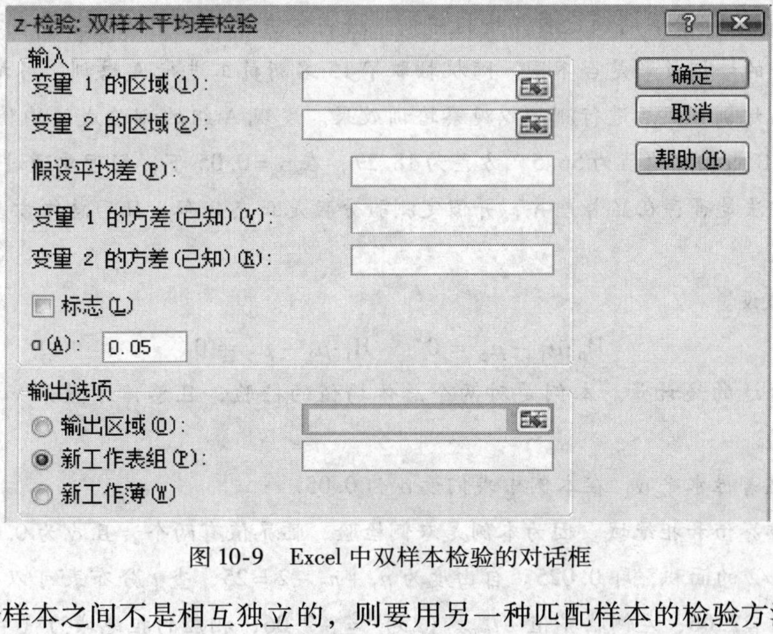

图10-9　Excel中双样本检验的对话框

如果两个样本之间不是相互独立的，则要用另一种匹配样本的检验方法，其原理和方法可参考其他资料。如果总体方差是未知的，则要用到下面的 t 检验方法。

10.3.2 两个总体均值之差的检验（总体方差未知）

在大部分情况下，总体方差是无法事先得到的，这时我们需要使用样本方差来代替总体方差，并使用 t 检验。需要再次强调的是，使用下面公式的前提是总体服从正态分布的。根据两个总体方差之间的大小关系，检验分两种情况：

1）如果两总体方差相等，则 t 检验公式如下。

$$t = \frac{(\bar{x}_1 - \bar{x}_2) - (\mu_1 - \mu_2)}{\sqrt{\left(\frac{(n_1 - 1)s_1^2 + (n_2 - 1)s_2^2}{n_1 + n_2 - 2}\right)\left(\frac{1}{n_1} + \frac{1}{n_2}\right)}} \tag{10-6}$$

式中，t 是 t 检验统计量，自由度为 $n_1 + n_2 - 2$；$\bar{x}_1$ 是样本 1 的均值；$\bar{x}_2$ 是样本 2 的均值；n_1 是样本 1 的容量；n_2 是样本 2 的容量；μ_1 是假设的总体 1 均值；μ_2 是假设的总体 2 均值；s_1^2 是样本 1 的方差；s_2^2 是样本 2 的方差。

2）如果两总体方差不等，则 t 检验公式如下。

$$t = \frac{(\bar{x}_1 - \bar{x}_2) - (\mu_1 - \mu_2)}{\sqrt{\frac{s_1^2}{n_1} + \frac{s_2^2}{n_2}}} \quad 其中自由度为 \frac{\left(\frac{s_1^2}{n_1} + \frac{s_2^2}{n_2}\right)^2}{\frac{\left(\frac{s_1^2}{n_1}\right)^2}{n_1 - 1} + \frac{\left(\frac{s_2^2}{n_2}\right)^2}{n_2 - 1}} \tag{10-7}$$

【例 10-10】 某公司对新进员工进行培训，培训方法有 A 和 B 两种不同的程序，经理想知道这两种方法的培训效果是否不同。随机抽取了 15 名新员工进行 A 培训，另抽取 12 名新员工进行 B 培训，培训完成后进行测验以观察培训效果。发现 A 组的测验成绩均值为 47.73，方差为 19.49，而 B 组相应均值为 56.5，方差为 18.27，在 $\alpha = 0.05$ 下，经理要通过统计检验来确定这两种培训方法是否存在显著差异，并假定测验分数是正态分布，且两总体方差相等。

解：

（1）建立假设。

$$H_0: \mu_1 - \mu_2 = 0 \qquad H_1: \mu_1 - \mu_2 \neq 0$$

（2）选择合适的统计量。本例是对两个总体均值的检验，且总体方差未知，使用 t 检验（方差相等情况）。

（3）确定显著性水平 α，在本例中我们设 α 为 0.05。

（4）确定临界值和拒绝域。因为本例是双侧检验，临界值有两个，且 α 为 0.05，所以分布曲线两侧各有 $\alpha/2$ 的面积，即 0.025。自由度为 $n_1 + n_2 - 2 = 25$，查 t 分布表可以得出，右侧临界值 $t_{0.025}$（25），$= 2.06$，左侧临界值 $-t_{0.025}$（25）$= -2.06$，相应的拒绝域为（$-\infty$，-2.06）和（2.06，$+\infty$）。

(5) 收集样本数据计算检验统计量。

$$t=\frac{(\bar{x}_1-\bar{x}_2)-(\mu_1-\mu_2)}{\sqrt{\left(\frac{(n_1-1)s_1^2+(n_2-1)s_2^2}{n_1+n_2-2}\right)\left(\frac{1}{n_1}+\frac{1}{n_2}\right)}}$$

$$=\frac{(47.73-56.50)-0}{\sqrt{\left(\frac{14\times19.49+11\times18.27}{25}\right)\left(\frac{1}{15}+\frac{1}{12}\right)}}\approx-5.20$$

(6) 将检验统计量的值和临界值进行比较。由于检验统计量为 -5.20，落入拒绝域之内。

(7) 得出结论。拒绝原假设，两组成绩有明显差异，说明这两种新员工培训方法效果有显著不同。

Excel 方法 如果没有 t 分布表，有三种方法可以利用 Excel 软件来帮助我们计算。第 1 种是使用函数 TINV(0.05，25) 来得到临界值；第 2 种是使用函数 TDIST(-5.20，25，2) 来得到 p 值；第 3 种是直接使用 Excel 内置的双样本 t 检验工具包，该方法需要事先获得样本原始数据，并且要让 Excel 先加载“数据分析”工具（见图 10-10)。

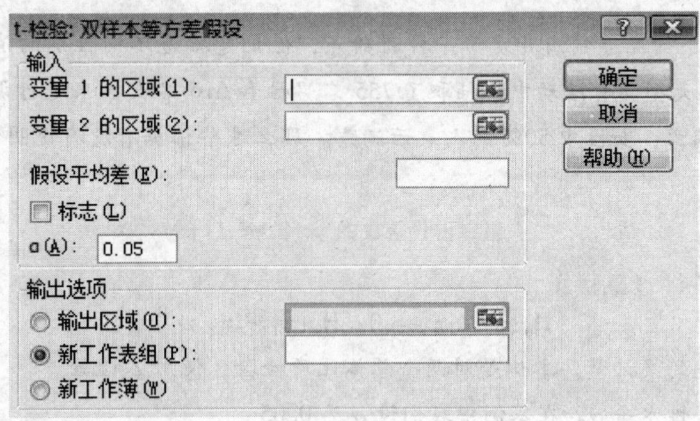

图 10-10 Excel 中双样本 t 检验的对话框

10.3.3 两个总体比率之差的检验

有时候研究人员希望能对两个总体比率之差做出判断。例如比较两种产品的市场份额，研究两个网站在一定时间内访问者的性别比率。这种检验一般先抽取两个随机样本，计算每个样本中具有某种特征的比率值，然后将这两个比率作减法算出一个差值，用这个样本比率之差来对总体比率作判断。

根据中心极限定理，当样本较大的时候，样本比率之差是正态分布的，因此我们可以使用 Z 检验来对两个总体进行比率检验，检验统计量公式如下。

$$Z=\frac{(p_1-p_2)-(\pi_1-\pi_2)}{\sqrt{\frac{\pi_1(1-\pi_1)}{n_1}+\frac{\pi_2(1-\pi_2)}{n_2}}} \tag{10-8}$$

式中，Z 是 Z 统计量；p_1 是样本 1 的比率；p_2 是样本 2 的比率；n_1 是样本 1 的容量；n_2 是样本 2 的容量；π_1 是假设的总体 1 的比率；π_2 是假设的总体 2 的比率。

在实际运用时，由于该公式需要知道总体比率，所以需要使用下面的调整后公式，在调整公式中我们用样本比率来估计未知的总体比率，而且将两个样本比率合并计算得到一个加权比率，然后结合样本容量，就可对两个总体比率之差的假设做出检验，调整后公式如下：

$$Z=\frac{(p_1-p_2)-(\pi_1-\pi_2)}{\sqrt{\bar{p}(1-\bar{p})\left(\frac{1}{n_1}+\frac{1}{n_2}\right)}} \tag{10-9}$$

式中，$\bar{p}=\frac{n_1p_1+n_2p_2}{n_1+n_2}$代表加权比率。

【例 10-11】 甜品连锁店开发了一种新甜点，他们想知道不同性别的消费者对新产品的评价是否不同。在大型品尝活动中，抽取了 755 名男性和 616 名女性来进行调查，发现男性中有 57% 的人表示满意，女性中 50% 的人表示满意。那么这些证据有没有说明什么问题呢？（取 $\alpha=0.05$）

解：

（1）建立假设。

$$\mathrm{H}_0:\pi_1-\pi_2=0 \quad \mathrm{H}_1:\pi_1-\pi_2\neq 0$$

（2）选择合适的统计量。本例是对两个总体比率检验，使用 Z 检验。

（3）确定显著性水平 α。在本例中我们设 α 为 0.05。

（4）确定临界值和拒绝域。因为本例是双侧检验，临界值有两个，且 α 为 0.05，所以分布曲线两侧各有 $\alpha/2$ 的面积，即 0.025。右侧临界值 $Z_{\alpha/2}=Z_{0.025}=1.96$，左侧临界值 $-Z_{\alpha/2}=-Z_{0.025}=-1.96$，相应的拒绝域为（$-\infty$，$-1.96$）和（1.96，$+\infty$）。

（5）收集样本数据计算检验统计量。

加权比率 $$\bar{p}=\frac{n_1p_1+n_2p_2}{n_1+n_2}=\frac{755\times 0.57+616\times 0.5}{755+616}\approx 0.54$$

$$Z=\frac{(p_1-p_2)-(\pi_1-\pi_2)}{\sqrt{\bar{p}(1-\bar{p})\left(\frac{1}{n_1}+\frac{1}{n_2}\right)}}=\frac{(0.57-0.5)-0}{\sqrt{0.54(1-0.54)\left(\frac{1}{755}+\frac{1}{616}\right)}}\approx 2.59$$

（6）将检验统计量的值和临界值进行比较。由于检验统计量为 2.59，落入拒绝域之内。

（7）得出结论。拒绝原假设，两组样本比率有显著差异，说明对于这种新产品，男性消费者相对女性消费者满意比率更大。

10.3.4 两个总体方差比的检验

在有些场合下，研究人员想对两个总体方差进行比较研究，例如在质量控制中要求零件的尺寸差异不能太大，分析人员会比较两批零件的变异性，以确定使用哪批零件。或者在股票市场中，方差一般用来度量一只股票的风险，方差越大则风险越大。金融分析师也需要比较两只股票的方差来确定是否风险相同。

如果两个样本方差相差不大，可以认为它们来自于同一总体，其样本方差之比应该会近似为1，如果实际比率比1大得多或小得多都有可能说明这两个样本方差不同。由概率论知识可以证明若从同一总体中重复抽出样本并计算其方差比，这些比率服从 F 分布，那么我们可以利用 F 检验来对两个总体的方差进行假设检验，确定 F 值可以通过查 F 分布表，它需要3个参数，即分子自由度、分母自由度和显著性水平。使用 F 检验的前提是总体的分布必须是正态的。F 检验统计量为：

$$F = \frac{s_1^2}{s_2^2} \sim F(n_1 - 1,\quad n_2 - 1) \tag{10-10}$$

式中，F 是 F 检验统计量；s_1^2 是样本1的方差（较大的）；s_2^2 是样本2的方差（较小的）；分子的自由度为 $n_1 - 1$；分母的自由度为 $n_2 - 1$。

【例10-12】 金融分析师研究了两只股票的波动情况，抽取了A股票10周的价格样本和B股票12周的价格样本，分别计算两只股票的样本方差为0.113 8和0.020 2。在 $\alpha = 0.05$ 下，来确定这两只股票的风险是否相同。

解：

（1）建立假设。

$$\mathrm{H}_0: \sigma_1^2 = \sigma_2^2 \quad \mathrm{H}_1: \sigma_1^2 \neq \sigma_2^2$$

（2）选择合适的统计量。本例是对两个总体方差检验，使用 F 检验。

（3）确定显著性水平 α，在本例中我们设 α 为0.05。

（4）确定临界值和拒绝域。因为本例是双侧检验，临界值有两个，且 α 为0.05，所以分布曲线两侧各有 $\alpha/2$ 的面积，即0.025。由于分子自由度为9，分母自由度为11，从 F 分布表可以得到，右侧临界值 $F_{0.025}(9, 11) = 3.59$，而左侧的临界值可以使用转换公式得到 $F_{0.975}(9, 11) = \dfrac{1}{F_{0.025}(11, 9)} = 0.256$，相应的拒绝域为（0，0.256）和（3.59，$+\infty$），如图10-11所示。

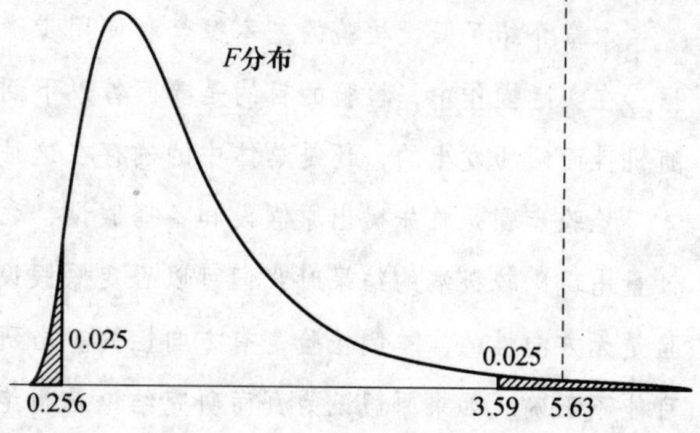

图10-11 F 检验落入拒绝域

（5）收集样本数据计算检验统计量。

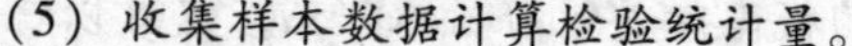

$$F=\frac{s_1^2}{s_2^2}=\frac{0.1138}{0.0202}=5.63$$

（6）将检验统计量的值和临界值进行比较。由于检验统计量为5.63，落入拒绝域之内，如图10-11所示。

（7）得出结论。拒绝原假设，两组样本的方差有明显差异，说明这两只股票的风险不一样，具体的讲是A股票的风险更大些。

Excel方法 如果没有F分布表，有三种方法可以利用Excel软件来帮助我们计算。第1种是使用函数FINV（0.025，9，11）来得到右侧临界值3.59，再用函数FINV（0.975，11，9）得到左侧临界值0.28；第2种方法是使用函数FDIST(5.63，11，9）得到0.0075，加倍后得到p值0.015，小于显著性水平0.05，拒绝原假设；第3种方法是直接使用Excel内置的双样本F检验工具包，该方法需要事先获得样本原始数据，并且要让Excel先加载“数据分析”工具（见图10-12）。

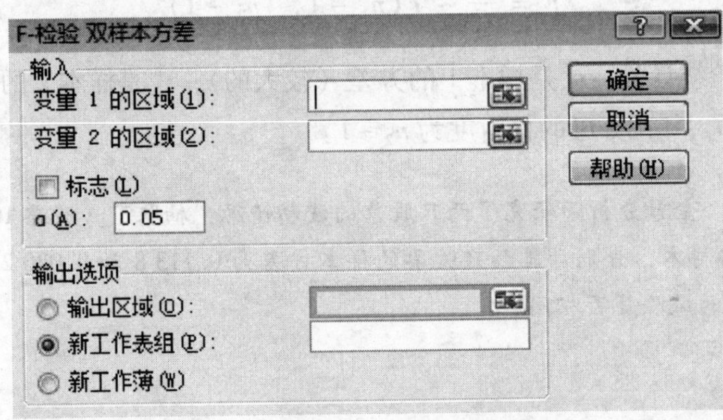

图10-12 Excel中F检验的对话框

□本章小结

本章介绍了假设检验的基本概念和使用步骤，假设检验是要评估对某一未知参数判断的证据。在实际操作中，检验的目的是要回答以下问题：“我们从样本中观察到的现象，只是因为随机性而碰巧发生的，还是总体中的确存在这种现象?”

检验步骤是首先提出原假设和备择假设，之后计算当原假设为真条件下某个统计量，当统计量出现比较极端的结果时我们可以否定原假设。检验可以是单侧的也可以是双侧的，双侧检验是无方向性的，单侧检验是有方向性的。当研究人员做出检验结论后，该结论可能正确，也可能不正确。如果原假设为真而研究结论是拒绝，则犯了第一类错误，如果原假设为假而研究结论是不拒绝，则犯了第二类错误。第一类错误发生的概率就是显著性水平α，它可以通过事先确定而控制，但第二类错误发生的概率β不容易控制。

对不同的参数做检验我们需要不同的统计量。当总体方差已知时，对均值的检验可以用Z检验；总体方差未知，对均值检验要用t检验；对大样本的比率检验可以用Z检验；对单样本方差的检验要用卡方检验；而双样本方差比的检验则要用F检验。每种方法都可以有临界值法和p值方法两种途径来解决，使用Excel是假设检验计算的好助手。

❑学习建议

本章内容为统计学核心部分，对不容易理解的部分反复阅读，首先需清楚假设检验的基本思路和方法，明确最简单的一个总体均值检验后再学习后面内容；其次需多做练习并进行上机操作，理解计算过程和统计结论。

1. 本章重点

原假设和备择假设的建立；理解第一类错误和第二类错误；构造检验统计量；各种检验方法的适用条件。

2. 本章难点

检验中的临界值法和p值方法。

❑核心概念

原假设　备择假设　第一类错误　第二类错误　检验统计量　临界值　拒绝域　显著性水平　p值

❑课后思考与练习

1. 假设已知如下条件，计算Z检验统计量的值，构造拒绝域，并得出结论（总体服从正态分布）。

   H_0: $\mu=1\,000$　H_1: $\mu\neq1\,000$，$\bar{x}=980$，$\sigma=200$，$n=100$，$\alpha=0.01$。

2. 假设已知如下条件，计算Z检验统计量的值，构造拒绝域，并得出结论。

   H_0: $\mu\geqslant15$　H_1: $\mu<15$，$\bar{x}=14.3$，$\sigma=2$，$n=25$，$\alpha=0.05$。

3. 抽取一个由12名学生组成的随机样本，调查他们在作业上花费的时间，数据如下所示。假设学生花费在作业上的时间服从正态分布，总体标准差为8，老师建议学生的作业时间应该不少于36个小时，检验其平均时间是否与老师建议的时间相符，并计算检验的p值。

31	40	26	30	36	38
29	40	38	30	35	38

4. 假设一枚硬币是正反面均匀的，要检验这个假设可以采用下列决策规则：如果在投掷100次的一个样本中，出现正面数在40～60之间，则接收假设，否则拒绝假设。求当假设正确时，拒绝假设的概率。

5. 从总体中随机抽取一个容量为50的样本，样本均值为510，样本标准差为125，若原假设为总体均值等于450，能否拒绝原假设？
6. 从某公司生产的灯泡中抽取100只，检测得平均寿命为1 570小时，标准差为120小时。如果该公司的质量要求是平均寿命1 600小时，研究者想知道样本数据是否和质量要求相符，利用双侧检验来建立假设，并在显著性水平为0.01条件下做出结论。
7. 在第6题中，利用左侧检验来建立假设，并在显著性水平为0.05条件下做出结论。
8. 一个机床生产的零件平均厚度应该为0.05厘米，为了确定该机床工作是否正常，从中取10个零件作样本，发现平均厚度为0.053厘米，样本标准差为0.003厘米，问机器工作是否正常，设显著性水平为0.01，并求检验的p值。
9. 一种新药的制造者宣称可以有90%的几率会减轻病人的病痛，现在以200名病人作为样本，发现该药对160人有效果，用0.01作为显著性水平，确定制造者的断言是否合理，并求出检验的p值。
10. “重庆8成市民5年没看电影，一张票能抵两天生活费”。重庆晚报记者调查发现，在重庆，看场电影成为普通市民的一种奢望，有8成的重庆市民5年没有进过电影院。为了验证记者的判断，某大学学生组织了一次社会调查，在被调查的400名重庆市民中，有312名5年没有到电影院看过电影。这些数据能支持记者的判断吗（显著性水平取0.01）？
11. 从一个正态总体中随机抽出100个观测值作为一个样本。计算得到样本方差为220，取显著性水平为0.05，能否拒绝总体方差为300的原假设？
12. 已知一台机器灌注油料的标准是平均重量40千克，标准差为0.25千克。现在随机检测由20桶油料组成的一个样本，显示其样本标准差为0.32千克，问该机器的不稳定性是否有显著增加，设显著性水平为0.05，并求检验的p值。
13. 两个班分别有40和50名学生，进行一场测验，一班平均分为74，标准差为8，二班平均分为78，标准差为7，问两个班的成绩是否有显著差异，设显著性水平为0.05，并求检验的p值。
14. 现有A和B两群病人，每群病人数都是100名，给A群服用某种药品，而不给B群服用。一段时间后发现A群和B群分别有75人和65人康复，问这种药是否有效？设显著性水平为0.01，并求检验的p值。
15. 一名教师教一门课程，有A，B两个班，A班有16名学生，B班有25名学生。在一场测验中，虽然两个班的平均成绩没有显著差异，但A班的标准差为9，而B班的标准差为12，问能否认为B班的离散程度比A班大？设显著性水平为0.01，并求检验的p值。

□实训应用

【案例10-1】 一家生产办公桌的公司在着手改进生产流程。在生产过程中，对办公桌的加工有方法A和方法B两种不同的工序。为了最终确定采用哪一种方法，管理人员进行了一次试验。随机抽出了25名工人按方法A装配办公桌，同时随机抽取另外25名工人按方法B装配办公桌，以分钟为单位记录下他们的装配时间如下。假设两个总体的方差相等，显著性水平设

为0.05，这两种方法的效率之间是否存在差异？[㊀]

采用方法A所需要的时间

6.8	5	7.9	5.2	7.6
6.1	6.2	7.1	4.6	6
6.4	6.1	6.6	7.7	6.4
5	5.9	5.2	6.5	7.4
7.1	6.1	5	6.3	7

采用方法B所需要的时间

5.2	6.7	5.7	6.6	8.5
4.2	4.5	5.3	7.9	7
5.9	4.9	5.3	4.2	7.1
6.5	5.9	6.7	6.6	4.2
5.9	7.1	5.8	7	5.7

1. 实训项目：用Excel进行两个总体均值之差的假设检验。
2. 实训目的：紧密围绕本章的假设检验知识点，实现课堂教学内容、教学实例、计算机软件和统计方法的结合，应用计算机处理大量数据的假设检验能力。
3. 实训指导：

(1) 启动电脑操作系统，打开Excel软件。

(2) 在Excel中输入数据。

(3) 启动数据分析工具包，

工具→数据分析→t检验→双样本等方差假设→确定。

(4) 对数据进行分析：

在"变量1的区域"中输入方法A的数据，在"变量2的区域"中输入方法B的数据，定义"显著性水平"和"输出区域"，确定。

(5) 对输出结果进行分析。

4. 实训组织：教师首先对实验项目作说明，然后分发实验数据，学生一人一机，利用Excel提供的分析方法完成实训项目，并撰写实验报告。
5. 实训考核：每次要求实验完后撰写实验报告，作为成绩的基本依据。以撰写实验报告的结果评定成绩，实验成绩作为课程的综合成绩的一部分，约占10%。

㊀ 相关数据文件见电子课件。

第11章 CHAPTER11

方差分析

□学习目标

- 理解方差分析的研究目的和思想。
- 了解方差分析的前提条件和一般步骤。
- 会计算 F 检验量的值，理解方差分析表的含义。
- 掌握多个总体的单因素方差分析的方法。

在比较两组数据大小的时候，我们可以利用上一章的两总体均值检验来进行研究。但是如果是要比较3个或更多总体的参数的时候，t 检验就不再是有效的方法。方差分析就是专门用来比较多个总体均值的一种统计方法。例如在降压新药的研发过程中，要确定药品的不同剂量对血压的影响，可能会有大、中、小3种不同的剂量，分别给3组小白鼠服用，然后得到3组不同的血压数据。如果3组血压数据基本相同，说明剂量的大小对血压的影响不大。如果数据差异较大，可能说明剂量的大小对血压有明显影响，但是数据总会受到随机影响而有或多或少的偏差，那么研究者又如何来确定3组的血压是“明显不同”的呢？在这里，“明显不同”是指该观察到的结果不是因为随机性而碰巧发生，也就是统计意义上的“显著性”。

11.1 方差分析的一般问题

方差分析会涉及“组内变异性”和“组间变异性”的概念，如果可以将所有数据划分成两组或多组，我们可以单独考虑每个组内的数据分布情况，即组内变异性；也可以考虑不同组之间的分布情况，即组间变异性。我们先用一个简单的例子来引入方差分析的基本思想。设想一场满分100环的射击比赛中，射手A的射击成绩分别是89，90，91环；射手B则是83，84，85环。从图11-1a可以很容易地将两名选手的水平区分开，因为射手 A 的平均成绩是个 90 环，而射手 B 的平均成绩是 84 环。我们再考虑这两组数据的变异性，可以看出两组数据各自组内的变异性较小，A 和 B 的极差都是 2，即组内变异性较小；而两组数据合并后的整体变异性较大，即组间变异性较大，合并后这 6 个数据的极差是 8，可见整体数据的变异性很明显，而且两组数据均值的差异也很明显。

若射手 C 的成绩是 84，88，92 环；而射手 D 的成绩是 83，87，91 环。这时候就不太容易区分这两个射手的水平了，此时射手 C 的平均成绩是 88 环，而射手 D 的平均成绩是 87 环，仅相差 1 环。再考虑这两组数据的变异性，可以发现 C 和 D 的极差都是 8，而整体数据的极差是 9，从图 11-1b 可以看出，组内的变异性和整体数据的变异性差异不明显，而两组数据均值间的差异也不明显。

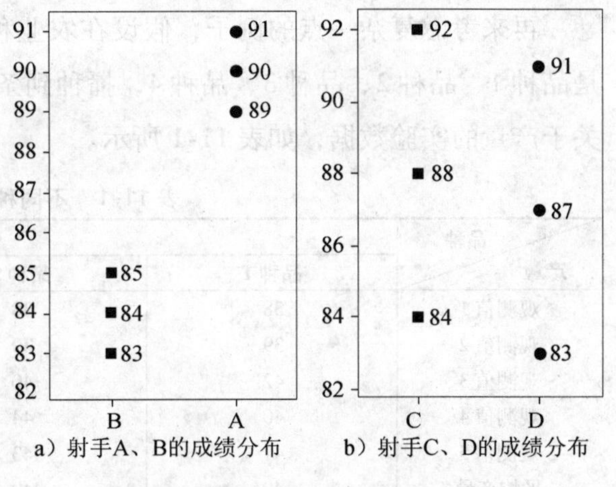

a）射手A、B的成绩分布　　b）射手C、D的成绩分布

图 11-1　射手成绩分布情况

从这个例子我们可以得出一个直观的结论：组内变异性和整体变异性相比越小，则不同组数据均值水平差异越大；也可以这样说，组内变异性和组间变异性相比越小，则不同组均值水平差异越大，这一重要结论我们会在后面分析时再次用到。所以方差分析并不是研究方差，而是将研究变异性作为手段，目的是分析不同组数据的均值水平，更深的层面上来看，它所研究的是自变量对因变量的影响是否显著。在射击例子中，自变量就是射击选手，因变量就是射击成绩；而在降压新药例子中，自变量就是药品的剂量大小，因变量就是血压水平。

方差分析就是要回答这样的一个问题：我们如何根据样本数据，判断自变量的不同取值对因变量有“显著影响”；或者说方差分析是检验多个总体均值是否相等的统计方法。具体来说，就是要对以下假设进行检验，H_0：$\mu_1=\mu_2=\cdots=\mu_k$，H_1：μ_i 不全相等。对这样的假设做检验，我们是否可以用上一章的两个总体均值的检验方法呢？假如我们面对的是 5 个总体，如果两两分别进行检验，则需要做 10 次 t 检验，假设每次检验犯第一类错误的概率 $\alpha=0.05$，那么连续做 10 次 t 检验犯第一类错误的概率为 $1-(1-\alpha)^{10}=0.4013$，这显然是不能接受的，而方差分析提供了一种有效解决这个问题的方法。

限于篇幅，本教材只讨论单因素方差分析，多因素方差分析的相关内容可参考其他相关资料。

11.2 方差分析的基本概念

在许多试验中，不同的数据仅由一个因素区别开来。例如在上面据说的降压新药的试验中，剂量作为一个因素可以取不同的值，而并不区分不同的药剂。

再来考虑复杂一点的例子，假设在农业种子研究中，有4种不同的小麦种子，分别是品种1、品种2、品种3、品种4，播种到条件相同的20块实验田中，得到4组共20个关于产量的实验数据，如表11-1所示。

表11-1 不同种子的产量数据

品种 / 产量	品种			
	品种1	品种2	品种3	品种4
观测值1	38	38	44	44
观测值2	39	39	43	47
观测值3	42	40	40	45
观测值4	40	44	44	45
观测值5	41	43	45	46
平均产量	40	40.8	43.2	45.4

为了更好地表达研究的问题，我们需要建立相关的基本概念。

因为这个实验只考虑“品种”一个因素对产量的影响，所以通常称为单因素试验。试验所要检验的对象称为“因素”或“因子”，在本例中，“品种”就是因素或因子，或者称为自变量，一般用大写字母A、B等表示；“因素”或“因子”的不同表现称为“处理”或“水平”，也就是自变量的取值，在本例中，品种这个自变量可以取“品种1”、“品种2”、“品种3”“品种4”4个水平，本试验的目的就是要研究自变量“品种”对因变量“产量”的影响；每个因子水平下得到的样本数据则称为观测值。在本试验中只有一个因素或因子即种子的品种，有4类不同的种子，我们就说有4个水平，本试验就是单因素四水平试验，而且每个因子水平下有5个观测值。

在单因素试验中，涉及两个变量，一个是分类型自变量，一个是数值型因变量，研究分类型自变量对数值型因变量的影响就是方差分析的主要目的。在本试验中种子的“品种”就是分类型自变量，而“产量”则是数值型因变量。

我们想知道作为自变量的种子因素，是否显著地影响了作为因变量的产量。如果自变量对因变量没有影响，可以预期这4个品种的产量应该差不多，不会有明显差异。反之，如果4个品种的产量有明显差异，那么作为自变量的品种就对因变量的产量造成影响。所以检验自变量对因变量的影响就是检验4组产量数据的均值是否有差异。

从表11-1中数据可以看到，不同组数据的确有不同，表示不同品种的产量之间有差异，进一步使用箱线图可以更清晰地显现出这种差异。可以看到品种4的产量是最高的，而品种1的产量是最低的，其他两个品种的产量居中，可以讲这4类品种的产量有差异，不同的品种产量不同。但是这种差异是否足够明显呢？这种产量上的差异是随机因素造成的，还是由于品种不同而造成的呢？这时我们需要方差分析来进行量化研究，以明确该结果在统计上是否具有显著性。

11.3 方差分析的基本原理和方法

11.3.1 方差分析的基本假定

方差分析在理论上应满足3个基本的前提条件。

条件1：k个总体都服从正态分布；

条件2：k个总体的方差相等；

条件3：k个样本之间是独立的。

需要说明的是，这些条件在一定程度上是可以放宽的，如果总体服从正态分布的条件不能满足，方差分析的结果不会受到太大的影响；如果各个总体方差相等的条件不能满足，在各组样本容量相差不大时，只要最大方差与最小方差之比小于3，分析结果都是稳定的。所以一般情况下，我们都认为以上条件都是被满足的。

方差分析是要检验多个正态总体的均值是否相等，由于只能得到样本，所以可以比较多个样本的均值是否有明显差异，从样本均值的差异程度来推断总体均值的差距。

11.3.2 方差分析的原理

方差分析的基本原理是分析数据误差的来源，通过比较这些误差来判断总体均值是否相等。我们以表11-1的数据和图11-2为例进行说明。

在同一水平（如品种1）下，样本的各个观测值是不同的。由于这些数据来自于同一总体，所以我们认为它们的差异是由于抽样的随机性造成的，我们称这样的误差为随机误差。

在不同水平（如不同品种）下，各样本

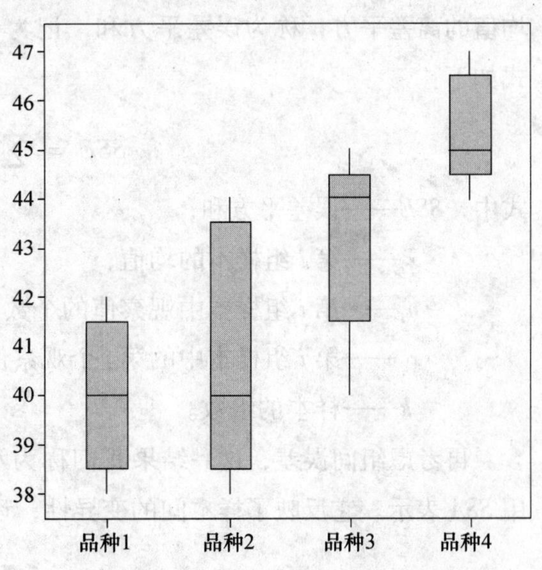

图11-2 不同种子产量数据的箱线图

的所有的观测值也是不同的。由于这些数据来自于不同的总体，所以这种差异可以是由于抽样随机性造成的（随机误差）；也可能是由于不同的品种造成的，我们将由于不同水平造成的误差称为系统误差。

衡量因素同一水平下的样本数据误差称为组内误差；衡量因素不同水平下各样本间的误差，称为组间误差。显然，组内误差只包含随机误差，而组间误差包含随机误差和系统误差。如果不同水平（不同品种）对产量没有影响，那么组间误差只包含随机误差，这时，组间误差与组内误差经过平均后的比值会很接近1；反之，如果不同水平（不同品种）对产量有明显的影响，这时，组间误差要比组内误差要大，两者经过平均后的比值会大于1，当这个比值大到一定程度时，我们就有理由相信，不同水平（不同品种）对产量是有显著影响的。

分析了方差分析的原理后，我们还要解决以下问题：①怎样描述组内误差和组间误差；②怎样对组内误差和组间误差进行平均；③怎样构造检验统计量，检验统计量服从何种分布；④检验统计量大到什么程度，我们可以有充分的理由相信不同水平（不同品种）对产量是有显著影响的。

11.3.3 方差分析的方法

1. 组内误差与组间误差

方差分析中包括了 k 个样本，每个样本中又包含多个观察值，可以设 x_{ij} 是第 i 组样本中的第 j 个观察值。

数据的误差是用离差平方和表示的。先考虑组内误差，它是每个组的观测值与该组均值的离差平方，称为误差平方和，记为 SSE。它反映了样本内部的变异情况，计算公式如下：

$$SSE = \sum_{i=1}^{k} \sum_{j=1}^{n_i} (x_{ij} - \bar{x}_i)^2 \tag{11-1}$$

式中 SSE——误差平方和；

$\bar{x}_i$——第 i 组样本的均值；

n_i——第 i 组样本中观察值的个数；

x_{ij}——第 i 组样本中的第 j 个观察值；

k——样本的组数。

再考虑组间误差，这一结果我们称为水平项误差平方和，又称为处理平方和，通常用 SSA 表示。它反映了样本间的变异性，计算公式如下：

$$SSA = \sum_{i=1}^{k} n_i (\bar{x}_i - \bar{x})^2 \tag{11-2}$$

式中 SSA——处理平方和；

$\bar{x}$——所有观察值的均值；

n_i——第 i 组样本中观察值的个数；

$\bar{x}_i$——第 i 组样本的均值；

k——样本的组数。

此外还要考虑所有数据合并后的整体变异性，这一结果我们称之为总误差平方和，通常用 SST 表示。SST 是全部观测值与总平均值的离差平方和，反映了全部数据的变异情况，计算公式如下：

$$SST = \sum_{i=1}^{k} \sum_{j=1}^{n_i} (x_{ij} - \bar{x})^2 \tag{11-3}$$

式中 SST——总平方和；

$\bar{x}$——所有观察值的均值；

n_i——第 i 组样本中观察值的个数；

x_{ij}——第 i 组样本中的第 j 个观察值；

k——样本的组数。

SST 衡量了整体全部数据的变异性，SSA 衡量了组间的变异性，SSE 衡量了组内的变异性，可以证明三者之间有如下关系：

$$SST = SSA + SSE \tag{11-4}$$

式中 SST——总平方和；

SSA——处理平方和；

SSE——误差平方和。

2. 组内均方差与组间均方差

由之前的分析可以认为，SST 可以分解为 SSA 和 SSE 两部分，而其中 SSA 既包含随机误差又包含系统误差，SSE 则仅包含随机误差。若 SSA 占有 SST 较大份额，SSA 会明显较 SSE 大，则说明不同组的均值有明显差异，反之亦然。

但是，SSA 与 SSE 的大小，会受到样本容量的影响。当样本容量变大时，SSE 会比 SSA 增大的快。为了更有可比性，就必须在比较之前先将两者进行平均，就是将处理平方和（SSA）与误差平方和（SSE）分别除以各自的自由度，可以得出处理均方与误差均方，分别记为 MSA 和 MSE，在这里的“均方”是“离差平方和的平均”的简称。

SSA 和 SSE 的自由度分别是多少呢？因为 SSA 表示的是 k 个样本间的变异性，所以自由度为 $k-1$；SSE 共有 $\sum_{i=1}^{k} n_i = n$ 个平方和（n 表示所有数据的个数），每一组都要确定一个均值，k 组就要确定 k 个均值，这样 SSE 的自由度为（$n-k$）。

于是就有以下结论：$MSA=\frac{SSA}{(k-1)}$，$MSE=\frac{SSE}{(n-k)}$。

3. 检验统计量

MSA 和 *MSE* 分别表示平均后的组间误差和组内误差，如果原假设成立，则 *MSA* 和 *MSE* 之比应该很接近 1，而当两者之比比 1 大很多时，我们就有一定证据不支持原假设，两者之比比 1 大的越多，我们不支持或者说拒绝原假设的理由就越充分。所以，*MSA* 和 *MSE* 之比就是检验统计量。我们记这个检验统计量为：

$$F=\frac{MSA}{MSE}=\frac{SSA/(k-1)}{SSE/(n-k)} \tag{11-5}$$

可以证明，这个检验统计量服从分子自由度为（$k-1$）、分母自由度为（$n-k$）的 F 分布，即 $F\sim F\{(k-1),(n-k)\}$。

计算 F 检验统计量是方差分析的核心环节。这个过程可以归纳为 3 个步骤：第 1 步，将总体平方和（*SST*）分解成组间平方和（*SSA*）与组内平方和（*SSE*）；第 2 步，将两个平方和除以各自的自由度得到两个均方差，记为 *MSE* 和 *MSA*；第 3 步，将 *MSA* 除以 *MSE* 得到 F 统计量。

在统计应用上常把上述计算列成表格，称为方差分析表，如表 11-2 所示。

表 11-2 方差分析表

误差来源	平方和	自由度	均方	*F* 值	*p* 值	*F* 临界值
组间	*SSA*	$k-1$	*MSA*	*MSA/MSE*		
组内	*SSE*	$n-k$	*MSE*			
总计	*SST*	$n-1$				

这个结果可以利用 Excel 得到。

4. 显著性水平与拒绝域

构造了检验统计量后，我们还要确定一个标准，来判断检验统计量是不是比 1 足够的大，从而做出相应的决策。这个标准的确定与假设检验的方法相同，就是确定一个显著性水平 α，而 α 对应的区域就是拒绝域，拒绝域的界限称为临界值，由于检验统计量 F 服从 F 分布，所以临界值可以通过查 F 分布表或利用 Excel 得到。如果检验统计量的值落入拒绝域，我们就有足够的理由拒绝原假设，如图 11-3 所示。

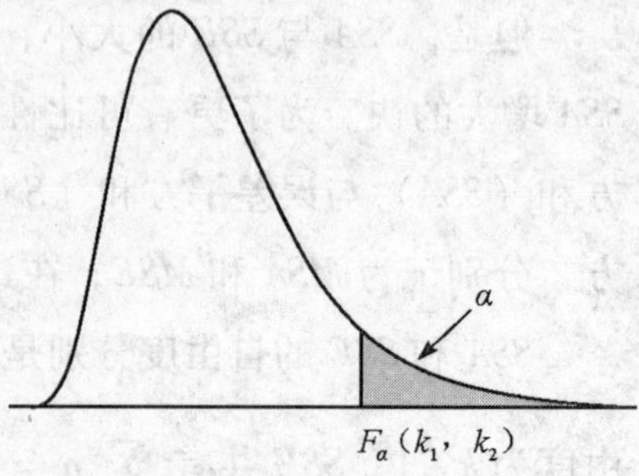

图 11-3 显著性水平和拒绝域

这样我们可以归纳出方差分析的基本步骤：

1）建立假设，原假设为 k 个总体均值相等，

H_0：$\mu_1=\mu_2=\cdots=\mu_k$；H_1：k 个均值不全相等。

2）确定显著性水平 α。

3）确定临界值和拒绝域。

4）根据样本数据计算 F 检验统计量。

5）将 F 检验统计量和临界值相比较做出结论。

与假设检验一样，方差分析也有临界值方法和 p 值两种方法。

11.4 两种方法举例

【例11-1】 某公司有3个生产车间，管理层想知道这3个车间的工人平均年龄是否有差异。下表的数据是从3个车间随机抽取的样本，这些数据是否可以确定3个车间工人平均年龄存在显著差异？（取 $\alpha=0.01$。）

表11-3 3个车间随机抽取的年龄样本数据

一车间	二车间	三车间	一车间	二车间	三车间
29	32	25	27	34	25
27	33	24	28	30	26
30	31	24			

解：（1）建立假设。

H_0：$\mu_1=\mu_2=\mu_3$；H_1：三个均值不全相等

（2）确定显著性水平为 $\alpha=0.01$。

（3）确定临界值和拒绝域，在本例中有3组样本共15个观察值，则分子的自由度 $df_A=2$，分母的自由度 $df_E=12$，F 分布的临界值为 $F_{0.01}(2,12)=6.93$，方差分析通常为单侧检验，拒绝域在右侧，如果 F 统计量大于6.93，则表示 SSA 明显大于 SSE，故可拒绝原假设。

（4）根据样本数据计算 F 统计量。

$n=15$，$\bar{x}=28.33$，$n_1=n_2=n_3=5$，$\bar{x}_1=28.2$，$\bar{x}_2=32$，$\bar{x}_3=24.8$ $SST=\sum_{i=1}^{K}\sum_{j=1}^{n_i}(x_{ij}-\bar{x})^2=$
$[(29-28.33)^2+(27-28.33)^2+\cdots+(25-28.33)^2+(26-28.33)^2]\approx 149.33$

$$SSA=\sum_{i=1}^{K}n_i(\bar{x}_i-\bar{x})^2=5\times(28.2-28.33)^2+5\times(32-28.33)^2+5\times(24.8-28.33)^2\approx 129.73$$

$$SSE=\sum_{i=1}^{K}\sum_{j=1}^{n_i}(x_{ij}-\bar{x}_i)^2=[(29-28.2)^2+(27-28.2)^2+\cdots+(25-24.8)^2+(26-24.8)^2]\approx 19.6$$

$df_T=15-1=14$

$df_A=3-1=2$

$df_E=15-3=12$

$$MSA=\frac{SSA}{df_A}=\frac{129.73}{2}=64.87$$

$$MSE = \frac{SSE}{df_E} = \frac{19.6}{12} = 1.63$$

$$F = \frac{MSA}{MSE} = \frac{64.87}{1.63} = 39.80$$

（5）将检验统计量和临界值进行比较。

由于检验统计量为39.80，大于临界值，落入拒绝域之内，如图11-4所示。故拒绝原假设，说明该公司3个车间工人的平均年龄存在明显差异。

另外，我们从图11-5的箱线图也可得到这3组数据相差较大的直观印象。

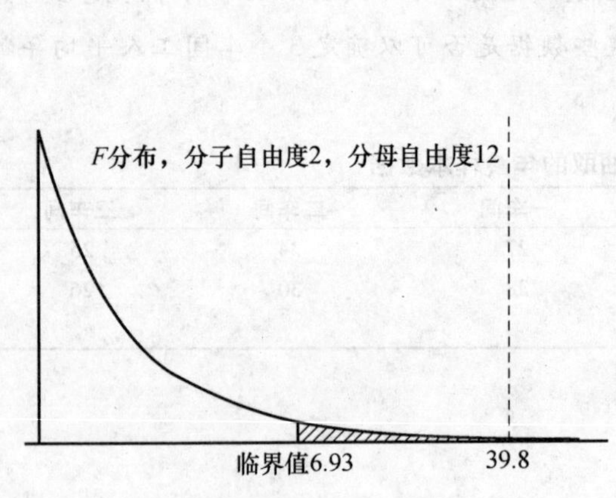

图11-4　F分布

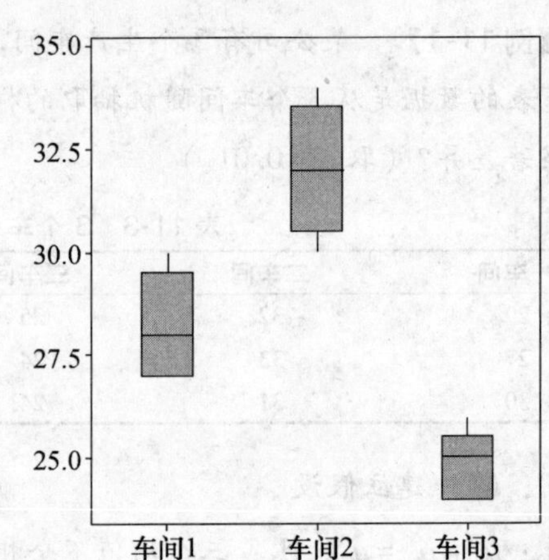

图11-5　3个车间工人年龄样本数据箱线图

从前面的分析过程中可以看到，进行方差分析需要大量的计算，纯手工计算会十分烦琐。我们可以利用Excel软件来辅助计算。还是利用例11-1的数据来讲解软件的操作过程。

首先在Excel表单中输入原始数据如图11-6所示。

29	32	25
27	33	24
30	31	24
27	34	25
28	30	26

图11-6　Excel中输入数据

然后在"数据分析"工具包中选择"方差分析：单因素方差分析"，如图11-7所示。

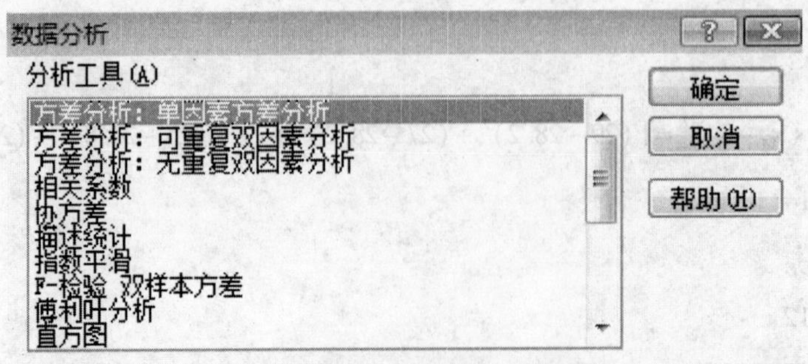

图11-7　Excel中选择菜单

选择后会出现图 11-8 的对话框，在“输入区域”栏输入原始数据所在位置。分级方式选择“列”，显著性水平设为 0.01，输出选项可以选新工作表组，然后确定，即可得到如图 11-9 的方差分析结果。

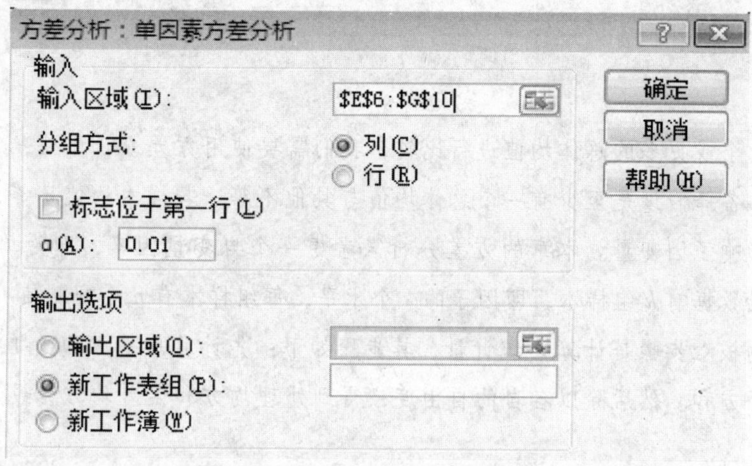

图 11-8 Excel 中的对话框操作

方差分析

差异源	SS	df	MS	F	P-value	F crit
组间	129.73	2.00	64.87	39.71	0.00	6.93
组内	19.60	12.00	1.63			
总计	149.33	14.00				

图 11-9 Excel 的方差分析结果

方差分析表左侧第一列显示了总体变异性可以划分为组内变异性和组间变异性，然后第 2 列第 1 行计算了反映组间变异性的处理平方和，即 *SSA* 等于 129.73，第 2 列第 2 行计算了反映组内变异性的误差平方和，即 *SSE* 等于 19.60。在第 3 列分别计算了各自的自由度。第 4 列则是将平方和除以自由度得到了两个均方，*MSA* 等于 64.87，*MSE* 等于 1.63。最后将 *MSA* 除以 *MSE* 可以得到 F 检验统计量的值为 39.71，其值大于临界值 6.93，因此可以做出拒绝原假设的结论。图中 P-value 的数据为 F 检验统计量对应的 p 值，p 值近似为 0 小于显著性水平 0.01，这样我们也可得到拒绝原假设的结论。

我们再使用 Excel 来解决前面提到过的种子问题，事先设定显著性水平为 0.05，将原始数据输入到表格中，运行单因素方差分析工具包，可得到图 11-10 的结果。

方差分析

差异源	SS	df	MS	F	P-value	F crit
组间	89.750	3.000	29.917	8.427	0.001	3.239
组内	56.800	16.000	3.550			
总计	146.550	19.000				

图 11-10 Excel 的方差分析结果

从方差分析表中可以了解到，p 值小于 0.05，组间方差明显大于组内方差，可得到结论，产量的不同是由于不同种子所引起的，而不是由于随机因素引起的。可见这一结论是具有统计显著性的。

❑本章小结

如果要对三个或更多的总体均值进行比较，我们需要使用方差分析方法，它的原假设是总体均值全相等，备择假设是至少有一个总体均值与其他不等。若样本均值不等，说明用于分组的自变量显著影响了因变量。本章的方差分析只考虑一个自变量因素，即为单因素方差分析，通常实验的原始数据有 k 组样本，即因子的 k 个水平，每组样本有 n 个观测值。

方差分析的核心步骤是计算 F 统计量，其步骤如下：先计算总平方和，并将其分解为处理平方和与误差平方和。然后除以各自的自由度，得到处理均方和误差均方。最后二者相除得到 F 统计量。

可以用临界值法或 p 值方法来判断 F 检验统计量的大小，如果 F 检验显著，说明组间方差明显大于组内方差，不同样本均值有明显的不同，则可得出结论，自变量对因变量有显著影响。方差分析的计算量比较大，使用软件可以很好地帮助研究分析。

❑学习建议

本章内容的难度较大，公式繁多，学生在学习本章时需反复研读重要的统计概念，如组间变异性和组内变异性，在此基础上理解方差分析的目的是比较均值，并进一步地用来分析分类自变量对数值因变量的影响是否显著。因为计算量较大，建议使用计算机练习。

1. 本章重点

方差分析中原假设和备择假设；理解组内变异性和组间变异性；理解因子和水平的含义。

2. 本章难点

单因子方差分析中 F 统计量的计算过程和结论意义。

❑核心概念

单因素方差分析　水平　因子　随机误差　系统误差　总平方和　误差平方和　处理平方和　均方

❑课后思考与练习

1. 现有 3 种肥料 A，B，C 洒在 3 块种有小麦的实验田上，下表数据表示种植在其上的小麦的单位产量，问不同的肥料对产量是否有显著影响。设显著性水平为0.05。

A	48	49	50	49
B	47	49	48	48
C	49	51	50	50

2. 一家公司想购买A，B，C，D，E 5个不同机器中的一个，为了确定机器的运行是否有差异，设计了一个试验，5名实验操作人员在机器上工作相同的时间，生产的产品数列在下表中，在显著性水平为0.05下，检验机器不存在差异的假设。

A	68	72	75	42	53
B	72	52	63	55	48
C	60	82	65	77	75
D	48	61	57	64	50
E	64	65	70	68	53

❑实训应用

【案例11-1】 某百货公司的营销部根据不同家庭的价值观细分了女性服装市场。细分市场分别为保守型、传统型和潮流型，另外调查了每类不同家庭的收入，数据如下（单位：千元），能否推断出三个不同类型的家庭的收入存在明显不同?[⊖]

保守型家庭收入

43	47	22	37	41
25	36	50	22	32
49	31	50	26	32
47	32	41	38	51
28	33	50	54	42

传统型家庭收入

35	33	54	43	38
40	45	38	34	29
43	23	32	37	25
48	41	48	47	33
49	45	29	21	32

潮流型家庭收入

34	42	38	35	42
46	43	41	22	29
26	56	38	40	63
31	37	35	19	43
47	36	36	32	33

⊖ 数据文件见电子课件。

1. 实训项目：用 Excel 进行单因素方差分析。

2. 实训目的：紧密围绕本章单因素方差分析的知识点，实现课堂教学内容、教学实例、计算机软件和统计方法的结合，应用计算机处理大量数据的方差分析。

3. 实训指导：

(1) 启动电脑操作系统，打开 Excel 软件。

(2) 在 Excel 中输入数据。

(3) 启动数据分析工具包：

工具→数据分析→方差分析：单因素方差分析→确定。

(4) 对数据进行分析：

在“输入区域”中刷入全部的数据，定义“显著性水平”和“输出区域”，确定。

(5) 对输出结果进行分析。

4. 实训组织：教师首先对实验项目作说明，然后分发实验数据，学生一人一机，利用 Excel 提供的分析方法完成实训项目，并撰写实验报告。

5. 实训考核：要求每次实验完后撰写实验报告，作为成绩的基本依据。以撰写实验报告的结果评定成绩，实验成绩作为课程的综合成绩的一部分，约占 10%。

CHAPTER12 第12章

相关与回归分析

□学习目标

- 理解相关关系和回归分析的概念、种类和特点。
- 了解相关与回归的假设检验，熟悉多元线性回归的概念。
- 掌握相关关系的测定方法、相关系数的计算方法。
- 掌握直线回归方程的确定方法，针对具体问题运用相关与回归分析方法进行深入的定量、定性分析。

经济运行中，周期性出现经济扩张与经济紧缩的交替更迭、循环往复。有意思的是，女人裙子的长短、打扮的开放与保守，似乎也与经济的更替有着密切联系。1929年至1933年全球经济大萧条时，妇女裙子又绉又长，打扮极端保守。而“第二次世界大战”后，世界经济日趋繁荣，裙子的长度也渐渐变短。到了20世纪60年代，经济更加繁荣，时尚界则延续50年代末的青春势力，推出了撼动全球的“迷你裙”，把女人裙摆拉到了最高点。纽约大都会博物馆服装馆馆长哈罗德·柯达认为：“设计师会掌握社会脉搏，了解普通百姓最关心的问题，当他感觉人们心理遇到困境、悲观情绪滋长，所设计的衣服就会朝着保守低调的方向发展，如长袖、高领、长裙。”这就是“裙边理论”——经济繁荣，裙子变短，经济萧条，裙子变长。它从一个侧面反映了经济周期与裙边长短存在着一定相关性。

12.1 相关与回归分析概述

相关与回归是现代统计学中非常重要的内容，是处理变量数据之间相关关系的一种统计方法。通过相关分析，可以判断两个或两个以上的变量之间是否存在相关关系、相关关系的方向、形态及相关关系的密切程度；回归分析是对具有相关关系现象间数量变化的规律性进行测定，确立一个回归方程式，并对所建立的回归方程式的有效性进行分析、判断，以便进一步进行估计和预测。相关与回归分析已经广泛应用到企业管理、商业决策、金融分析以及自然科学和社会科学等许多研究领域。

12.1.1 相关关系

现实世界中的各种现象之间相互联系、相互制约、相互依存，某些现象发生变化时，另一现象也随之发生变化。如商品价格的变化会刺激或抑制商品销售量的变化；直接材料、直接人工的价格变化对产品销售成本有直接的影响；居民收入的高低会影响产品的需求量，等等。研究这些现象之间的依存关系，找出它们之间的变化规律，对经过搜集、整理的统计数据进行数据分析，为客观、科学地决策提供依据。

1. 相关关系的含义

客观现象总是普遍联系和相互依存的。客观现象之间的数量联系有两种不同的类型。

（1）函数关系

函数关系指现象之间存在着严格的依存关系，即当一个或几个变量取一定的值时，另一个变量有确定值与之对应，变量之间这种依一定的函数形式表现出来的一一对应的关系称为函数关系。比如商品的销售数量和销售额就是函数关系。

（2）相关关系

相关关系又称统计关系，是指两个变量或两个以上的变量之间存在某种依存关系，但变量 y 并不是由变量 x 唯一确定的，它们之间没有严格的一一对应关系。例如，学习时间与学习成绩之间，相同的学习时间，学习成绩可能各不相同；商品的广告费用与销售量之间的关系等。

变量之间的函数关系和相关关系，在一定条件下是可以互相转化的。本来具有函数关系的变量，当存在观测误差时，其函数关系往往以相关的形式表现出来。而具有相关关系的变量之间的联系，如果我们对它们有了深刻的规律性认识，并且能够把影响因变量变动的因素全部纳入方程，这时的相关关系也可能转化为函数关系。另外，相关关系也具有某种变动规律性，所以，相关关系经常可以用一定的函数形式去近似地描述。客观现象的函数关系可以用数学分析的方法去研究，而研究客观现象的相关关系必须借助于统计学中的相关与回归分析方法。

2. 相关关系的种类

（1）按相关的程度可分为完全相关、不完全相关和不相关

当一种现象的数量变化完全由另一个现象的数量变化所确定时，称这两种现象间的关系为完全相关。例如，在价格不变的条件下，某种商品的销售总额与其销售量总是成正比例关系。在这种场合，相关关系便成为函数关系。因此也可以说函数关系是相关关

系的一个特例。当两个现象彼此互不影响，其数量变化各自独立时，称为不相关现象。例如，通常认为股票价格的高低与气温的高低是不相关的。两个现象之间的关系介于完全相关和不相关之间，称为不完全相关，一般的相关现象都是指这种不完全相关。

（2）按相关的方向可分为正相关和负相关

当一个现象的数量增加（或减少），另一个现象的数量也随之增加（或减少）时，称为正相关。例如，消费水平随收入的增加而提高。当一个现象的数量增加（或减少），而另一个现象的数量向相反方向变动时，称为负相关。例如商品流转的规模愈大，流通费用水平则愈低。

（3）按相关的形式可分为线性相关和非线性相关

当两种相关现象之间的关系大致呈现为线性关系时，称之为线性相关。例如，人均消费水平与人均收入水平通常呈线性关系。如果两种相关现象之间，并不表现为直线的关系，而是近似于某种曲线方程的关系，则这种相关关系称为非线性相关。例如，产品的平均成本与产品总产量就是一种非线性相关。

（4）按所研究的变量多少可分为单相关、复相关和偏相关

两个变量之间的相关，称为单相关。当所研究的是一个变量对两个或两个以上其他变量的相关关系时，称为复相关。例如，某种商品的需求与其价格水平以及收入水平之间的相关关系便是一种复相关。在某一现象与多种现象相关的场合，假定其他变量不变，专门考察其中两个变量的相关关系称为偏相关。例如，在假定人们的收入水平不变的条件下，某种商品的需求与其价格水平的关系就是一种偏相关。

12.1.2 回归分析

回归分析通过一个变量或一些变量的变化解释另一变量的变化。其主要内容和步骤是，首先，根据理论和对问题的分析判断，将变量分为自变量和因变量；其次，设法找出合适的数学方程式（即回归模型）描述变量间的关系；由于涉及的变量具有不确定性，接着还要对回归模型进行统计检验；统计检验通过后，最后是利用回归模型，根据自变量去估计、预测因变量。

回归有不同种类。按照自变量的个数分，有一元回归和多元回归。只有一个自变量的称为一元回归，有两个或两个以上自变量的叫多元回归；按照回归曲线的形态分，有线性（直线）回归和非线性（曲线）回归。实际分析时应根据客观现象的性质、特点、研究目的和任务选取回归分析的方法。

相关分析是回归分析的基础和前提，回归分析则是相关分析的深入和继续。相关分析需要依靠回归分析来表现变量之间数量相关的具体形式，而回归分析则需要依靠相关

分析来表现变量之间数量变化的相关程度。只有当变量之间存在高度相关时，进行回归分析寻求其相关的具体形式才有意义。如果在没有对变量之间是否相关以及相关方向和程度做出正确判断之前，就进行回归分析，很容易造成“虚假回归”。相关分析只研究变量之间相关的方向和程度，不能推断变量之间相互关系的具体形式，也无法从一个变量的变化来推测另一个变量的变化情况，因此，在具体应用过程中，只有把相关分析和回归分析结合起来，才能达到研究和分析的目的。

二者的区别主要体现在以下三个方面：

1）在相关分析中涉及的变量不存在自变量和因变量的划分问题，变量之间的关系是对等的；而在回归分析中，则必须根据研究对象的性质和研究分析的目的，对变量进行自变量和因变量的划分。因此，在回归分析中，变量之间的关系是不对等的。

2）在相关分析中所有的变量都必须是随机变量；而在回归分析中，自变量是给定的，因变量才是随机的，即将自变量的给定值代入回归方程后，所得到的因变量的估计值不是惟一确定的，而会表现出一定的随机波动性。

3）相关分析主要是通过相关系数来反映变量之间相关程度的大小，由于变量之间是对等的，因此相关系数是惟一确定的。而在回归分析中，对于互为因果的两个变量（如人的身高与体重，商品的价格与需求量），则有可能存在多个回归方程。

12.2 简单线性相关分析

相关分析的内容和目的主要是研究现象之间有无相关关系的存在，相关关系的表现形式和密切程度，而其中最为基本的是简单线性相关分析；这里所说的简单是指只考虑两个变量，线性是指这两个变量呈现出直线相关的特性。

相关图表与相关系数

相关表和相关图可以帮助我们直观了解相关关系，但这只是初步的判断，是相关分析的开始。为了说明现象之间相关关系的密切程度，就要计算相关系数。相关系数是直线相关条件下说明两个现象之间相关关系密切程度的统计分析指标。

1. 相关表

在定性判断的基础上，把具有相关关系的两个量的具体数值按照一定顺序平行排列在一张表上，以观察它们之间的相互关系，这种表就称为相关表。根据《中华人民共和国2008年国民经济和社会发展统计公告》的数据，将2004~2008年我国GDP与税收收入编制成相关表，如表12-1所示。

表 12-1　我国 GDP 与税收收入数据　（单位：亿元）

年份	2004	2005	2006	2007	2008
GDP	159 878	183 217	211 924	257 306	300 670
税收收入	25 723	30 867	37 637	49 449	57 862

从表 12-1 我们可以比较直观发现，2004～2008 年我国 GDP 与税收收入呈现同向增加的正相关趋势。

2. 相关图

相关图又称散点图。它是以直角坐标系的横轴代表变量 x，纵轴代表变量 y，通过观察或试验我们可以得到统计数据，记为（x_i，y_i）（$i=1，2，\cdots，n$），将每组数据（x_i，y_i）变量值在坐标系中用点标出来而形成的散点图，称为相关图。

利用相关图和相关表，可以更直观、更形象地表现变量之间的相互关系。相关图是研究相关关系的直观工具，一般在进行详细的定量分析之前，可以先利用它对现象之间存在的相关关系的方向、形式和密切程度作大致的判断。从相关图可以很直观发现两个变量的相关关系形态大致可表现为线性相关、非线性相关、完全相关和不相关几种类型。

根据表 12-1 的资料绘制的相关图如图 12-1 所示。

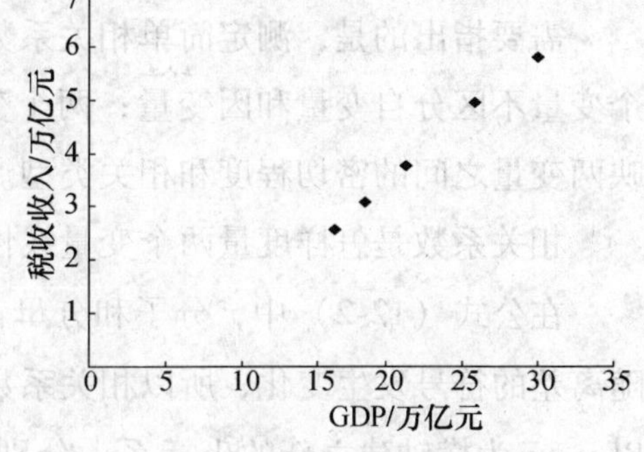

图 12-1　国内生产总值（GDP）与税收收入的散点图

从图 12-1 可以直观看出，2004～2008 年我国 GDP 与税收收入呈显著的线性正相关关系。

3. 相关系数

相关分析的方法主要有相关图表和相关系数等，通过相关图、相关表可以判断变量之间有无相关关系，大致反映变量之间的关系形态，但不能准确反映出变量之间的密切程度。所以需要计算相关系数准确度量两个变量之间的关系密切程度。

（1）相关系数的计算

相关系数就是对两个变量之间具有线性相关程度的度量，反映两个变量之间线性相关密切程度和相关方向，称为简单相关系数。如果相关系数是根据总体全部数据计算的，则称为总体相关系数，通常表示为 ρ；如果根据样本数据计算的则称为样本相关系数，表示为 r。简单相关系数通常是指样本相关系数。

总体相关系数的计算公式

$$\rho = \frac{\sigma_{xy}^2}{\sigma_x \sigma_y} \tag{12-1}$$

式中　σ_{xy}^2——变量 x 和 y 的协方差；

σ_x——变量 x 的标准差；

σ_y——变量 y 的标准差。

样本相关系数的计算公式是：

$$r = \frac{\sum(x-\bar{x})(y-\bar{y})}{\sqrt{\sum(x-\bar{x})^2\sum(y-\bar{y})^2}} \tag{12-2}$$

式中 $\bar{x}$——变量 x 的平均数；

$\bar{y}$——变量 y 的平均数。

公式（12-2）可化简为：

$$r = \frac{n\sum xy - \sum x\sum y}{\sqrt{n\sum x^2-(\sum x)^2}\sqrt{n\sum y^2-(\sum y)^2}} = \frac{\sum xy - n\bar{x}\bar{y}}{\sqrt{\sum x^2-n\bar{x}^2}\sqrt{\sum y^2-n\bar{y}^2}} \tag{12-3}$$

式中 n——样本容量。

需要指出的是，测定简单相关系数时，x 与 y 两个变量是对等的关系，即所研究的两个变量不区分自变量和因变量；两个变量只能算出一个相关系数，其值的大小、符号反映两变量之间的密切程度和相关类型。

相关系数是怎样度量两个变量线性相关的程度呢？我们可以借助几何方法进行说明。

在公式（12-2）中，分子和分母都是离差形式，但分母总是为正，而分子的符号会随离差的符号发生变化，所以相关系数 r 的符号取决于分子的符号。我们以 $x=\bar{x}$ 为纵轴，以 $y=\bar{y}$ 为横轴建立新的坐标系，分别称重新划分的区域按逆时针方向为第一、二、三、四区域。如果散点图中的散点比较一致地落在第一、三区域（见图 12-2a），这时分子的符号为正，为正相关，且一致程度越高，相关程度的程度也越高，相关系数 r 的绝对值越大；如果散点图中的散点比较一致地落在第二、四区域（见图 12-2b），这时分子的符号为负，为负相关，且一致程度越高，相关程度的程度也越高，相关系数 r 的绝对值越大；如果散点图中的散点没有规律地分布在各区域内（见图 12-2c），由于离差的符号不断变化，分子会正负抵消，相关系数 r 的绝对值会很小，相关程度也很低。

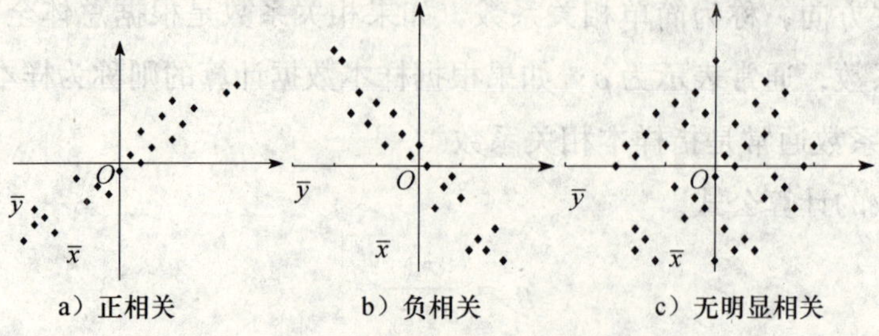

图 12-2 相关系数的几何意义

从上面的分析可以看出，式（12-2）的分子已经能够描述两个变量的相关程度和相关类型了，为什么还要除以分母的内容呢？我们仔细考虑一下分子，当两个变量表现出高度正相关或高度负相关时，其绝对值可能会非常大，甚至趋于无穷大，这样我们就无法给出一个确定两个变量相关程度的标准，或者说这个分子的绝对值大到什么程度是高度相关。此外，由于我们计算的变量是有单位的，两个变量的单位可能不同，这时分子的计算结果无实际意义。为了解决这些问题，在计算时除以分母的内容，其意义是将离差标准化，然后再平均，就可以很好地表达线性相关的意义了。

可以证明，经过以上处理后，样本相关系数 r 的取值范围为 $-1 \leqslant r \leqslant 1$。若 r 为正，则表明两变量为正相关；若 r 为负，则表明两变量为负相关；如果 $r=1$ 或 -1，则表示两个现象完全直线性相关。如果 $r=0$，则表示两个现象完全不相关（不存在直线相关，但不排除其他形式的相关）。相关系数 r 的绝对值越接近于 1，表示相关系数越强；越接近于 0，表示相关系数越弱。

判断两变量线性相关密切程度的具体标准为：

$0 \leqslant |r| < 0.3$，称为微弱相关；$0.3 \leqslant |r| < 0.5$，称为低度相关；$0.5 \leqslant |r| < 0.8$，称为显著相关；$0.8 \leqslant |r| < 1$ 称为高度相关。

【例 12-1】　表 12-2 是美国市场上 10 种主要啤酒品牌广告费和销售量的数据：

表 12-2　美国市场上 10 种啤酒广告费与销售量的数据

啤酒品牌名称	广告费（百万美元）	销售量（百万桶）	啤酒品牌名称	广告费（百万美元）	销售量（百万桶）
Budweiser	120.0	36.3	Natural Light	0.1	7.1
Bud Light	68.7	20.7	Miller Genuine Draft	21.5	5.6
Miller Lite	100.1	15.9	Miller High Lite	1.4	4.4
Coors Light	76.6	13.2	Busch Light	5.3	4.3
Busch	8.7	8.1	Milwaukee's Best	1.7	4.3

资料来源：《商务与经济统计》戴维 R. 安德森，机械工业出版社。

求广告费与销售量的相关系数。

解：计算表如表 12-3 所示。

表 12-3　美国 10 种啤酒广告费与销售量相关系数计算表

序号	广告费（x）	销售量（y）	$x-\bar{x}$	$(x-\bar{x})^2$	$y-\bar{y}$	$(y-\bar{y})^2$	$(x-\bar{x})(y-\bar{y})$
1	120	36.3	79.59	6 334.57	24.31	590.98	1 934.83
2	68.7	20.7	28.29	800.32	8.71	75.86	246.41
3	100.1	15.9	59.69	3 562.90	3.91	15.29	233.39
4	76.6	13.2	36.19	1 309.72	1.21	1.46	43.79
5	8.7	8.1	−31.71	1 005.52	−3.89	15.13	123.35
6	0.1	7.1	−40.31	1 624.90	−4.89	23.91	197.12
7	21.5	5.6	−18.91	357.59	−6.39	40.83	120.83

（续）

序号	广告费（x）	销售量（y）	$x-\bar{x}$	$(x-\bar{x})^2$	$y-\bar{y}$	$(y-\bar{y})^2$	$(x-\bar{x})(y-\bar{y})$
8	1.4	4.4	−39.01	1 521.78	−7.59	57.61	296.09
9	5.3	4.3	−35.11	1 232.71	−7.69	59.14	270.00
10	1.7	4.3	−38.71	1 498.46	−7.69	59.14	297.68
合计	—	—	—	19 248.47	—	939.35	3 763.48

其中：$\bar{x}=40.41$，$\bar{y}=11.99$。

由公式（12-2）得

$$r=\frac{\sum(x-\bar{x})(y-\bar{y})}{\sqrt{\sum(x-\bar{x})^2\sum(y-\bar{y})^2}}\approx\frac{3\,763.48}{\sqrt{19\,248.47\times 939.35}}\approx 0.885$$

实际计算中，样本相关系数的计算量较大，我们可以利用Excel进行计算。

首先我们将具体的统计数据输入Excel工作表中，在Excel工作表的“工具”完成“加载宏→分析工具库”的选项操作，然后按照以下步骤操作：

（1）选择Excel工作表的“工具”菜单；

（2）选择“数据分析”选项；

（3）在分析工具中选择“相关系数”然后选择“确定”；

（4）在对话框的“输入区域”中用鼠标刷入数据，选择“输出区域”，确定。

【例12-2】 根据表12-2中数据，用Excel计算样本相关系数。

解：操作步骤同上，计算结果如下。

	列1	列2
列1	1	
列2	0.885 071 066	1

其中列1和列2的交叉点上的数值就是相关系数。

即，$r=0.885\,071\,066$

（2）相关系数的显著性检验

一般情况下，总体相关系数ρ是未知的，在实际的研究分析时，通常是根据样本数据测度样本相关系数r作为总体相关系数ρ的估计值。也就是说样本相关系数r是统计量，它会随着样本的不同而发生变化，是一个随机变量。这样，我们必须回答一个问题，当样本相关系数r表现为样本中两个变量相关时，能否代表总体中对应的两个变量也相关呢？或者说这个结果是偶然的吗？这就需要对ρ进行相关系数的显著性检验。

作为一个随机变量，样本相关系数r具有一定的概率分布。可以证明，如果两个变量都服从正态分布，在总体相关系数$\rho=0$的条件下，样本相关系数r服从自由度为$(n-2)$的t分布：

$$t = \frac{r\sqrt{n-2}}{\sqrt{1-r^2}} \sim t(n-2) \qquad (12\text{-}4)$$

式中 r——样本相关系数；

n——样本容量。

显著性检验的步骤如下。

（1）提出假设，H_0：$\rho=0$，H_1：$\rho\neq 0$；

（2）由公式（12-3）计算检验统计量；

（3）确定显著性水平，根据给定的显著性水平和自由度（$n-2$）查 t 分布表查构造拒绝域；

（4）决策判断，若 $|t| > t_{\alpha/2}$，拒绝 H_0，表明总体的两个变量之间存在显著的线性相关关系。

【例 12-3】 由例 12-2 的结果，对总体相关系数是否等于零做显著性检验。

解：取 $r=0.885$。

（1）提出假设，H_0：$\rho=0$，H_1：$\rho\neq 0$；

（2）计算检验统计量，由式（12-4）得 $t=5.3763$；

（3）假定显著性水平为 0.05，查 t 分布表得：$t_{\alpha/2}(n-2)=t_{0.025}(8)=2.306$；

（4）由于 $t=5.3763>t_{0.025}(8)=2.306$，故拒绝原假设，说明总体的广告费与销售量存在相关关系。

12.3 回归分析

回归分析是指在相关分析的基础上，侧重于研究变量之间的影响关系，把变量之间的具体变动关系模型化，求出关系方程式，就是找出一个能够反映变量间变化关系的函数关系式，并据此进行估计和推算。通过回归分析，可以将相关变量之间不确定、不规则的数量关系一般化、规范化，从而可以根据自变量的某一个给定值推断出因变量的可能值（或估计值）。

回归分析包括多种类型：根据所涉及变量的多少不同，可分为简单回归分析和多元回归分析。简单回归又称一元回归，是指两个变量之间的回归，其中一个变量是自变量，另一个变量是因变量；而多元回归则有多个自变量，根据回归方程式的形式不同，可分为线性回归和曲线回归。在这些形式的回归分析中，最基本的是一元线性回归分析。

12.3.1 一元线性回归分析

在回归分析时，我们首先要清楚识别因变量和自变量。一般是将被预测或被估计的变量（结果）作为因变量，用y表示；一般将用来预测或解释因变量y的一个或多个变量都称为自变量，以x表示；在这里我们理解自变量和因变量之间存在因果关系，其位置不能颠倒。

1. 一元线性回归模型

（1）总体回归方程

假如我们已知总体的自变量和因变量所有的数据，并且其存在程度较高的线性相关关系，则可以设定总体回归模型。

$$y = a + bx + \varepsilon \tag{12-5}$$

式中 y——被解释变量（因变量）；

x——解释变量（自变量）；

a——回归常数；

b——回归系数；

ε——随机误差项。

式（12-5）称为变量y对x的一元线性理论回归模型。

式（12-5）表达了自变量x与因变量y之间密切相关，但密切的程度又没有到由x惟一确定y的地步的这种特殊关系。式（12-5）中变量y与x之间的关系用两个部分描述。一部分是由于x的变化引起y线性变化的部分，即$a+bx$；另一部分是误差项ε构成，即除了x的变化引起的y线性变化的其他一切随机因素引起的变化部分。

（2）一元线性回归模型的基本假定

假定1：自变量是给定的变量，与随机误差项线性无关；

假定2：误差项ε是一个期望值为0的随机变量，即$E(\varepsilon)=0$。对于一个给定的x值，y的期望值为：

$$E(y) = a + bx \tag{12-6}$$

式中 $E(y)$——y的数学期望。

式（12-6）称为总体一元线性回归方程。

a是回归直线在y轴上的截距，是当$x=0$时，y的期望值；b是直线的斜率，称为回归系数，表示当x每变动一个单位时，y的平均变动值。a和b在一元线性回归分析中有着重要的意义，例如，如果x代表收入，y代表消费支出，则b表示边际消费倾向。

假定3：对于所有的x值，ε的方差σ^2都相同；

假定4：不同的ε之间不相关；

假定5：误差项ε是一个服从正态分布的随机变量，且相互独立，即$\varepsilon \sim N(0, \sigma^2)$。

(3) 样本回归方程

在实际的分析工作中，总体的数据一般是不能全部掌握的，常用的方法是用对应的样本数据对总体进行估计。于是我们可以设定样本回归模型和样本回归方程。

样本回归模型为：

$$y_i = \hat{a} + \hat{b}x_i + e_i \tag{12-7}$$

式中 $\hat{a}$——总体 a 的估计值；

$\hat{b}$——总体 b 的估计值；

e_i——总体 ε 的估计值（残差）。

样本回归方程为：

$$\hat{y}_i = \hat{a} + \hat{b}x_i \tag{12-8}$$

式中 $\hat{y}$——总体 $E(y)$ 的估计值。

由式（12-7）和式（12-8），显然有：

$$y_i - \hat{y}_i = e_i \tag{12-9}$$

一元线性回归分析的基本方法是，根据样本数据，采用最小二乘法得到样本回归方程，用样本的 $\hat{a}$ 和 $\hat{b}$ 对总体的 a 和 b 进行估计。在这个过程中要注意的是，总体方程中的 a 和 b 是客观存在的，是我们想要知道的参数，但往往是未知的；而样本方程中的 $\hat{a}$ 和 $\hat{b}$ 是可以通过样本数据采用最小二乘法求得的，但它们会随着样本的变化而发生变化，即它们是样本统计量，是随机变量。

2. 最小二乘法

进行一元线性回归分析（确定 $\hat{a}$ 和 $\hat{b}$）时，最为简便的方法是最小二乘法（简称OLS）。

最小二乘法的基本思想是：要使估计值 $\hat{y}_i$ 与实际观测值 y_i 的偏差最小，由公式(12-9)可知，也就是使 Σe_i 为最小；但是由于 e_i 是可正可负的，可以证明 Σe_i 是等于零的。所以，我们用 Σe_i^2（残差平方和）作为衡量 $\hat{y}_i$ 和 y_i 偏差程度的标准，即要求 $\Sigma e_i^2 = \min$。

由式（12-8）和式（12-9）得：

$$\Sigma e_i^2 = \Sigma(y_i - \hat{y}_i)^2 = \Sigma(y_i - \hat{a} - \hat{b}x_i)^2 = \min \tag{12-10}$$

由于样本数据中的所有 x_i 和 y_i 是已知的，所以 Σe_i^2 的值取决于 $\hat{a}$ 和 $\hat{b}$。也就是说 Σe_i^2 是关于 $\hat{a}$ 和 $\hat{b}$ 的函数，记为：

$$Q(\hat{a},\hat{b}) = \Sigma e_i^2 = \Sigma(y_i - \hat{a} - \hat{b}x_i)^2 \tag{12-11}$$

由微积分知识可知，函数 $Q(\hat{a},\ \hat{b})$ 有最小值的心要条件是对于 $\hat{a}$ 和 $\hat{b}$ 的两个偏导数为零，即

$$\frac{\partial Q}{\partial \hat{a}} = -2\sum(y_i - \hat{a} - \hat{b}x_i) = 0, \frac{\partial Q}{\partial \hat{b}} = -2\sum(y_i - \hat{a} - \hat{b}x_i)x_i = 0$$

整理得

$$\sum y_i = n\hat{a} + \hat{b}\sum x_i \tag{12-12}$$

$$\sum x_i y_i = \hat{a}\sum x_i + \hat{b}\sum x_i^2 \tag{12-13}$$

式中　n——样本容量。

式（12-12）和式（12-13）组成的方程组称为正规方程组。

解正规方程组可求得 $\hat{a}$ 和 $\hat{b}$：

$$\hat{b} = \frac{n\sum x_i y_i - \sum x_i \sum y_i}{n\sum x_i^2 - (\sum x_i)^2} \tag{12-14}$$

$$\hat{a} = \bar{y} - \hat{b}\bar{x} \tag{12-15}$$

式中　n——样本容量；

$\bar{x}$——变量 x 的平均值；

$\bar{y}$——变量 y 的平均值。

可以证明，在满足一元线性回归模型的基本假定的条件下，用最小二乘法得到的估计量是最佳线性无偏估计量，这个结论称为高斯-马尔可夫定理。

回归分析的计算量较大，我们可以利用 Excel 完成相关计算，步骤如下：

（1）选择 Excel 工作表的“工具”菜单；

（2）选择“数据分析”选项；

（3）在分析工具中选择“回归”然后选择“确定”；

（4）在对话框“y 值输入区域”和“x 值输入区域”中分别用鼠标输入数据，选择“输出区域”，确定。

【例 12-4】　根据例 12-1 中表 12-2 的数据，以广告费为自变量对销售量进行一元线性回归分析。

解：由相关分析知，销售量与广告费之间存在线性相关关系，其中销售量是被解释变量（因变量），广告费是解释变量（自变量）。

建立样本回归方程：$\hat{y}_i = \hat{a} + \hat{b}x_i$

式中，$\hat{y}$——销售量，x——广告费。

用 Excel 按步骤进行计算，结果如下：

表 12-4 Excel 输出的回归分析结果

SUMMARY OUTPUT

回归统计	
Multiple R	0.885071
R Square	0.783351
Adjusted R Square	0.75627
标准误差	5.043674
观测值	10

方差分析

	df	SS	MS	F	Significance F
回归分析	1	735.8398	735.8398	28.92605	0.000663
残差	8	203.5092	25.43865		
总计	9	939.349			

	Coefficients	标准误差	t Stat	P-value	Lower 95%	Upper 95%
Intercept	4.088994	2.168406	1.885714	0.096057	-0.91136	9.089348
X Variable 1	0.195521	0.036354	5.378295	0.000663	0.111689	0.279353

Excel 输出的回归分析结果的解释如下。

第 1 部分是回归分析的常用统计量：相关系数（multiple）、判定系数（R square）、调整后的 R^2（adjusted R）、标准误差和观测值的个数。

第 2 部分是方差分析：自由度（*df*）、平方和（*SS*）、回归和残差的均方（*MS*）、检验统计量（*F*）、*F* 检验的显著性水平（significance）。

第 3 部分是参数估计：回归方程的截距（intercept）、斜率（variable）、截距和斜率的标准误差、回归系数的 *t* 统计量（t stat）、*P* 值、截距和斜率的置信区间（lower 95%和 upper 95%）。

通过表 12-4 Excel 输出的回归分析结果，得到估计的回归方程有关结果：回归方程的截距为 4.088 994，斜率为 0.195 521。

即，$\hat{y} = 4.088\,994 + 0.195\,521x$

其意义是，平均而言当广告费每增加 1 个单位（百万美元）时，销售量会增加约 0.196 个单位（百万桶）。

3. 回归方程的检验

上面我们利用样本数据，运用最小二乘法得到了样本回归方程，从而得到了非常重要的估计量 $\hat{a}$ 和 $\hat{b}$。但是，这个结果是由样本数据得到的，它是否是一个偶然的结果呢？这就需要我们对回归方程进行检验。

（1）回归系数的显著性检验

在例 12-4 我们得到了这样的一个结果：$\hat{b} = 0.195\,521$，它是不等于零的，说明样本中的y与x之间存在线性相关关系，但这是一个由样本数据得到的结果，而总体中的y与x之间也存在线性相关关系吗？

为了说明这个问题，我们需要对这样的一个假设进行检验：

H_0：$b=0$（没有线性关系），H_1：$b\neq0$（有线性关系）

进行这个假设检验，首先要知道统计量$\hat{b}$的概率分布。可以证明，在满足一元线性回归模型基本假设和$b=0$的条件下，$\hat{b}$服从正态分布。但是由于总体方差是未知的，所以其标准化后的检验统计量服从t分布。

$$t=\frac{\hat{b}}{se(\hat{b})}\sim t(n-2) \tag{12-16}$$

式中　n——样本容量；

$se(\hat{b})$——$\hat{b}$的标准差。

这样，我们可的以用t检验对回归方程进行显著性检验，其步骤如下。

（1）提出假设，H_0：$b=0$，H_1：$b\neq0$

（2）构造检验统计量（式（12-15）），$se(\hat{b})$的值即Excel计算结果中$\hat{b}$对应的标准误差；

（3）确定显著性水平α，并查t分布表得到临界值$t_{\alpha/2}$；

（4）做出决策：

$|t|>t_{\alpha/2}$，拒绝H_0，认为x与y存在线性关系；

$|t|<t_{\alpha/2}$，不拒绝H_0，认为x与y不存在线性关系。

以上这个过程是采用了临界值法，我们还可以采用p值方法进行检验。其方法是在上面第3步不是查表求临界值，而是求出t检验统计量对应的p值，然后用p值和显著性水平α进行比较，如果p值小于α则拒绝原假设。

Excel计算结果在P-value中给出了t检验统计量对应的p值。

【例12-5】 对例12-4的结果进行回归系数显著性检验。

解：（1）提出假设，H_0：$b=0$，H_1：$b\neq0$；

（2）计算检验统计量的值，在Excel计算结果中得$t=5.378\,295$；

（3）设定显著性水平$\alpha=0.05$，$n=10$，查表得$t_{\alpha/2}=2.306$

（4）因为$t=5.378\,295>t_{\alpha/2}=2.306$，故拒绝$H_0$，说明总体$x$与$y$存在显著的线性关系。

如果采用p值方法，在Excel计算结果中可知$p=0.000\,663$，

由于$p=0.000\,663<\alpha=0.05$，故拒绝H_0，说明总体x与y存在显著的线性关系。

(2) 拟合优度检验

样本回归方程是对样本数据的一种逼近，也称为拟合，我们希望对拟合的程度进行度量。

以例 12-4 为例，从散点图 12-3 可以看出，各散点在样本回归线上下，说明样本回归线与样本观测值误差可能为正也可能为负，这样要描述拟合的程度，要对因变量总离差平方和进行分析。

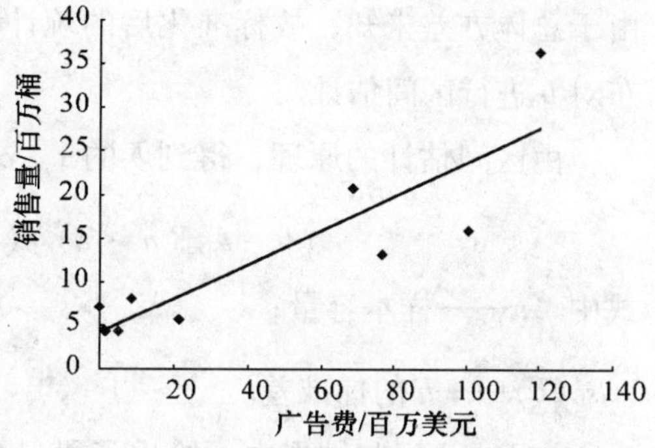

图 12-3 10 种主要啤酒的广告费与销售量

由式（12-9）可得：

$$(y_i - \bar{y}) = (\hat{y}_i - \bar{y}) + (y_i - \hat{y}_i) \quad (12\text{-}17)$$

式中 $\bar{y}$——变量 y 的平均值。

将公式（12-16）两边平方而后求和，可以证明下列关系式成立：

$$\Sigma(y_i - \bar{y})^2 = \Sigma(\hat{y}_i - \bar{y})^2 + \Sigma(y_i - \hat{y}_i)^2 \quad (12\text{-}18)$$

我们记 $SST = \Sigma(y_i - \bar{y})^2$，称为总离差平方和，表示所有样本观测值与其平均值的离差平方和；记 $SSR = \Sigma(\hat{y}_i - \bar{y})^2$，称为回归平方和，表示由回归方程做出解释的离差平方和；记 $SSE = \Sigma(y_i - \hat{y}_i)^2$，称为残差平方和，表示回归方程未做出解释的离差平方和。由公式（12-17）有：$SST = SSR + SSE$。

显然，如果样本回归线拟合的程度越高，各样本观测值与样本回归线越近，则回归平方和在总离差平方和中所占的比重越大；反之，拟合程度越低，回归平方和在总离差平方和中所占比重越小。于是，我们可能用回归平方和与总离差平方和之比作为度量拟合程度的指标，记为 r^2，称为判定系数。

$$r^2 = \frac{SSR}{SST} = \frac{\Sigma(\hat{y}_i - \bar{y})^2}{\Sigma(y_i - \bar{y})^2} \quad (12\text{-}19)$$

显然，r^2 取值范围在［0，1］之间。当 r^2 越接近于1，说明回归方程拟合的越好；r^2 越接近于0，说明回归方程拟合得越差。

r^2 的计算结果在 Excel 回归结果 R Square 中给出，在例 12-4 中 $r^2 = 0.783\,351$，说明拟合程度较高。

4. 参数的区间估计

在一元线性回归分析中，参数 b 有着重要的作用，它在很多时候都有确切的经济学含义。但是一般情况下，我们只能用样本对应的统计量 $\hat{b}$ 对 b 进行估计，用最小二乘法给出的是 b 的点估计值，例如，在例 12-4 中的 b 点估计值为 0.195 521。但是，点估计不能对估计的误差和可靠程度进行描述，所以常用的估计方法是对b进行区间估计。

对 b 进行区间估计首先要知道统计量 $\hat{b}$ 的概率分布。我们已经知道 $\hat{b}$ 服从正态分布，由于总体方差未知，故标准化后的统计量服从自由度为（$n-2$）的 t 分布，可以利用 t 分布对 b 进行区间估计。

由区间估计的原理，得到 b 的 $1-\alpha$ 的置信区间是：

$$(\hat{b} - t_{\alpha/2}(n-2)se(\hat{b}) \quad , \quad \hat{b} + t_{\alpha/2}(n-2)se(\hat{b})) \tag{12-20}$$

式中 n——样本容量；

$se(\hat{b})$——$\hat{b}$ 的标准差。

在 Excel 回归结果中，给出了默认的置信水平为 95% 的置信区间，当然也可以根据需要设定其他的置信水平。在例 12-4 中，具体的结果是 b 的 95% 的置信区间 lower 95% 和 upper 95% 分别为：0. 111 689 和 0. 279 353，即（0. 111 689，0. 279 353）。

5. 利用回归方程进行预测

回归分析的目的是根据统计数据建立估计的回归方程进行估计预测，即对于 x 的某一特定值 x_0，利用估计的回归方程计算 y 的估计值。利用估计回归方程进行估计预测的方法有点预测和区间预测。

例如，在例 12-4 中，当广告费是 150（百万美元）时，销售量将是多少？由于有以下关系式：$\hat{y} = 4.088\,994 + 0.195\,521x$，将 $x = 150$ 代入方程得：$\hat{y} \approx 33.42$，这个结果就是点预测值。而区间预测则要知道对应的 $\hat{y}_f$（预测值）的概率分布，过程比较复杂，在这里不做讨论，有兴趣的同学可以阅读相关资料。

12. 3. 2 多元线性回归分析

1. 多元线性回归的含义

在回归分析中，如果有两个或两个以上的自变量，且表现为线性相关，就称为多元线性回归。事实上，一种现象常常是与多个因素相联系的，由多个自变量的最优组合共同来预测或估计因变量，比只用一个自变量进行预测或估计更有效，更符合实际。

2. 多元线性回归方程

与一元线性回归分析一样，我们可以设定总体多元线性回归模型和方程，以及样本多元线性回归模型和方程。

总体多元线性模型是：

$$y = a + b_1x_1 + b_2x_2 + \cdots + b_kx_k + \varepsilon \tag{12-21}$$

式中 y——因变量；

x——自变量；

a——截距项系数；

b_k——偏回归系数；

ε——误差项。

总体多元线性方程是：

$$E(y) = a + b_1x_1 + b_2x_2 + \cdots + b_kx_k \tag{12-22}$$

式中　$E(y)$ ——因变量 y 的数学期望。

偏回归系数 b_k 的意义是：当其他自变量保持不变时，x_k 每增加一个单位，因变量 y 的变动值。

样本多元回归模型和方程是：

$$y_i = \hat{a} + \hat{b}_1x_{1i} + \hat{b}_2x_{2i} + \cdots + \hat{b}_kx_{ki} + e_i \tag{12-23}$$

$$\hat{y}_i = \hat{a} + \hat{b}_1x_{1i} + \hat{b}_2x_{2i} + \cdots + \hat{b}_kx_{ki} \tag{12-24}$$

与一元线性回归一样，我们可以假设总体满足对应的基本假定。

一般情况下，我们只能已知样本数据，并利用最小二乘法得到样本回归方程，从而得到总体参数的估计值；对回归结果进行检验；对总体参数做点估计和区间估计；利用回归方程进行预测等。

可以证明，在满足基本假定的条件下，用最小二乘法得到的估计量是最佳线性无偏估计量，即高斯-马尔可夫定理在多元时也成立。

多元线性回归的最小二乘法在原理上与一元线性回归相同，但回归的结果在形式上比较复杂，在这里不做推导。多元线性回归同样可以用 Excel 得到计算结果，操作过程与一元线性回归相同，只是在输入 x 值时，要同时将多个 x 变量的数据同时刷入；计算结果的意义与一元线性回归也基本相同，只有两个细微差别：一是判定系数用调整后的 R^2；二是多个 x 的系数分别对应于 x variable i。

【例 12-6】　某企业经营者认为，每周的销售额是广告费用的函数，并想对周销售额做出估计，于是搜集了 8 周的相关数据（见表 12-5）。

表 12-5　某企业周销售额与广告费数据表　（单位：千美元）

周销售额（y）	电视广告费用（x_1）	报纸广告费用（x_2）	周销售额（y）	电视广告费用（x_1）	报纸广告费用（x_2）
96	5.0	1.5	95	3.0	3.3
90	2.0	2.0	94	3.5	2.3
95	4.0	1.5	94	2.5	4.2
92	2.5	2.5	94	3.0	2.5

资料来源：《商务与经济统计》戴维 R. 安德森，机械工业出版社。

要求：（1）用电视广告和报纸广告费用做自变量，建立估计的回归方程；

(2) 对回归系数进行检验;

(3) 对总体的电视广告和报纸广告费用做区间估计。

解:将数据输入 Excel 工作表中,并按以下步骤步骤操作:

(1) 选择 Excel 工作表的“工具”菜单;

(2) 选择“数据分析”选项;

(3) 在分析工具中选择“回归”然后选择“确定”;

(4) 在对话框“y 值输入区域”和“x 值输入区域”中分别用鼠标刷入数据,选择“输出区域”,确定。

计算结果如表 12-6 所示。

表 12-6 多元线性回归分析计算结果

SUMMARY OUTPUT

回归统计					
Multiple R			0.958663		
R Square			0.919036		
Adjusted R Square			0.88665		
标准误差			0.642587		
观测值			8		
方差分析					
	df	SS	MS	F	Significance F
回归分析	2	23.43541	11.7177	28.37777	0.001865
残差	5	2.064592	0.412918		
总计	7	25.5			

	Coefficients	标准误差	t Stat	P-value	Lower 95%	Upper 95%
Intercept	83.23009	1.573869	52.88248	4.57E-08	79.18433	87.27585
X Variable 1	2.290184	0.304065	7.531899	0.000653	1.508561	3.071806
X Variable 2	1.300909	0.320702	4.056697	0.009761	0.476599	2.125379

(1) 回归方程为:$\hat{y}_i = 83.230\,09 + 2.290\,184x_1 + 1.300\,989x_2$。

(2) 设显著性水平 $\alpha = 0.05$,由回归结果,x_1 对应的 $p_1 = 0.000\,653 < \alpha = 0.05$,说明 x_1 显著在对 y 做出了解释;x_2 对应的 $p_2 = 0.009\,761 < \alpha = 0.05$,说明 x_2 显著在对 y 做出了解释。

(3) 由回归结果,得到 b_1 的 95% 的置信区间是 (1.508 561, 3.071 806),b_2 的 95% 的置信区间是 (0.476 599, 2.125 379)。

□本章小结

在社会经济现象中,有很多现象之间都存在相关关系,研究这些相关关系是认识社会经济现象的基本方法,而其中最基本、最常见的相关关系是简单线性相关关系。我们可以用相关图、相关表和相关系数描述简单线性相关的类型和程度。

、

为了更深入地研究变量之间的关系，我们用适当的数学模型近似地表达研究变量之间平均变化关系，目的是根据相对固定的自变量的数值，去估计因变量的平均值，这种方法是回归分析。其中最基本的是一元线性回归分析，而最小二乘法是一种简便的方法，在满足基本假定的条件下，用最小二乘法得到的结果是最佳线性无偏估计量。

Excel 在相关和回归分析的计算中起着非常重要的作用。

□学习建议

相关与回归分析是统计学重点和难点的内容之一。在学习中要正确理解相关系数的测度以及对相关系数的意义，掌握相关系数的计算，了解有关的检验的内容；对回归分析应着重掌握一元线性回归方程的计算，掌握参数的经济学、数学含义，运用回归方程进行估计和预测。Excel在相关的计算中起着非常重要的作用，建议进行实际操作，熟练掌握其方法。

1. 本章重点

相关关系和相关系数的测度；一元线性回归方程参数估计以及利用回归方程进行预测。

2. 本章难点

相关系数的计算；回归分析中自变量和因变量的定性分析，最小二乘法参数估计。

□核心概念

相关关系　相关系数　回归分析　回归模型方程　自变量　因变量　最小二乘法

□课后思考与练习

1. 简述相关关系的含义、相关系数的取值范围及其意义。
2. 简述回归模型、回归方程、估计的回归系数的意义。
3. 下面是 7 个地区 2000 年的人均 GDP 和人均消费水平的统计数据：

地　区	人均 GDP（元）	人均消费水平（元）	地　区	人均 GDP（元）	人均消费水平（元）
北京	22 460	7 326	河南	5 444	2 208
辽宁	11 226	4 490	贵州	2 662	1 608
上海	34 547	11 546	陕西	4 549	2 035
江西	4 851	2 396			

要求：

（1）以人均 GDP 为自变量、人均消费水平为因变量，绘制散点图，并说明二者之间的相关关系；

（2）计算两个变量之间的线性相关系数；

（3）利用最小二乘法求出估计的一元线性回归方程，并解释回归系数的实际意义；

(4) 计算判定系数，并解释其意义；

(5) 检验回归方程线性关系的显著性（$\alpha=0.05$）；

(6) 如果某地区的人均 GDP 为 5 000 元，预测其人均消费水平。

4. 2004 年 10 家航空公司的航班正点率和顾客投诉次数的数据如下：

航空公司编号	航班正点率（%）	投诉次数	航空公司编号	航班正点率（%）	投诉次数
1	81.8	21	6	72.2	93
2	76.6	58	7	71.2	72
3	76.6	85	8	70.8	122
4	75.7	68	9	91.4	18
5	73.8	74	10	68.5	125

要求：

(1) 以航班正点率为自变量，顾客投诉次数为因变量，求出估计的回归方程，并解释回归系数的意义；

(2) 检验回归系数的显著性（$\alpha=0.05$）；

(3) 如果航班正点率为 80%，估计顾客的投诉次数。

□实训应用

【案例 12-1】 由经济学知识可知，人们的消费支出受到收入的影响。表 12-7 中的数据是国家统计局公布的 2007 年全国各地区城镇居民学消费性支出和可支配收入的数据。建立一元线性回归方程，分析收入对支出的影响程度。⊖

表 12-7 2007 年全国各地区城镇居民消费性支出和可支配收入的数据 （单位：元）

地 区	消费性支出	可支配收入	地 区	消费性支出	可支配收入
北 京	15 330.44	21 988.71	湖 北	8 701.18	11 485.80
天 津	12 028.88	16 357.35	湖 南	8 990.72	12 293.54
河 北	8 234.97	11 690.47	广 东	14 336.87	17 699.30
山 西	8 101.84	11 564.95	广 西	8 151.26	12 200.44
内蒙古	9 281.46	12 377.84	海 南	8 292.89	10 996.87
辽 宁	9 429.73	12 300.39	重 庆	9 890.31	12 590.78
吉 林	8 560.30	11 285.52	四 川	8 691.99	11 098.28
黑龙江	7 519.28	10 245.28	贵 州	7 758.69	10 678.40
上 海	17 255.38	23 622.73	云 南	7 921.83	11 496.11
江 苏	10 715.15	16 378.01	西 藏	7 532.07	11 130.93
浙 江	14 091.19	20 573.82	陕 西	8 427.06	10 763.34
安 徽	8 531.90	11 473.58	甘 肃	7 875.78	10 012.34
福 建	11 055.13	15 506.05	青 海	7 512.39	10 276.06
江 西	7 810.73	11 451.69	宁 夏	7 817.28	10 859.33
山 东	9 666.61	14 264.70	新 疆	7 874.27	10 313.44
河 南	7 826.72	11 477.05			

⊖ 数据文件见电子课件。

1. 实训项目：用Excel进行回归分析。

2. 实训目的：紧密围绕本章回归分析的知识点，实现课堂教学内容、教学实例、计算机软件和统计方法的结合，应用计算机处理大量数据的回归分析能力。

3. 实训指导：

(1) 启动电脑操作系统，打开Excel软件；

(2) 在Excel中输入数据；

(3) 做散点图和趋势直线图，并计算相关系数；

(4) 启动数据分析工具包，

工具→数据分析→回归→确定；

(5) 对数据进行分析，

在"y值输入区域"中刷入支出的数据，在"x值输入区域"中刷入收入的数据，定义"显著性水平"和"输出区域"，确定；

(6) 对输出结果进行分析。

4. 实训组织：教师首先对实验项目作说明，然后分发实验数据，学生一人一机，利用Excel提供的分析方法完成实训项目，并撰写实验报告。

5. 实训考核：每次要求实验完后撰写实验报告，作为成绩的基本依据。以撰写实验报告的结果评定成绩，实验成绩作为课程的综合成绩的一部分，约占10%。

部分参考答案 ANSWERS TO PARTS OF THE EXERCISES

第 4 章

7. （1－6%）/（1－5%）≈98.95%，超额完成计划。

8. 某地区 2006，2007 年各产业在 GDP 中所占比重资料如下表：

	2006 年	2007 年
第一产业所占比重（%）	22.41	19.52
第二产业所占比重（%）	37.91	39.29
第三产业所占比重（%）	39.68	41.19

2006 年　第一产业∶第二产业∶第三产业＝100∶169∶177

2007 年　第一产业∶第二产业∶第三产业＝100∶201∶211

9. 甲车间产量计划完成百分比：220/200×100%＝110%

乙车间产量计划完成百分比：198/220×100%＝90%

丙车间产量计划完成百分比：315/300×100%＝105%

全厂产量计划完成百分比：（220＋198＋315）/（200＋220＋300）＝733/720≈101.81%

10.

公司名称	2008					2007 年实际产值	2008 年比 2007 年增长（%）
	计划		实际		计划完成（%）		
	产值	比重（%）	产值	比重（%）			
一公司	960	50.53	931.2	47.50	97	854.31	7
二公司	570	30	627	31.99	110	539.63	16.19
三公司	370	19.47	402	20.51	108.65	406.06	－1
合计	1 900	100	1 960.2	100	103.17	1 800	8.9

11. 甲国　动态相对指标：钢产量　　3 300/3 000＝110%

年平均人口数　6 000/6 000＝100%

强度相对指标：2007 年　　3 000/6 000＝0.5（吨/人）　或 2（人/吨）

2008 年　　3 300/6 000＝0.55（吨/人）　或 1.82（人/吨）

乙国　动态相对指标：钢产量　　5 250/5 000＝105%

年平均人口数　7 190/7 140≈100.07%

强度相对指标:2007 年　5 000/7 140≈0.70(吨/人)　或 1.43(人/吨)

2008 年　5 250/7 190≈0.73(吨/人)　或 1.37(人/吨)

比较相对指标:钢产量2007 年　甲/乙　3 000/5 000 = 0.6　乙/甲　50 00/3 000≈1.67

2008 年　甲/乙　3 300/5 250≈0.63　乙/甲　5 250/3 300≈1.59

年平均人口数　2007 年　甲/乙　6 000/7 140≈0.84　乙/甲　7 140/6 000 = 1.19

2008 年　甲/乙　6 000/7 190≈0.83　乙/甲　7 190/6 000≈1.20

12. （1）（2 000 + 2 300 + … + 800 + 850）/12 000 = 12 850/12 000≈107.08%

（2）一个季度

13.

（1）应为 109%/110%≈99.09%

（2）应为 105%/110%≈95.45%

14.

（1）强度相对指标　（2）时期指标　（3）时期指标　（4）强度相对指标

（5）时点指标　（6）结构相对指标　（7）强度相对指标　（8）时期指标

（9）强度相对指标　（10）比较相对指标

第 5 章

6.

日产量（件）	x	9 月			10 月		
		f	xf	比重（%）	f	xf	比重（%）
20 以下	15	30	550	8.57	18	270	5.15
20 ~ 30	25	68	1 700	19.53	30	750	8.57
30 ~ 50	35	108	3 780	30.86	72	2 520	20.57
50 ~ 50	55	90	5 050	25.71	120	5 500	35.29
50 ~ 60	55	52	2 310	12.00	90	5 950	25.71
60 以上	65	12	780	3.53	20	1 300	5.71
合计		350	13 070	100.00	350	15 190	100.00

7.

品种	价格（元/千克）	甲市场		乙市场	
		销售额（万元）	销售量（万千克）	销售额（万元）	销售量（万千克）
A	0.3	75	250	50	133.33
B	0.32	50	125	80	250.00
C	0.36	50	138.89	50	138.89
合计	—	165	513.89	170	522.22
平均价格（元/千克）		0.321		0.326	

8.

月收入（元）	f	x	xf	$(x-\bar{x})^2 f$
500 以下	16	250	5 000	31 360 000
500 ~ 1 000	30	750	22 500	25 300 000
1 000 ~ 1 500	60	1 250	75 000	9 600 000
1 500 ~ 2 000	220	1 750	385 000	2 200 000
2 000 ~ 2 500	60	2 250	135 000	21 600 000
2 500 以上	15	2 750	38 500	16 950 000
合计	500	—	660 000	106 000 000

（1）$\bar{x}=\dfrac{660\ 000}{400}=1\ 650$（元/人）

（2）中位数：$1\ 500+\dfrac{200-106}{220}\times 500\approx 1\ 713.64$（元/人）

众数：$1\ 500+\dfrac{160}{160+160}\times 500=1\ 750$（元/人）

（3）左偏

（5）标准差：$\sqrt{\dfrac{106\ 000\ 000}{400}}\approx 514.78$；标准差系数：$515.78/1\ 650\approx 0.31$

9.（1）$R=32$；$\bar{x}=\dfrac{28+42+58+48+45+55+60+49+50}{9}=48.33$

$s^2\approx 82.555$；$s\approx 9.079\ 9$

（2）$V_{甲}=0.19$，$V_{乙}=0.25$。甲地区空气质量状况较好

第 6 章

6. $\dfrac{1\ 500\times 2+1\ 510\times 7+1\ 508\times 5+1\ 520\times 3+1\ 518\times 12+1\ 524\times 1}{30}\approx 1\ 514$（人）

7. $\dfrac{\dfrac{15.2+14.2}{2}\times 2+\dfrac{14.2+17.6}{2}\times 4+\dfrac{17.6+16.3}{2}\times 3+\dfrac{16.3+15.8}{2}\times 3}{12}\approx 16$（元）

8.（1）10 月份：$(1\ 400+1\ 510)/2=1\ 455$（人）

11 月份：$(1\ 510+1\ 460)/2=1\ 485$（人）

12 月份：$(1\ 460+1\ 420)/2=1\ 440$（人）

（2）$\dfrac{\dfrac{1\ 400}{2}+1\ 510+1\ 460+\dfrac{1\ 420}{2}}{3}=1\ 460$（人）

9.（1）$\dfrac{\dfrac{1\ 000}{2}+1\ 020+1\ 085+1\ 120+1\ 218+\dfrac{1\ 425}{2}}{5}\approx 1\ 132$（人）

（2）$\dfrac{\dfrac{50}{2}+50+52+60+78+\dfrac{82}{2}}{5}\approx 62$（人）

（3）$\dfrac{\dfrac{50}{2}+50+52+60+78+\dfrac{82}{2}}{\dfrac{1\,000}{2}+1\,020+1\,085+1\,120+1\,218+\dfrac{1\,425}{2}}\approx 5.41\%$

10. （1）$\dfrac{400\,000+462\,000+494\,500}{3}\approx 452\,166.7$(元)

（2）$\dfrac{400+420+430}{3}\approx 417$(人)

（3）$\dfrac{\dfrac{4\,000\,000+462\,000+494\,500}{3}}{\dfrac{400+420+430}{3}}\approx 1\,085.2$(元/人)

11.

年份	2004	2005	2006	2007	2008
化肥产量（万吨）	400	420	444	484	546.92
环比增长速度（%）	—	5	5.71	9.01	13
定基发展速度（%）	—	105	111	121	136.73
增长1%的绝对值（万吨）	—	4	4.2	4.44	4.84

12.

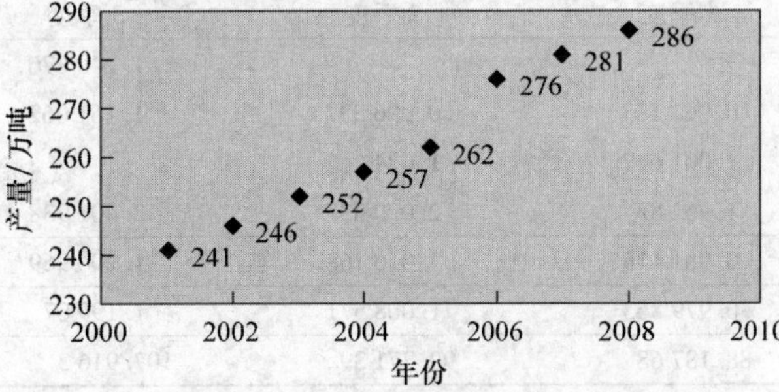

（1）由散点图判断该地区粮食生产发展趋势接近于直线形

（2）$\begin{cases}\hat{b}=\dfrac{8\times 9\,738-36\times 2\,101}{8\times 204-36^2}\approx 6.75\\ \hat{a}=\dfrac{2\,101-6.75\times 36}{8}=232.25\end{cases}$

（3）$\hat{y}_{t+1}=232.25+6.75\times 9=293$(万吨)

13. （1）同期平均法计算季节比率：

年份	1 季度	2 季度	3 季度	4 季度	合计
2006	55	75	85	54	269
2007	65	68	82	62	277
2008	76	80	89	73	318
合计	196	223	256	189	864
季平均数	65. 33	74. 33	85. 33	63. 00	72. 00
季节比率（%）	90. 74%	103. 24%	118. 52%	87. 50%	400. 00%
各季预测值（万元）	81. 67	92. 92	106. 67	78. 75	360

移动平均趋势剔除法计算季节比率：

年份	季度	销售额（万元）	移动平均	季节指数
2006	1 季度	55		
	2 季度	75		
	3 季度	85	68. 5	1. 240 876
	4 季度	54	68. 875	0. 784 029
2007	1 季度	65	67. 625	0. 961 183
	2 季度	68	68. 25	0. 996 337
	3 季度	82	70. 625	1. 161 062
	4 季度	62	73. 5	0. 843 537
2008	1 季度	76	75. 875	1. 001 647
	2 季度	80	78. 125	1. 024
	3 季度	89		
	4 季度	73		

（2）

季节指数	1 季度	2 季度	3 季度	4 季度
第 1 年			1. 240 876	0. 784 029
第 2 年	0. 961 183	0. 996 337	1. 161 062	0. 843 537
第 3 年	1. 001 647	1. 024		
合计	1. 962 83	2. 020 337	2. 401 938	1. 627 566
各季平均	0. 981 415	1. 010 168	1. 200 969	0. 813 783
季节比率	0. 979 863	1. 008 571	1. 199 07	0. 812 496
各季预测值（万元）	88. 187 68	90. 771 39	107. 916 3	73. 124 66

第 7 章

12. （1）$k_{p_A} = 150\%$　　　$k_{q_A} = 75\%$

$k_{p_B} = 166.67\%$　　　$k_{q_B} = 70\%$

（2）$I_p = \dfrac{44\,000}{27\,000} \approx 162.96\%$

（3）$I_q = \dfrac{27\,000}{38\,000} \approx 71.05\%$

（4）$I_{pq}=\dfrac{44\ 000}{38\ 000}\approx 115.79\%$

13. （1）$I_{pq}=\dfrac{346\ 000}{292\ 000}\approx 118.49\%$

（2）$I_{p}=\dfrac{346\ 000}{354\ 000}\approx 97.74\%$　　分子－分母＝－8 000（元）

（3）$I_{q}=\dfrac{354\ 000}{292\ 000}\approx 121.23\%$　　分子－分母＝62 000（元）

14. $I_{q}=\dfrac{53.4}{40}\approx 133.5\%$

15. $I_{q}=\dfrac{6\ 300}{6\ 000}\approx 105\%$　　分子－分母＝300（万元）

16. $I_{p}=\dfrac{98}{79.16}\approx 123.8\%$　　分子－分母＝18.84（万元）

17. （1）$I_{p}=\dfrac{19\ 000}{15\ 272.73}\approx 124.405\%$　　分子－分母＝3 727.27（元）

（2）$I_{q}=\dfrac{15\ 272.73}{15\ 833.33}\approx 96.459\%$　　分子－分母＝－560.6（元）

18. （1）$I_{qmp}=\dfrac{21\ 700\ 000}{18\ 100\ 000}\approx 119.889\ 5\%$　　分子－分母＝3 600 000（元）

（2）$I_{q}=\dfrac{21\ 120\ 000}{18\ 100\ 000}\approx 116.685\%$　　分子－分母＝3 020 000（元）

（3）$I_{m}=\dfrac{23\ 130\ 000}{21\ 120\ 000}\approx 109.517\%$　　分子－分母＝2 010 000（元）

（4）$I_{p}=\dfrac{21\ 700\ 000}{23\ 130\ 000}\approx 93.818\%$　　分子－分母＝－1 430 000（元）

19. （1）$I_{z}=\dfrac{206\ 000}{248\ 000}\approx 83.065\%$　　分子－分母＝－42 000（元）

（2）$I_{q}=\dfrac{248\ 000}{135\ 000}\approx 183.704\%$　　分子－分母＝113 000（元）

（3）$I_{zq}=\dfrac{206\ 000}{135\ 000}\approx 152.593\%$　　分子－分母＝71 000（元）

20. （1）$I_{\text{可}}=\dfrac{\bar{x}_1}{\bar{x}_0}=\dfrac{2\ 147.059}{2\ 020.833}\approx 106.246\%$　分子－分母＝126.226（元/人）

（2）$I_{\text{固}}=\dfrac{\bar{x}_1}{\bar{x}_n}=\dfrac{2\ 147.059}{1\ 878.676}\approx 114.286\%$　　分子－分母＝268.383（元/人）

（3）$I_{\text{结}}=\dfrac{\bar{x}_n}{\bar{x}_0}=\dfrac{1\ 878.676}{2\ 020.833}\approx 92.965\%$　　分子－分母＝－142.157（元/人）

21. $I_p = \frac{I_{pq}}{I_q} = \frac{115\%}{112\%} \approx 102.679\%$

22. 货币购买力指数为：95.42%

通货膨胀率为：4.8%

23. 实际工资为：2 857.143（元）

第8章

6. $\bar{x} \sim N(100, 5^2)$，$E_{\bar{x}} = 5$。（1）$p(\bar{x} > 105) = 0.1587$，$p(\bar{x} < 96) = 0.2119$，$p(96 < \bar{x} < 110) = 0.7653$。

7. 当 $n = 25$ 时，$\bar{x} \sim N(100, 4^2)$，$E_{\bar{x}} = 4$。$p(\bar{x} > 105) = 0.1056$，$p(\bar{x} < 96) = 0.1587$，$p(96 < \bar{x} < 110) = 0.8351$。

当 $n = 100$ 时，$\bar{x} \sim N(100, 2^2)$，$E_{\bar{x}} = 2$。$p(\bar{x} > 105) = 0.0062$，$p(\bar{x} < 96) = 0.0228$，$p(96 < \bar{x} < 110) = 0.9772$。

分布图（略）。当 $n = 100$ 时，抽样平均误差为2，所以其分布图更陡峭。

8. （1）$\bar{x} \sim N(170, 1^2)$；（2）$E_{\bar{x}} = 1$；（3）$p(\bar{x} < 167) = 0.0013$。

9. （1）$p(x > 7) = 0.0918$；（2）$p(\bar{x} > 7) \approx 0$。

10. $p(\bar{x} < 594) = 0.0013$，如果发现36瓶饮料的平均容量小于594毫升，说明生产线工作不正常，因为小概率事件发生了。

11. $p(p > 96\%) \approx 1$，如果发现样本合格率低于96%，则说明生产线工作不正常，因为小概率事件发生了。

12. $p(p > 8\%) = 0.00298$，如果发现400户家庭中有8%的家庭在两年内至少维修了一次，则说明该生产商的信誉存在问题，因为小概率事件发生了。

第9章

6. 样本容量增加1倍，抽样平均误差为原来的$\sqrt{2}/2$倍；

样本容量增加3倍，抽样平均误差为原来的1/2倍。

7. （1）$\mu = \bar{x} = 69$；（2）$\Delta_{\bar{x}} = 2.94$；（3）（66.06，71.94）。

8. （1）$\mu = \bar{x} = 146$；（2）$\Delta_{\bar{x}} = 17.23$；（3）（128.77，163.23）。

9. （1）$E_{\bar{x}} = 0.4$，$\Delta_{\bar{x}} = 0.658$；（2）（5.342，6.658）。

10. （7.369，11.631）。

11. （1）$\Delta_p = 4.49\%$；（2）（25.51%，34.49%）。

12. （19.31%，26.69%）。

13. （1）$\mu_1 - \mu_2 = \bar{x}_1 - \bar{x}_2 = 0.6$；（2）（0.5567，0.6433）。

14. （12.04，21.96）。

15. （3.68%，14.32%）。

16. （1）（51.376，146.383）；（2）（0.94，3.35）。

17. 应至少抽取45个。

18. 应至少抽取136个。

第10章

1. Z统计量的值为-1，拒绝域为$(-\infty, -2.25)$和$(+2.58, +\infty)$，未落入拒绝域，不能拒绝原假设。

2. Z统计量的值为-1.75，拒绝域为$(-\infty, -1.645)$，落入拒绝域，拒绝原假设。

3. 建立假设：$H_0: \mu \geqslant 36$，$H_1: \mu < 36$，Z统计量的值为-0.76，拒绝域为$(-\infty, -1.645)$，未落入拒绝域，不能拒绝原假设，即不能认为学生学习时间少于老师要求的36小时，p值为0.224。

4. 0.0352。

5. 利用t检验，计算出t统计量为3.39，p值为0.001，拒绝原假设。

6. 利用t检验，计算出t统计量为-2.5，p值为0.014，不拒绝原假设。

7. 利用t检验，计算出t统计量为-2.5，p值为0.007，拒绝原假设。

8. 利用t检验，计算出t统计量为3.16，p值为0.012，不拒绝原假设。

9. 建立假设：$H_0: \pi = 0.9$，$H_1: \pi \neq 0.9$，Z统计量的值为-4.71，拒绝域为$(-\infty, -2.58)$和$(+2.58, +\infty)$，落入拒绝域，拒绝原假设，即研究者断言不合理。另外，p值近似为0。

10. $H_0: \pi = 80\%$，$H_1: \pi \neq 80\%$

$Z = -0.96561$，$Z_{\alpha/2} = Z_{0.005} = 2.58$，不拒绝原假设，支持记者的判断。

或$H_0: \pi \geqslant 80\%$，$H_1: \pi < 80\%$

$Z_\alpha = Z_{0.01} = 2.33$，不拒绝原假设，支持记者的判断。

11. 利用卡方检验，计算出卡方统计量为72.6，p值为0.043，拒绝原假设。

12. 利用卡方检验，计算出卡方统计量为31.13，p值为0.039，拒绝原假设。即机器的不稳定性有显著增加。

13. 利用两总体T检验，计算出t统计量为-2.49，p值为0.015，拒绝原假设。即两个班学生的成绩有显著差异。

14. 利用两总体的比率检验，计算出Z统计量为1.54，p值为0.06，不拒绝原假设，即药品不能说有效。

15. 利用F检验，计算出F统计量为1.78，p值为0.25，不拒绝原假设。即不能认为B班的离散程度比A班要大。

第11章

1. 利用单因子方差分析，计算出 F 统计量为6，p 值为0.022，拒绝原假设，即可以认为不同肥料对产量有明显影响。

2. 利用单因子方差分析，计算出 F 统计量为2.05，p 值为0.125，不拒绝原假设，即不能认为这5种机器存在差异。

第12章

3. （1）散点图（略），二者之间为高度的正线性相关关系；

（2）$r = 0.998\,1$，二者之间为高度的正线性相关关系；

（3）一元线性回归方程：$y = 734.692\,8 + 0.308\,7x$。回归系数的含义：人均GDP每增加1元，人均消费水平平均增加0.308 7元；

（4）判定系数 $R^2 = 0.996\,3$，统计含义：在人均消费水平的变差中，有99.63%是由人均GDP决定的；

（5）检验统计量 $F = 133.69 > F_a = 6.61$，拒绝原假设，线性关系显著；

（6）预测值 = 2 278.11(元)。

4. （1）回归方程：$y = 430.19 - 4.70x$，回归系数的含义：航班正点率每增加1%，顾客的投诉次数平均下降4.7次；

（2）检验统计量 $|t| = 4.959\,0 > t_{a/2} = 2.306\,0$，拒绝原假设，回归系数显著；

（3）$Y = 430.19 - 4.70 \times 80 = 54.19$(次)。

BIBLIOGRAPHY 参考文献

[1] 姜诗章．统计学教程［M］．北京：清华大学出版社，2006.

[2] 姜诗章．统计学教程［M］．上海：立信会计出版社，2005.

[3] 贾俊平，金勇进．统计学［M］．北京：中国人民大学出版社，2004.

[4] 凯勒·沃拉克．统计学在经济和管理中的应用［M］.6版．北京：中国人民大学出版社，2006.

[5] 戴维R安德森．商务与经济统计［M］.9版．北京：机械工业出版社，2006.

[6] 肯·布莱克．商务统计学［M］.4版．北京：中国人民大学出版社，2005.

[7] 戴维·列文．经理人Excel统计学［M］.3版．北京：清华大学出版社，2006.

[8] 袁卫．统计学［M］．北京：高等教育出版社，2005.

[9] 魏建国．统计学［M］.3版．武汉：武汉理工大学出版社，2006.

[10] 李洁明，祁新娥．统计学［M］.4版．上海：复旦大学出版社，2007.

[11] 施金龙，吕洁．应用统计学［M］.2版．南京：南京大学出版社，2008.

[12] 戴维R安德森．现代商务统计Excel版［M］．北京：清华大学出版社，2007.

[13] 陈珍珍，罗乐勤．统计学［M］．北京：科学出版社，2006.

[14] 陈在金，陶应虎．统计学原理与实务［M］．北京：清华大学出版社，2009.

附录

常用统计表

附表 A-1　随机数字表

	1	2	3	4	5	6	7	8	9	10	11	12	13	14	15	16	17	18	19	20
1	3 438	2 993	4 605	2 983	9 515	2 278	8 130	3 424	4 159	8 103	1 076	9 078	8 433	8 928	9 866	6 706	3 597	2 283	2 484	6 287
2	6 406	9 158	8 311	9 273	8 846	4 872	8 292	6 648	1 606	9 098	7 334	7 244	5 268	7 017	5 790	1 769	4 718	5 230	1 544	3 321
3	4 528	2 694	8 035	1 824	6 971	3 647	9 355	3 220	5 542	2 182	2 394	4 502	5 646	9 276	1 546	5 106	1 116	3 531	9 879	6 882
4	7 437	8 958	5 789	2 927	8 926	8 357	4 333	1 240	7 027	8 981	6 207	4 914	3 035	5 705	5 118	7 007	6 847	7 290	2 386	2 167
5	6 773	6 057	2 897	7 879	7 809	2 114	4 134	8 985	3 839	9 252	8 729	6 808	3 868	9 851	4 182	2 307	4 925	3 930	9 541	4 145
6	2 131	9 366	8 604	5 420	2 113	5 416	1 126	7 880	2 245	5 561	2 588	2 629	1 495	8 804	3 784	4 237	5 040	1 096	1 933	4 901
7	9 048	3 726	7 685	1 418	1 046	8 074	7 970	7 070	8 724	9 947	7 186	3 188	4 919	8 161	9 556	4 548	1 077	4 789	1 688	7 310
8	2 393	7 146	4 902	6 229	8 087	7 855	5 856	2 201	7 871	7 375	9 814	5 353	8 875	8 726	2 039	1 479	2 321	4 957	1 683	9 094
9	3 386	3 794	9 739	2 417	1 043	3 439	3 731	8 531	9 083	8 676	7 918	2 926	5 590	9 106	1 329	1 640	7 124	5 509	9 629	2 643
10	8 157	8 161	5 491	2 181	4 178	5 395	5 962	5 395	7 020	3 406	8 622	5 779	6 376	4 023	7 764	1 006	5 703	8 275	5 046	4 085
11	1 580	4 720	8 913	4 651	9 373	7 756	4 016	4 443	7 995	9 801	7 563	9 840	7 959	5 111	5 747	9 039	9 983	7 092	7 325	6 457
12	6 922	2 312	6 974	5 679	4 559	3 773	1 273	2 537	5 144	9 732	2 095	7 001	6 511	2 299	5 847	8 335	4 925	3 083	2 709	2 211
13	8 613	5 570	9 920	7 496	3 415	5 900	5 651	5 047	2 297	3 562	7 769	5 699	4 778	4 851	1 209	9 706	8 011	7 715	8 790	8 827
14	3 193	8 205	5 535	6 735	6 458	7 262	8 697	6 657	6 052	9 673	1 331	7 569	8 204	7 802	6 061	1 242	2 164	2 744	8 459	8 011
15	9 476	4 576	3 664	9 303	4 072	6 572	1 216	8 039	7 222	2 680	3 268	3 186	1 586	3 645	6 978	6 665	5 590	6 486	2 310	2 969
16	9 359	7 220	6 059	3 649	9 886	3 756	3 607	6 476	9 918	6 041	9 449	9 375	4 764	4 222	9 239	3 706	5 525	4 016	4 211	8 022
17	3 463	1 486	9 090	9 624	2 799	4 208	2 044	1 846	9 763	1 874	1 429	3 017	3 635	7 166	2 119	2 287	5 080	2 779	7 270	2 643
18	6 487	7 976	3 982	7 807	4 763	6 496	2 766	2 626	3 767	3 111	7 028	2 547	8 259	2 666	6 672	9 190	5 617	7 090	7 960	1 403

（续）

	1	2	3	4	5	6	7	8	9	10	11	12	13	14	15	16	17	18	19	20
19	8 107	1 170	5 502	4 954	3 462	1 512	2 314	4 350	2 960	8 953	4 271	4 047	5 631	4 037	1 697	3 704	9 681	9 781	4 988	6 289
20	2 843	7 275	4 060	9 984	3 853	9 945	5 525	6 562	3 601	5 721	2 733	4 890	8 346	9 711	3 476	4 747	7 935	5 300	4 026	2 175
21	6 001	3 064	1 040	2 084	2 295	5 984	7 825	2 021	7 497	7 179	6 677	8 997	7 234	2 526	5 794	2 928	2 702	7 487	6 611	4 678
22	3 578	4 867	1 059	1 183	7 406	3 376	6 270	3 882	5 886	8 195	7 977	2 020	8 925	5 630	8 764	8 372	8 828	9 855	9 774	6 088
23	9 606	4 358	1 326	5 824	2 545	9 831	4 975	7 227	1 414	3 641	3 433	7 648	2 441	1 966	3 136	1 242	1 719	2 782	6 162	5 355
24	3 290	7 162	6 238	8 748	3 197	4 985	3 222	5 389	1 185	1 991	7 986	1 360	3 086	8 805	1 181	7 475	5 958	8 464	8 418	2 057
25	2 452	7 051	9 541	7 068	9 839	6 803	8 975	5 736	7 777	8 129	1 040	7 677	3 917	7 145	4 259	4 225	6 291	6 751	8 394	8 022
26	1 948	1 106	4 531	3 986	2 702	1 399	1 450	6 779	8 895	4 401	1 166	7 432	8 430	1 549	7 148	3 765	5 772	7 541	7 073	6 073
27	9 857	3 294	3 394	6 616	5 116	2 341	5 568	2 899	4 149	1 103	7 528	7 341	6 520	9 155	1 291	8 906	7 638	5 675	9 003	1 675
28	1 081	1 455	4 894	4 007	1 519	5 130	8 600	1 970	8 029	4 337	1 119	1 698	8 575	4 890	5 853	9 593	2 973	4 053	3 236	7 605
29	7 489	2 793	1 816	9 530	7 104	7 698	4 029	9 690	1 886	3 443	6 573	1 796	1 255	6 730	5 486	2 325	2 464	2 718	5 942	7 564
30	5 924	6 879	8 334	1 449	2 460	2 963	3 142	9 657	4 170	7 540	9 860	8 899	4 899	3 772	4 324	2 778	7 581	1 551	4 218	4 149

附表 A-2 标准正态分布表

$$\Phi(z) = \int_{-\infty}^{z} \frac{1}{\sqrt{2\pi}} e^{-\frac{x^2}{2}} dx$$

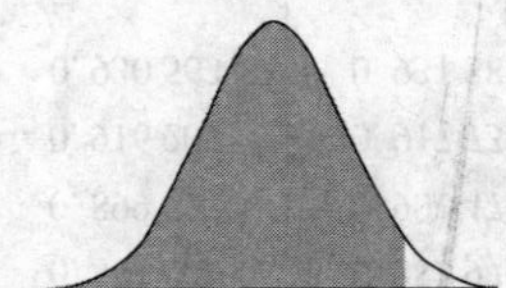

z	0.00	0.01	0.02	0.03	0.04	0.05	0.06	0.07	0.08	0.09
0.0	0.500 000	0.503 989	0.507 978	0.511 966	0.515 953	0.519 939	0.523 922	0.527 903	0.531 881	0.535 856
0.1	0.539 828	0.543 795	0.547 758	0.551 717	0.555 670	0.559 618	0.563 559	0.567 495	0.571 424	0.575 345
0.2	0.579 260	0.583 166	0.587 064	0.590 954	0.594 835	0.598 706	0.602 568	0.606 420	0.610 261	0.614 092
0.3	0.617 911	0.621 720	0.625 516	0.629 300	0.633 072	0.636 831	0.640 576	0.644 309	0.648 027	0.651 732
0.4	0.655 422	0.659 097	0.662 757	0.666 402	0.670 031	0.673 645	0.677 242	0.680 822	0.684 386	0.687 933

（续）

z	0.00	0.01	0.02	0.03	0.04	0.05	0.06	0.07	0.08	0.09
0.5	0.691 462	0.694 974	0.698 468	0.701 944	0.705 401	0.708 840	0.712 260	0.715 661	0.719 043	0.722 405
0.6	0.725 747	0.729 069	0.732 371	0.735 653	0.738 914	0.742 154	0.745 373	0.748 571	0.751 748	0.754 903
0.7	0.758 036	0.761 148	0.764 238	0.767 305	0.770 350	0.773 373	0.776 373	0.779 350	0.782 305	0.785 236
0.8	0.788 145	0.791 030	0.793 892	0.796 731	0.799 546	0.802 337	0.805 105	0.807 850	0.810 570	0.813 267
0.9	0.815 940	0.818 589	0.821 214	0.823 814	0.826 391	0.828 944	0.831 472	0.833 977	0.836 457	0.838 913
1.0	0.841 345	0.843 752	0.846 136	0.848 495	0.850 830	0.853 141	0.855 428	0.857 690	0.859 929	0.862 143
1.1	0.864 334	0.866 500	0.868 643	0.870 762	0.872 857	0.874 928	0.876 976	0.879 000	0.881 000	0.882 977
1.2	0.884 930	0.886 861	0.888 768	0.890 651	0.892 512	0.894 350	0.896 165	0.897 958	0.899 727	0.901 475
1.3	0.903 200	0.904 902	0.906 582	0.908 241	0.909 877	0.911 492	0.913 085	0.914 657	0.916 207	0.917 736
1.4	0.919 243	0.920 730	0.922 196	0.923 641	0.925 066	0.926 471	0.927 855	0.929 219	0.930 563	0.931 888
1.5	0.933 193	0.934 478	0.935 745	0.936 992	0.938 220	0.939 429	0.940 620	0.941 792	0.942 947	0.944 083
1.6	0.945 201	0.946 301	0.947 384	0.948 449	0.949 497	0.950 529	0.951 543	0.952 540	0.953 521	0.954 486
1.7	0.955 435	0.956 367	0.957 284	0.958 185	0.959 070	0.959 941	0.960 796	0.961 636	0.962 462	0.963 273
1.8	0.964 070	0.964 852	0.965 620	0.966 375	0.967 116	0.967 843	0.968 557	0.969 258	0.969 946	0.970 621
1.9	0.971 283	0.971 933	0.972 571	0.973 197	0.973 810	0.974 412	0.975 002	0.975 581	0.976 148	0.976 705
2.0	0.977 250	0.977 784	0.978 308	0.978 822	0.979 325	0.979 818	0.980 301	0.980 774	0.981 237	0.981 691
2.1	0.982 136	0.982 571	0.982 997	0.983 414	0.983 823	0.984 222	0.984 614	0.984 997	0.985 371	0.985 738
2.2	0.986 097	0.986 447	0.986 791	0.987 126	0.987 455	0.987 776	0.988 089	0.988 396	0.988 696	0.988 989
2.3	0.989 276	0.989 556	0.989 830	0.990 097	0.990 358	0.990 613	0.990 863	0.991 106	0.991 344	0.991 576
2.4	0.991 802	0.992 024	0.992 240	0.992 451	0.992 656	0.992 857	0.993 053	0.993 244	0.993 431	0.993 613
2.5	0.993 790	0.993 963	0.994 132	0.994 297	0.994 457	0.994 614	0.994 766	0.994 915	0.995 060	0.995 201
2.6	0.995 339	0.995 473	0.995 604	0.995 731	0.995 855	0.995 975	0.996 093	0.996 207	0.996 319	0.996 427
2.7	0.996 533	0.996 636	0.996 736	0.996 833	0.996 928	0.997 020	0.997 110	0.997 197	0.997 282	0.997 365
2.8	0.997 445	0.997 523	0.997 599	0.997 673	0.997 744	0.997 814	0.997 882	0.997 948	0.998 012	0.998 074
2.9	0.998 134	0.998 193	0.998 250	0.998 305	0.998 359	0.998 411	0.998 462	0.998 511	0.998 559	0.998 605
3.0	0.998 650	0.998 694	0.998 736	0.998 777	0.998 817	0.998 856	0.998 893	0.998 930	0.998 965	0.998 999

附表 A-3 t 分布表

$$p\{t(k) > t_\alpha(k)\} = \alpha$$

k \ α	0. 10	0. 05	0. 025	0. 01	0. 005	k \ α	0. 10	0. 05	0. 025	0. 01	0. 005
1	3. 077 684	6. 313 752	12. 706 205	31. 820 516	63. 656 741	20	1. 325 341	1. 724 718	2. 085 963	2. 527 977	2. 845 340
2	1. 885 618	2. 919 986	4. 302 653	6. 964 557	9. 924 843	21	1. 323 188	1. 720 743	2. 079 614	2. 517 648	2. 831 360
3	1. 637 744	2. 353 363	3. 182 446	4. 540 703	5. 840 909	22	1. 321 237	1. 717 144	2. 073 873	2. 508 325	2. 818 756
4	1. 533 206	2. 131 847	2. 776 445	3. 746 947	4. 604 095	23	1. 319 460	1. 713 872	2. 068 658	2. 499 867	2. 807 336
5	1. 475 884	2. 015 048	2. 570 582	3. 364 930	4. 032 143	24	1. 317 836	1. 710 882	2. 063 899	2. 492 159	2. 796 939
6	1. 439 756	1. 943 180	2. 446 912	3. 142 668	3. 707 428	25	1. 316 345	1. 708 141	2. 059 539	2. 485 107	2. 787 436
7	1. 414 924	1. 894 579	2. 364 624	2. 997 952	3. 499 483	26	1. 314 972	1. 705 618	2. 055 529	2. 478 630	2. 778 715
8	1. 396 815	1. 859 548	2. 306 004	2. 896 459	3. 355 387	27	1. 313 703	1. 703 288	2. 051 830	2. 472 660	2. 770 683
9	1. 383 029	1. 833 113	2. 262 157	2. 821 438	3. 249 836	28	1. 312 527	1. 701 131	2. 048 407	2. 467 140	2. 763 262
10	1. 372 184	1. 812 461	2. 228 139	2. 763 769	3. 169 273	29	1. 311 434	1. 699 127	2. 045 230	2. 462 021	2. 756 386
11	1. 363 430	1. 795 885	2. 200 985	2. 718 079	3. 105 807	30	1. 310 415	1. 697 261	2. 042 272	2. 457 262	2. 749 996
12	1. 356 217	1. 782 288	2. 178 813	2. 680 998	3. 054 540	31	1. 309 464	1. 695 519	2. 039 513	2. 452 824	2. 744 042
13	1. 350 171	1. 770 933	2. 160 369	2. 650 309	3. 012 276	32	1. 308 573	1. 693 889	2. 036 933	2. 448 678	2. 738 481
14	1. 345 030	1. 761 310	2. 144 787	2. 624 494	2. 976 843	33	1. 307 737	1. 692 360	2. 034 515	2. 444 794	2. 733 277
15	1. 340 606	1. 753 050	2. 131 450	2. 602 480	2. 946 713	34	1. 306 952	1. 690 924	2. 032 244	2. 441 150	2. 728 394
16	1. 336 757	1. 745 884	2. 119 905	2. 583 487	2. 920 782	35	1. 306 212	1. 689 572	2. 030 108	2. 437 723	2. 723 806
17	1. 333 379	1. 739 607	2. 109 816	2. 566 934	2. 898 231	36	1. 305 514	1. 688 298	2. 028 094	2. 434 494	2. 719 485
18	1. 330 391	1. 734 064	2. 100 922	2. 552 380	2. 878 440	37	1. 304 854	1. 687 094	2. 026 192	2. 431 447	2. 715 409
19	1. 327 728	1. 729 133	2. 093 024	2. 539 483	2. 860 935	38	1. 304 230	1. 685 954	2. 024 394	2. 428 568	2. 711 558

（续）

k \ α	0.10	0.05	0.025	0.01	0.005	k \ α	0.10	0.05	0.025	0.01	0.005
39	1. 303 639	1. 684 875	2. 022 691	2. 425 841	2. 707 913	50	1. 298 714	1. 675 905	2. 008 559	2. 403 272	2. 677 793
40	1. 303 077	1. 683 851	2. 021 075	2. 423 257	2. 704 459	51	1. 298 373	1. 675 285	2. 007 584	2. 401 718	2. 675 722
41	1. 302 543	1. 682 878	2. 019 541	2. 420 803	2. 701 181	52	1. 298 045	1. 674 689	2. 006 647	2. 400 225	2. 673 734
42	1. 302 035	1. 681 952	2. 018 082	2. 418 470	2. 698 066	53	1. 297 730	1. 674 116	2. 005 746	2. 398 790	2. 671 823
43	1. 301 552	1. 681 071	2. 016 692	2. 416 250	2. 695 102	54	1. 297 426	1. 673 565	2. 004 879	2. 397 410	2. 669 985
44	1. 301 090	1. 680 230	2. 015 368	2. 414 134	2. 692 278	55	1. 297 134	1. 673 034	2. 004 045	2. 396 081	2. 668 216
45	1. 300 649	1. 679 427	2. 014 103	2. 412 116	2. 689 585	56	1. 296 853	1. 672 522	2. 003 241	2. 394 801	2. 666 512
46	1. 300 228	1. 678 660	2. 012 896	2. 410 188	2. 687 013	57	1. 296 581	1. 672 029	2. 002 465	2. 393 567	2. 664 870
47	1. 299 825	1. 677 927	2. 011 740	2. 408 345	2. 684 556	58	1. 296 319	1. 671 553	2. 001 717	2. 392 377	2. 663 287
48	1. 299 439	1. 677 224	2. 010 635	2. 406 581	2. 682 204	59	1. 296 066	1. 671 093	2. 000 995	2. 391 229	2. 661 759
49	1. 299 069	1. 676 551	2. 009 575	2. 404 892	2. 679 952	60	1. 295 821	1. 670 649	2. 000 298	2. 390 119	2. 660 283

附表 A-4　χ^2 分布表

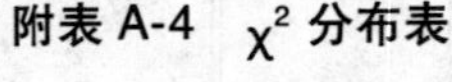

$$p\{\chi^2(k) > \chi^2_\alpha(k)\} = \alpha$$

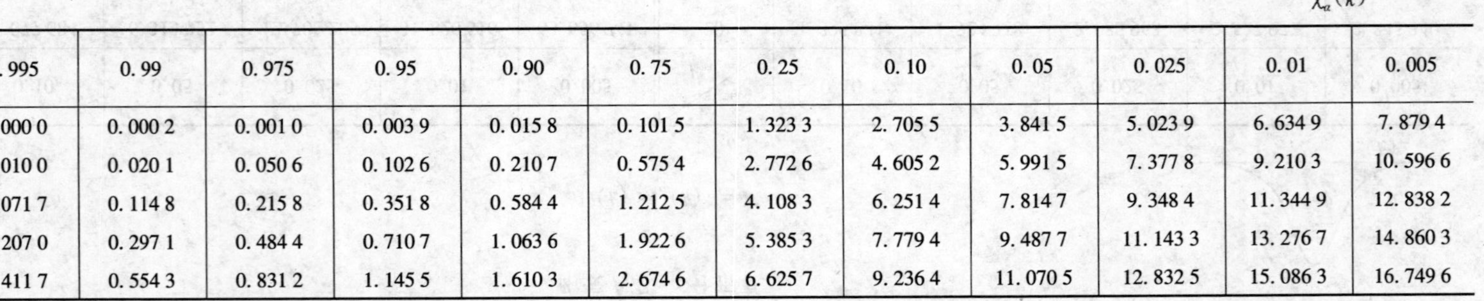

k \ α	0.995	0.99	0.975	0.95	0.90	0.75	0.25	0.10	0.05	0.025	0.01	0.005
1	0. 000 0	0. 000 2	0. 001 0	0. 003 9	0. 015 8	0. 101 5	1. 323 3	2. 705 5	3. 841 5	5. 023 9	6. 634 9	7. 879 4
2	0. 010 0	0. 020 1	0. 050 6	0. 102 6	0. 210 7	0. 575 4	2. 772 6	4. 605 2	5. 991 5	7. 377 8	9. 210 3	10. 596 6
3	0. 071 7	0. 114 8	0. 215 8	0. 351 8	0. 584 4	1. 212 5	4. 108 3	6. 251 4	7. 814 7	9. 348 4	11. 344 9	12. 838 2
4	0. 207 0	0. 297 1	0. 484 4	0. 710 7	1. 063 6	1. 922 6	5. 385 3	7. 779 4	9. 487 7	11. 143 3	13. 276 7	14. 860 3
5	0. 411 7	0. 554 3	0. 831 2	1. 145 5	1. 610 3	2. 674 6	6. 625 7	9. 236 4	11. 070 5	12. 832 5	15. 086 3	16. 749 6

（续）

k \ α	0.995	0.99	0.975	0.95	0.90	0.75	0.25	0.10	0.05	0.025	0.01	0.005
6	0.675 7	0.872 1	1.237 3	1.635 4	2.204 1	3.454 6	7.840 8	10.644 6	12.591 6	14.449 4	16.811 9	18.547 6
7	0.989 3	1.239 0	1.689 9	2.167 3	2.833 1	4.254 9	9.037 1	12.017 0	14.067 1	16.012 8	18.475 3	20.277 7
8	1.344 4	1.646 5	2.179 7	2.732 6	3.489 5	5.070 6	10.218 9	13.361 6	15.507 3	17.534 5	20.090 2	21.955 0
9	1.734 9	2.087 9	2.700 4	3.325 1	4.168 2	5.898 8	11.388 8	14.683 7	16.919 0	19.022 8	21.666 0	23.589 4
10	2.155 9	2.558 2	3.247 0	3.940 3	4.865 2	6.737 2	12.548 9	15.987 2	18.307 0	20.483 2	23.209 3	25.188 2
11	2.603 2	3.053 5	3.815 7	4.574 8	5.577 8	7.584 1	13.700 7	17.275 0	19.675 1	21.920 0	24.725 0	26.756 8
12	3.073 8	3.570 6	4.403 8	5.226 0	6.303 8	8.438 4	14.845 4	18.549 3	21.026 1	23.336 7	26.217 0	28.299 5
13	3.565 0	4.106 9	5.008 8	5.891 9	7.041 5	9.299 1	15.983 9	19.811 9	22.362 0	24.735 6	27.688 2	29.819 5
14	4.074 7	4.660 4	5.628 7	6.570 6	7.789 5	10.165 3	17.116 9	21.064 1	23.684 8	26.118 9	29.141 2	31.319 3
15	4.600 9	5.229 3	6.262 1	7.260 9	8.546 8	11.036 5	18.245 1	22.307 1	24.995 8	27.488 4	30.577 9	32.801 3
16	5.142 2	5.812 2	6.907 7	7.961 6	9.312 2	11.912 2	19.368 9	23.541 8	26.296 2	28.845 4	31.999 9	34.267 2
17	5.697 2	6.407 8	7.564 2	8.671 8	10.085 2	12.791 9	20.488 7	24.769 0	27.587 1	30.191 0	33.408 7	35.718 5
18	6.264 8	7.014 9	8.230 7	9.390 5	10.864 9	13.675 3	21.604 9	25.989 4	28.869 3	31.526 4	34.805 3	37.156 5
19	6.844 0	7.632 7	8.906 5	10.117 0	11.650 9	14.562 0	22.717 8	27.203 6	30.143 5	32.852 3	36.190 9	38.582 3
20	7.433 8	8.260 4	9.590 8	10.850 8	12.442 6	15.451 8	23.827 7	28.412 0	31.410 4	34.169 6	37.566 2	39.996 8
21	8.033 7	8.897 2	10.282 9	11.591 3	13.239 6	16.344 4	24.934 8	29.615 1	32.670 6	35.478 9	38.932 2	41.401 1
22	8.642 7	9.542 5	10.982 3	12.338 0	14.041 5	17.239 6	26.039 3	30.813 3	33.924 4	36.780 7	40.289 4	42.795 7
23	9.260 4	10.195 7	11.688 6	13.090 5	14.848 0	18.137 3	27.141 3	32.006 9	35.172 5	38.075 6	41.638 4	44.181 3
24	9.886 2	10.856 4	12.401 2	13.848 4	15.658 7	19.037 3	28.241 2	33.196 2	36.415 0	39.364 1	42.979 8	45.558 5
25	10.519 7	11.524 0	13.119 7	14.611 4	16.473 4	19.939 3	29.338 9	34.381 6	37.652 5	40.646 5	44.314 1	46.927 9
26	11.160 2	12.198 1	13.843 9	15.379 2	17.291 9	20.843 4	30.434 6	35.563 2	38.885 1	41.923 2	45.641 7	48.289 9
27	11.807 6	12.878 5	14.573 4	16.151 4	18.113 9	21.749 4	31.528 4	36.741 2	40.113 3	43.194 5	46.962 9	49.644 9

（续）

α / k	0.995	0.99	0.975	0.95	0.90	0.75	0.25	0.10	0.05	0.025	0.01	0.005
28	12.461 3	13.564 7	15.307 9	16.927 9	18.939 2	22.657 2	32.620 5	37.915 9	41.337 1	44.460 8	48.278 2	50.993 4
29	13.121 1	14.256 5	16.047 1	17.708 4	19.767 7	23.566 6	33.710 9	39.087 5	42.557 0	45.722 3	49.587 9	52.335 6
30	13.786 7	14.953 5	16.790 8	18.492 7	20.599 2	24.477 6	34.799 7	40.256 0	43.773 0	46.979 2	50.892 2	53.672 0
31	14.457 8	15.655 5	17.538 7	19.280 6	21.433 6	25.390 1	35.887 1	41.421 7	44.985 3	48.231 9	52.191 4	55.002 7
32	15.134 0	16.362 2	18.290 8	20.071 9	22.270 6	26.304 1	36.973 0	42.584 7	46.194 3	49.480 4	53.485 8	56.328 1
33	15.815 3	17.073 5	19.046 7	20.866 5	23.110 2	27.219 4	38.057 5	43.745 2	47.399 9	50.725 1	54.775 5	57.648 4
34	16.501 3	17.789 1	19.806 3	21.664 3	23.952 3	28.136 1	39.140 8	44.903 2	48.602 4	51.966 0	56.060 9	58.963 9
35	17.191 8	18.508 9	20.569 4	22.465 0	24.796 7	29.054 0	40.222 8	46.058 8	49.801 8	53.203 3	57.342 1	60.274 8
36	17.886 7	19.232 7	21.335 9	23.268 6	25.643 3	29.973 0	41.303 6	47.212 2	50.998 5	54.437 3	58.619 2	61.581 2
37	18.585 8	19.960 2	22.105 6	24.074 9	26.492 1	30.893 3	42.383 3	48.363 4	52.192 3	55.668 0	59.892 5	62.883 3
38	19.288 9	20.691 4	22.878 5	24.883 9	27.343 0	31.814 6	43.461 9	49.512 6	53.383 5	56.895 5	61.162 1	64.181 4
39	19.995 9	21.426 2	23.654 3	25.695 4	28.195 8	32.736 9	44.539 5	50.659 8	54.572 2	58.120 1	62.428 1	65.475 6
40	20.706 5	22.164 3	24.433 0	26.509 3	29.050 5	33.660 3	45.616 0	51.805 1	55.758 5	59.341 7	63.690 7	66.766 0
41	21.420 8	22.905 6	25.214 5	27.325 6	29.907 1	34.584 6	46.691 6	52.948 5	56.942 4	60.560 6	64.950 1	68.052 7
42	22.138 5	23.650 1	25.998 7	28.144 0	30.765 4	35.509 9	47.766 3	54.090 2	58.124 0	61.776 8	66.206 2	69.336 0
43	22.859 5	24.397 6	26.785 4	28.964 7	31.625 5	36.436 1	48.840 0	55.230 2	59.303 5	62.990 4	67.459 3	70.615 9
44	23.583 7	25.148 0	27.574 6	29.787 5	32.487 1	37.363 1	49.912 9	56.368 5	60.480 9	64.201 5	68.709 5	71.892 6
45	24.311 0	25.901 3	28.366 2	30.612 3	33.350 4	38.291 0	50.984 9	57.505 3	61.656 2	65.410 2	69.956 8	73.166 1
46	25.041 3	26.657 2	29.160 1	31.439 0	34.215 2	39.219 7	52.056 2	58.640 5	62.829 6	66.616 5	71.201 4	74.436 5
47	25.774 6	27.415 8	29.956 2	32.267 6	35.081 4	40.149 2	53.126 7	59.774 3	64.001 1	67.820 6	72.443 3	75.704 1
48	26.510 6	28.177 0	30.754 5	33.098 1	35.949 1	41.079 4	54.196 4	60.906 6	65.170 8	69.022 6	73.682 6	76.968 8
49	27.249 3	28.940 6	31.554 9	33.930 3	36.818 2	42.010 4	55.265 3	62.037 5	66.338 6	70.222 4	74.919 5	78.230 7
50	27.990 7	29.706 7	32.357 4	34.764 3	37.688 6	42.942 1	56.333 6	63.167 1	67.504 8	71.420 2	76.153 9	79.490 0

附表 A-5　*F* 分布表

$$p\{F(k_1, k_2) > F_\alpha(k_1, k_2)\} = \alpha$$
$$(\alpha = 0.10)$$

k_2 \ k_1	1	2	3	4	5	6	7	8	9	10	12	15	20	24	30	40	60	120	∞
1	39.86	49.50	53.59	55.83	57.24	58.20	58.91	59.44	59.86	60.19	60.71	61.22	61.74	62.00	62.26	62.53	62.79	63.06	63.33
2	8.53	9.00	9.16	9.24	9.29	9.33	9.35	9.37	9.38	9.39	9.41	9.42	9.44	9.45	9.46	9.47	9.47	9.48	9.49
3	5.54	5.46	5.39	5.34	5.31	5.28	5.27	5.25	5.24	5.23	5.22	5.20	5.18	5.18	5.17	5.16	5.15	5.14	5.13
4	4.54	4.32	4.19	4.11	4.05	4.01	3.98	3.95	3.94	3.92	3.90	3.87	3.84	3.83	3.82	3.80	3.79	3.78	3.76
5	4.06	3.78	3.62	3.52	3.45	3.40	3.37	3.34	3.32	3.30	3.27	3.24	3.21	3.19	3.17	3.16	3.14	3.12	3.11
6	3.78	3.46	3.29	3.18	3.11	3.05	3.01	2.98	2.96	2.94	2.90	2.87	2.84	2.82	2.80	2.78	2.76	2.74	2.72
7	3.59	3.26	3.07	2.96	2.88	2.83	2.78	2.75	2.72	2.70	2.67	2.63	2.59	2.58	2.56	2.54	2.51	2.49	2.47
8	3.46	3.11	2.92	2.81	2.73	2.67	2.62	2.59	2.56	2.54	2.50	2.46	2.42	2.40	2.38	2.36	2.34	2.32	2.29
9	3.36	3.01	2.81	2.69	2.61	2.55	2.51	2.47	2.44	2.42	2.38	2.34	2.30	2.28	2.25	2.23	2.21	2.18	2.16
10	3.29	2.92	2.73	2.61	2.52	2.46	2.41	2.38	2.35	2.32	2.28	2.24	2.20	2.18	2.16	2.13	2.11	2.08	2.06
11	3.23	2.86	2.66	2.54	2.45	2.39	2.34	2.30	2.27	2.25	2.21	2.17	2.12	2.10	2.08	2.05	2.03	2.00	1.97
12	3.18	2.81	2.61	2.48	2.39	2.33	2.28	2.24	2.21	2.19	2.15	2.10	2.06	2.04	2.01	1.99	1.96	1.93	1.90
13	3.14	2.76	2.56	2.43	2.35	2.28	2.23	2.20	2.16	2.14	2.10	2.05	2.01	1.98	1.96	1.93	1.90	1.88	1.85
14	3.10	2.73	2.52	2.39	2.31	2.24	2.19	2.15	2.12	2.10	2.05	2.01	1.96	1.94	1.91	1.89	1.86	1.83	1.80
15	3.07	2.70	2.49	2.36	2.27	2.21	2.16	2.12	2.09	2.06	2.02	1.97	1.92	1.90	1.87	1.85	1.82	1.79	1.76
16	3.05	2.67	2.46	2.33	2.24	2.18	2.13	2.09	2.06	2.03	1.99	1.94	1.89	1.87	1.84	1.81	1.78	1.75	1.72
17	3.03	2.64	2.44	2.31	2.22	2.15	2.10	2.06	2.03	2.00	1.96	1.91	1.86	1.84	1.81	1.78	1.75	1.72	1.69
18	3.01	2.62	2.42	2.29	2.20	2.13	2.08	2.04	2.00	1.98	1.93	1.89	1.84	1.81	1.78	1.75	1.72	1.69	1.66
19	2.99	2.61	2.40	2.27	2.18	2.11	2.06	2.02	1.98	1.96	1.91	1.86	1.81	1.79	1.76	1.73	1.70	1.67	1.63
20	2.97	2.59	2.38	2.25	2.16	2.09	2.04	2.00	1.96	1.94	1.89	1.84	1.79	1.77	1.74	1.71	1.68	1.64	1.61

（续）

k_2 \ k_1	1	2	3	4	5	6	7	8	9	10	12	15	20	24	30	40	60	120	∞
21	2.96	2.57	2.36	2.23	2.14	2.08	2.02	1.98	1.95	1.92	1.87	1.83	1.78	1.75	1.72	1.69	1.66	1.62	1.59
22	2.95	2.56	2.35	2.22	2.13	2.06	2.01	1.97	1.93	1.90	1.86	1.81	1.76	1.73	1.70	1.67	1.64	1.60	1.57
23	2.94	2.55	2.34	2.21	2.11	2.05	1.99	1.95	1.92	1.89	1.84	1.80	1.74	1.72	1.69	1.66	1.62	1.59	1.55
24	2.93	2.54	2.33	2.19	2.10	2.04	1.98	1.94	1.91	1.88	1.83	1.78	1.73	1.70	1.67	1.64	1.61	1.57	1.53
25	2.92	2.53	2.32	2.18	2.09	2.02	1.97	1.93	1.89	1.87	1.82	1.77	1.72	1.69	1.66	1.63	1.59	1.56	1.52
26	2.91	2.52	2.31	2.17	2.08	2.01	1.96	1.92	1.88	1.86	1.81	1.76	1.71	1.68	1.65	1.61	1.58	1.54	1.50
27	2.90	2.51	2.30	2.17	2.07	2.00	1.95	1.91	1.87	1.85	1.80	1.75	1.70	1.67	1.64	1.60	1.57	1.53	1.49
28	2.89	2.50	2.29	2.16	2.06	2.00	1.94	1.90	1.87	1.84	1.79	1.74	1.69	1.66	1.63	1.59	1.56	1.52	1.48
29	2.89	2.50	2.28	2.15	2.06	1.99	1.93	1.89	1.86	1.83	1.78	1.73	1.68	1.65	1.62	1.58	1.55	1.51	1.47
30	2.88	2.49	2.28	2.14	2.05	1.98	1.93	1.88	1.85	1.82	1.77	1.72	1.67	1.64	1.61	1.57	1.54	1.50	1.46
40	2.84	2.44	2.23	2.09	2.00	1.93	1.87	1.83	1.79	1.76	1.71	1.66	1.61	1.57	1.54	1.51	1.47	1.42	1.38
60	2.79	2.39	2.18	2.04	1.95	1.87	1.82	1.77	1.74	1.71	1.66	1.60	1.54	1.51	1.48	1.44	1.40	1.35	1.29
120	2.75	2.35	2.13	1.99	1.90	1.82	1.77	1.72	1.68	1.65	1.60	1.55	1.48	1.45	1.41	1.37	1.32	1.26	1.19
∞	2.71	2.30	2.08	1.94	1.85	1.77	1.72	1.67	1.63	1.60	1.55	1.49	1.42	1.38	1.34	1.30	1.24	1.17	1.00

($\alpha=0.05$)

k_2 \ k_1	1	2	3	4	5	6	7	8	9	10	12	15	20	24	30	40	60	120	∞
1	161.4	199.5	215.7	224.6	230.2	234.0	236.8	238.9	240.5	241.9	243.9	245.9	248.0	249.1	250.1	251.1	252.2	253.3	254.3
2	18.51	19.00	19.16	19.25	19.30	19.33	19.35	19.37	19.38	19.40	19.41	19.43	19.45	19.45	19.46	19.47	19.48	19.49	19.50
3	10.13	9.55	9.28	9.12	9.01	8.94	8.89	8.85	8.81	8.79	8.74	8.70	8.66	8.64	8.62	8.59	8.57	8.55	8.53
4	7.71	6.94	6.59	6.39	6.26	6.16	6.09	6.04	6.00	5.96	5.91	5.86	5.80	5.77	5.75	5.72	5.69	5.66	5.63
5	6.61	5.79	5.41	5.19	5.05	4.95	4.88	4.82	4.77	4.74	4.68	4.62	4.56	4.53	4.50	4.46	4.43	4.40	4.37

（续）

k_2 \ k_1	1	2	3	4	5	6	7	8	9	10	12	15	20	24	30	40	60	120	∞
6	5.99	5.14	4.76	4.53	4.39	4.28	4.21	4.15	4.10	4.06	4.00	3.94	3.87	3.84	3.81	3.77	3.74	3.70	3.67
7	5.59	4.74	4.35	4.12	3.97	3.87	3.79	3.73	3.68	3.64	3.57	3.51	3.44	3.41	3.38	3.34	3.30	3.27	3.23
8	5.32	4.46	4.07	3.84	3.69	3.58	3.50	3.44	3.39	3.35	3.28	3.22	3.15	3.12	3.08	3.04	3.01	2.97	2.93
9	5.12	4.26	3.86	3.63	3.48	3.37	3.29	3.23	3.18	3.14	3.07	3.01	2.94	2.90	2.86	2.83	2.79	2.75	2.71
10	4.96	4.10	3.71	3.48	3.33	3.22	3.14	3.07	3.02	2.98	2.91	2.85	2.77	2.74	2.70	2.66	2.62	2.58	2.54
11	4.84	3.98	3.59	3.36	3.20	3.09	3.01	2.95	2.90	2.85	2.79	2.72	2.65	2.61	2.57	2.53	2.49	2.45	2.41
12	4.75	3.89	3.49	3.26	3.11	3.00	2.91	2.85	2.80	2.75	2.69	2.62	2.54	2.51	2.47	2.43	2.38	2.34	2.30
13	4.67	3.81	3.41	3.18	3.03	2.92	2.83	2.77	2.71	2.67	2.60	2.53	2.46	2.42	2.38	2.34	2.30	2.25	2.21
14	4.60	3.74	3.34	3.11	2.96	2.85	2.76	2.70	2.65	2.60	2.53	2.46	2.39	2.35	2.31	2.27	2.22	2.18	2.13
15	4.54	3.68	3.29	3.06	2.90	2.79	2.71	2.64	2.59	2.54	2.48	2.40	2.33	2.29	2.25	2.20	2.16	2.11	2.07
16	4.49	3.63	3.24	3.01	2.85	2.74	2.66	2.59	2.54	2.49	2.42	2.35	2.28	2.24	2.19	2.15	2.11	2.06	2.01
17	4.45	3.59	3.20	2.96	2.81	2.70	2.61	2.55	2.49	2.45	2.38	2.31	2.23	2.19	2.15	2.10	2.06	2.01	1.96
18	4.41	3.55	3.16	2.93	2.77	2.66	2.58	2.51	2.46	2.41	2.34	2.27	2.19	2.15	2.11	2.06	2.02	1.97	1.92
19	4.38	3.52	3.13	2.90	2.74	2.63	2.54	2.48	2.42	2.38	2.31	2.23	2.16	2.11	2.07	2.03	1.98	1.93	1.88
20	4.35	3.49	3.10	2.87	2.71	2.60	2.51	2.45	2.39	2.35	2.28	2.20	2.12	2.08	2.04	1.99	1.95	1.90	1.84
21	4.32	3.47	3.07	2.84	2.68	2.57	2.49	2.42	2.37	2.32	2.25	2.18	2.10	2.05	2.01	1.96	1.92	1.87	1.81
22	4.30	3.44	3.05	2.82	2.66	2.55	2.46	2.40	2.34	2.30	2.23	2.15	2.07	2.03	1.98	1.94	1.89	1.84	1.78
23	4.28	3.42	3.03	2.80	2.64	2.53	2.44	2.37	2.32	2.27	2.20	2.13	2.05	2.01	1.96	1.91	1.86	1.81	1.76
24	4.26	3.40	3.01	2.78	2.62	2.51	2.42	2.36	2.30	2.25	2.18	2.11	2.03	1.98	1.94	1.89	1.84	1.79	1.73
25	4.24	3.39	2.99	2.76	2.60	2.49	2.40	2.34	2.28	2.24	2.16	2.09	2.01	1.96	1.92	1.87	1.82	1.77	1.71
26	4.23	3.37	2.98	2.74	2.59	2.47	2.39	2.32	2.27	2.22	2.15	2.07	1.99	1.95	1.90	1.85	1.80	1.75	1.69
27	4.21	3.35	2.96	2.73	2.57	2.46	2.37	2.31	2.25	2.20	2.13	2.06	1.97	1.93	1.88	1.84	1.79	1.73	1.67

（续）

k_2 \ k_1	1	2	3	4	5	6	7	8	9	10	12	15	20	24	30	40	60	120	∞
28	4.20	3.34	2.95	2.71	2.56	2.45	2.36	2.29	2.24	2.19	2.12	2.04	1.96	1.91	1.87	1.82	1.77	1.71	1.65
29	4.18	3.33	2.93	2.70	2.55	2.43	2.35	2.28	2.22	2.18	2.10	2.03	1.94	1.90	1.85	1.81	1.75	1.70	1.64
30	4.17	3.32	2.92	2.69	2.53	2.42	2.33	2.27	2.21	2.16	2.09	2.01	1.93	1.89	1.84	1.79	1.74	1.68	1.62
40	4.08	3.23	2.84	2.61	2.45	2.34	2.25	2.18	2.12	2.08	2.00	1.92	1.84	1.79	1.74	1.69	1.64	1.58	1.51
60	4.00	3.15	2.76	2.53	2.37	2.25	2.17	2.10	2.04	1.99	1.92	1.84	1.75	1.70	1.65	1.59	1.53	1.47	1.39
120	3.92	3.07	2.68	2.45	2.29	2.18	2.09	2.02	1.96	1.91	1.83	1.75	1.66	1.61	1.55	1.50	1.43	1.35	1.26
∞	3.84	3.00	2.60	2.37	2.21	2.10	2.01	1.94	1.88	1.83	1.75	1.67	1.57	1.52	1.46	1.39	1.32	1.22	1.02

$(\alpha=0.025)$

k_2 \ k_1	1	2	3	4	5	6	7	8	9	10	12	15	20	24	30	40	60	120	∞
1	647.8	799.5	864.2	899.6	921.8	937.1	948.2	956.7	963.3	968.6	976.7	984.9	993.1	997.2	1 001.4	1 005.6	1 009.80	1 014.02	1 018.25
2	38.51	39.00	39.17	39.25	39.30	39.33	39.36	39.37	39.39	39.40	39.41	39.43	39.45	39.46	39.46	39.47	39.48	39.49	39.50
3	17.44	16.04	15.44	15.10	14.88	14.73	14.62	14.54	14.47	14.42	14.34	14.25	14.17	14.12	14.08	14.04	13.99	13.95	13.90
4	12.22	10.65	9.98	9.60	9.36	9.20	9.07	8.98	8.90	8.84	8.75	8.66	8.56	8.51	8.46	8.41	8.36	8.31	8.26
5	10.01	8.43	7.76	7.39	7.15	6.98	6.85	6.76	6.68	6.62	6.52	6.43	6.33	6.28	6.23	6.18	6.12	6.07	6.02
6	8.81	7.26	6.60	6.23	5.99	5.82	5.70	5.60	5.52	5.46	5.37	5.27	5.17	5.12	5.07	5.01	4.96	4.90	4.85
7	8.07	6.54	5.89	5.52	5.29	5.12	4.99	4.90	4.82	4.76	4.67	4.57	4.47	4.41	4.36	4.31	4.25	4.20	4.14
8	7.57	6.06	5.42	5.05	4.82	4.65	4.53	4.43	4.36	4.30	4.20	4.10	4.00	3.95	3.89	3.84	3.78	3.73	3.67
9	7.21	5.71	5.08	4.72	4.48	4.32	4.20	4.10	4.03	3.96	3.87	3.77	3.67	3.61	3.56	3.51	3.45	3.39	3.33
10	6.94	5.46	4.83	4.47	4.24	4.07	3.95	3.85	3.78	3.72	3.62	3.52	3.42	3.37	3.31	3.26	3.20	3.14	3.08

（续）

k_2 \ k_1	1	2	3	4	5	6	7	8	9	10	12	15	20	24	30	40	60	120	∞
11	6.72	5.26	4.63	4.28	4.04	3.88	3.76	3.66	3.59	3.53	3.43	3.33	3.23	3.17	3.12	3.06	3.00	2.94	2.88
12	6.55	5.10	4.47	4.12	3.89	3.73	3.61	3.51	3.44	3.37	3.28	3.18	3.07	3.02	2.96	2.91	2.85	2.79	2.73
13	6.41	4.97	4.35	4.00	3.77	3.60	3.48	3.39	3.31	3.25	3.15	3.05	2.95	2.89	2.84	2.78	2.72	2.66	2.60
14	6.30	4.86	4.24	3.89	3.66	3.50	3.38	3.29	3.21	3.15	3.05	2.95	2.84	2.79	2.73	2.67	2.61	2.55	2.49
15	6.20	4.77	4.15	3.80	3.58	3.41	3.29	3.20	3.12	3.06	2.96	2.86	2.76	2.70	2.64	2.59	2.52	2.46	2.40
16	6.12	4.69	4.08	3.73	3.50	3.34	3.22	3.12	3.05	2.99	2.89	2.79	2.68	2.63	2.57	2.51	2.45	2.38	2.32
17	6.04	4.62	4.01	3.66	3.44	3.28	3.16	3.06	2.98	2.92	2.82	2.72	2.62	2.56	2.50	2.44	2.38	2.32	2.25
18	5.98	4.56	3.95	3.61	3.38	3.22	3.10	3.01	2.93	2.87	2.77	2.67	2.56	2.50	2.44	2.38	2.32	2.26	2.19
19	5.92	4.51	3.90	3.56	3.33	3.17	3.05	2.96	2.88	2.82	2.72	2.62	2.51	2.45	2.39	2.33	2.27	2.20	2.13
20	5.87	4.46	3.86	3.51	3.29	3.13	3.01	2.91	2.84	2.77	2.68	2.57	2.46	2.41	2.35	2.29	2.22	2.16	2.09
21	5.83	4.42	3.82	3.48	3.25	3.09	2.97	2.87	2.80	2.73	2.64	2.53	2.42	2.37	2.31	2.25	2.18	2.11	2.04
22	5.79	4.38	3.78	3.44	3.22	3.05	2.93	2.84	2.76	2.70	2.60	2.50	2.39	2.33	2.27	2.21	2.14	2.08	2.00
23	5.75	4.35	3.75	3.41	3.18	3.02	2.90	2.81	2.73	2.67	2.57	2.47	2.36	2.30	2.24	2.18	2.11	2.04	1.97
24	5.72	4.32	3.72	3.38	3.15	2.99	2.87	2.78	2.70	2.64	2.54	2.44	2.33	2.27	2.21	2.15	2.08	2.01	1.94
25	5.69	4.29	3.69	3.35	3.13	2.97	2.85	2.75	2.68	2.61	2.51	2.41	2.30	2.24	2.18	2.12	2.05	1.98	1.91
26	5.66	4.27	3.67	3.33	3.10	2.94	2.82	2.73	2.65	2.59	2.49	2.39	2.28	2.22	2.16	2.09	2.03	1.95	1.88
27	5.63	4.24	3.65	3.31	3.08	2.92	2.80	2.71	2.63	2.57	2.47	2.36	2.25	2.19	2.13	2.07	2.00	1.93	1.85
28	5.61	4.22	3.63	3.29	3.06	2.90	2.78	2.69	2.61	2.55	2.45	2.34	2.23	2.17	2.11	2.05	1.98	1.91	1.83
29	5.59	4.20	3.61	3.27	3.04	2.88	2.76	2.67	2.59	2.53	2.43	2.32	2.21	2.15	2.09	2.03	1.96	1.89	1.81
30	5.57	4.18	3.59	3.25	3.03	2.87	2.75	2.65	2.57	2.51	2.41	2.31	2.20	2.14	2.07	2.01	1.94	1.87	1.79
40	5.42	4.05	3.46	3.13	2.90	2.74	2.62	2.53	2.45	2.39	2.29	2.18	2.07	2.01	1.94	1.88	1.80	1.72	1.64
60	5.29	3.93	3.34	3.01	2.79	2.63	2.51	2.41	2.33	2.27	2.17	2.06	1.94	1.88	1.82	1.74	1.67	1.58	1.48
120	5.15	3.80	3.23	2.89	2.67	2.52	2.39	2.30	2.22	2.16	2.05	1.94	1.82	1.76	1.69	1.61	1.53	1.43	1.31
∞	5.02	3.69	3.12	2.79	2.57	2.41	2.29	2.19	2.11	2.05	1.94	1.83	1.71	1.64	1.57	1.48	1.39	1.27	1.00

($\alpha = 0.01$)

k_2 \ k_1	1	2	3	4	5	6	7	8	9	10	12	15	20	24	30	40	60	120	∞
1	4 052	4 999	5 403	5 625	5 764	5 859	5 928	5 981	6 022	6 056	6 106	6 157	6 209	6 235	6 261	6 287	6 313	6 339	6 366
2	98.50	99.00	99.17	99.25	99.30	99.33	99.36	99.37	99.39	99.40	99.42	99.43	99.45	99.46	99.47	99.47	99.48	99.49	99.50
3	34.12	30.82	29.46	28.71	28.24	27.91	27.67	27.49	27.35	27.23	27.05	26.87	26.69	26.60	26.50	26.41	26.32	26.22	26.13
4	21.20	18.00	16.69	15.98	15.52	15.21	14.98	14.80	14.66	14.55	14.37	14.20	14.02	13.93	13.84	13.75	13.65	13.56	13.46
5	16.26	13.27	12.06	11.39	10.97	10.67	10.46	10.29	10.16	10.05	9.89	9.72	9.55	9.47	9.38	9.29	9.20	9.11	9.02
6	13.75	10.92	9.78	9.15	8.75	8.47	8.26	8.10	7.98	7.87	7.72	7.56	7.40	7.31	7.23	7.14	7.06	6.97	6.88
7	12.25	9.55	8.45	7.85	7.46	7.19	6.99	6.84	6.72	6.62	6.47	6.31	6.16	6.07	5.99	5.91	5.82	5.74	5.65
8	11.26	8.65	7.59	7.01	6.63	6.37	6.18	6.03	5.91	5.81	5.67	5.52	5.36	5.28	5.20	5.12	5.03	4.95	4.86
9	10.56	8.02	6.99	6.42	6.06	5.80	5.61	5.47	5.35	5.26	5.11	4.96	4.81	4.73	4.65	4.57	4.48	4.40	4.31
10	10.04	7.56	6.55	5.99	5.64	5.39	5.20	5.06	4.94	4.85	4.71	4.56	4.41	4.33	4.25	4.17	4.08	4.00	3.91
11	9.65	7.21	6.22	5.67	5.32	5.07	4.89	4.74	4.63	4.54	4.40	4.25	4.10	4.02	3.94	3.86	3.78	3.69	3.60
12	9.33	6.93	5.95	5.41	5.06	4.82	4.64	4.50	4.39	4.30	4.16	4.01	3.86	3.78	3.70	3.62	3.54	3.45	3.36
13	9.07	6.70	5.74	5.21	4.86	4.62	4.44	4.30	4.19	4.10	3.96	3.82	3.66	3.59	3.51	3.43	3.34	3.25	3.17
14	8.86	6.51	5.56	5.04	4.69	4.46	4.28	4.14	4.03	3.94	3.80	3.66	3.51	3.43	3.35	3.27	3.18	3.09	3.01
15	8.68	6.36	5.42	4.89	4.56	4.32	4.14	4.00	3.89	3.80	3.67	3.52	3.37	3.29	3.21	3.13	3.05	2.96	2.87
16	8.53	6.23	5.29	4.77	4.44	4.20	4.03	3.89	3.78	3.69	3.55	3.41	3.26	3.18	3.10	3.02	2.93	2.84	2.75
17	8.40	6.11	5.18	4.67	4.34	4.10	3.93	3.79	3.68	3.59	3.46	3.31	3.16	3.08	3.00	2.92	2.83	2.75	2.65
18	8.29	6.01	5.09	4.58	4.25	4.01	3.84	3.71	3.60	3.51	3.37	3.23	3.08	3.00	2.92	2.84	2.75	2.66	2.57
19	8.18	5.93	5.01	4.50	4.17	3.94	3.77	3.63	3.52	3.43	3.30	3.15	3.00	2.92	2.84	2.76	2.67	2.58	2.49
20	8.10	5.85	4.94	4.43	4.10	3.87	3.70	3.56	3.46	3.37	3.23	3.09	2.94	2.86	2.78	2.69	2.61	2.52	2.42
21	8.02	5.78	4.87	4.37	4.04	3.81	3.64	3.51	3.40	3.31	3.17	3.03	2.88	2.80	2.72	2.64	2.55	2.46	2.36
22	7.95	5.72	4.82	4.31	3.99	3.76	3.59	3.45	3.35	3.26	3.12	2.98	2.83	2.75	2.67	2.58	2.50	2.40	2.31

（续）

k_2 \ k_1	1	2	3	4	5	6	7	8	9	10	12	15	20	24	30	40	60	120	∞
23	7.88	5.66	4.76	4.26	3.94	3.71	3.54	3.41	3.30	3.21	3.07	2.93	2.78	2.70	2.62	2.54	2.45	2.35	2.26
24	7.82	5.61	4.72	4.22	3.90	3.67	3.50	3.36	3.26	3.17	3.03	2.89	2.74	2.66	2.58	2.49	2.40	2.31	2.21
25	7.77	5.57	4.68	4.18	3.85	3.63	3.46	3.32	3.22	3.13	2.99	2.85	2.70	2.62	2.54	2.45	2.36	2.27	2.17
26	7.72	5.53	4.64	4.14	3.82	3.59	3.42	3.29	3.18	3.09	2.96	2.81	2.66	2.58	2.50	2.42	2.33	2.23	2.13
27	7.68	5.49	4.60	4.11	3.78	3.56	3.39	3.26	3.15	3.06	2.93	2.78	2.63	2.55	2.47	2.38	2.29	2.20	2.10
28	7.64	5.45	4.57	4.07	3.75	3.53	3.36	3.23	3.12	3.03	2.90	2.75	2.60	2.52	2.44	2.35	2.26	2.17	2.07
29	7.60	5.42	4.54	4.04	3.73	3.50	3.33	3.20	3.09	3.00	2.87	2.73	2.57	2.49	2.41	2.33	2.23	2.14	2.04
30	7.56	5.39	4.51	4.02	3.70	3.47	3.30	3.17	3.07	2.98	2.84	2.70	2.55	2.47	2.39	2.30	2.21	2.11	2.01
40	7.31	5.18	4.31	3.83	3.51	3.29	3.12	2.99	2.89	2.80	2.66	2.52	2.37	2.29	2.20	2.11	2.02	1.92	1.81
60	7.08	4.98	4.13	3.65	3.34	3.12	2.95	2.82	2.72	2.63	2.50	2.35	2.20	2.12	2.03	1.94	1.84	1.73	1.60
120	6.85	4.79	3.95	3.48	3.17	2.96	2.79	2.66	2.56	2.47	2.34	2.19	2.03	1.95	1.86	1.76	1.66	1.53	1.38
∞	6.63	4.61	3.78	3.32	3.02	2.80	2.64	2.51	2.41	2.32	2.18	2.04	1.88	1.79	1.70	1.59	1.47	1.32	1.00

普通高等院校
经济管理类应用型规划教材

课程名称	书号	书名、作者及出版时间	定价
财务管理（公司理财）	978-7-111-27692-0	财务管理学（李立新）（2009年）	30
商务策划管理	978-7-111-34375-2	商务策划原理与实践（强海涛）（2011年）	34
管理学	978-7-111-35694-3	现代管理学（蒋国平）（2011年）	34
管理沟通	978-7-111-35242-6	管理沟通（刘晖）（2011年）	27
管理沟通	即将出版	管理沟通（王凌峰）（2014年）	30
财经应用文写作	978-7-111-42715-5	财经应用文写作（刘常宝）（2013年）	30
职业规划	978-7-111-42813-8	大学生体验式生涯管理（陆丹）（2013年）	35
职业规划	978-7-111-40191-9	大学生职业生涯规划与学业指导（王哲）（2012年）	35
心理健康教育	978-7-111-39606-2	现代大学生心理健康教育（王哲）（2012年）	29
概率论和数理统计	978-7-111-26974-8	应用概率统计（彭美云）（2009年）	27
概率论和数理统计	978-7-111-28975-3	应用概率统计学习指导与习题选解（彭美云）（2009年）	18
国际贸易英文函电	978-7-111-35441-3	国际商务函电双语教程（董金铃）（2011年）	28
国际贸易实习	978-7-111-36269-2	国际贸易实习教程（宋新刚）（2011年）	28
国际贸易实务	978-7-111-37322-3	国际贸易实务（陈启虎）（2012年）	32
国际贸易实务	978-7-111-42495-6	国际贸易实务（孟海樱）（2013年）	35
国际贸易理论与实务	978-7-111-29587-7	国际贸易理论与实务（精品课）（孙勤）（2010年）	32
国际贸易理论与实务	978-7-111-33778-2	国际贸易理论与实务（吕靖烨）（2011年）	29
国际金融理论与实务	978-7-111-39168-5	国际金融理论与实务（缪玉林 朱旭强）（2012年）	32
会计学	978-7-111-31728-9	会计学（李立新）（2010年）	36
会计学	978-7-111-42996-8	基础会计学（张献英）（2013年）	35
金融学（货币银行学）	978-7-111-38159-4	金融学（陈伟鸿）（2012年）	35
金融学（货币银行学）	978-7-111-30153-0	金融学（精品课）（董金玲）（2010年）	30
个人理财	即将出版	个人理财（李燕）（2014年）	35
西方经济学学习指导	978-7-111-41637-1	西方经济学概论学习指南与习题册（刘平）（2013年）	22
西方经济学（微观）	978-7-111-39441-9	微观经济学（王文寅）（2012年）	32
西方经济学（宏观）	978-7-111-43987-5	宏观经济学（葛敏）（2013年）	29
西方经济学（宏观）	978-7-111-43294-4	宏观经济学（刘平）（2013年）	25
西方经济学（宏观）	978-7-111-42949-4	宏观经济学（王文寅）（2013年）	35
西方经济学	即将出版	经济学基础（胡伟清）（2014年）	28
西方经济学	978-7-111-40480-4	西方经济学概论（刘平）（2012年）	35
统计学	978-7-111-29027-8	统计学（张兆丰）（2009年）	32
统计学	978-7-111-45966-8	统计学原理（宫春子）（2014年）	35
经济法	即将出版	经济法（第2版）（葛恒云）（2014年）	35
经济法	978-7-111-32871-1	经济法（葛恒云）（2011年）	32
计量经济学	978-7-111-42076-7	计量经济学基础（ 张兆丰 ）（2013年）	35
财政学	978-7-111-29769-7	财政学（朱福兴）（2010年）	32
市场营销学（营销管理）	978-7-111-46806-6	市场营销学（李海廷）（2014年）	35
公共关系学	978-7-111-39032-9	公共关系理论与实务（刘晖）（2012年）	25
公共关系学	978-7-111-47017-5	公共关系学（管玉梅）（2014年）	30
管理信息系统	978-7-111-42974-6	管理信息系统（李少颖）（2013年）	30
管理信息系统	978-7-111-38400-7	管理信息系统：理论与实训（袁红清）（2012年）	35

普通高等院校
经济管理类应用型规划教材

课程名称	书号	书名、作者及出版时间	定价
财务会计	978-7-111-31107-2	财务会计实务（陈澎）（2010年）	32
网络营销	即将出版	网络营销基础与实践（谷虤）（2014年）	35
战略管理	978-7-111-46855-4	企业战略管理（肖智润）（2014年）	35
企业文化	978-7-111-36805-2	现代企业文化理论与实务（李建华）（2012年）	32
门店管理	978-7-111-36910-3	门店管理实务（陈方丽）（2012年）	32
创业管理	978-7-111-40537-5	创业学：创业思维·过程·实践（魏拴成）（2012年）	35
创业管理	978-7-111-43454-2	大学生创业基础（刘平）（2013年）	35
应用文写作	即将出版	工商管理类报告撰写指南及规范（双语）（张薇）（2014年）	19
项目管理	978-7-111-39419-8	项目管理理论与实务（刘常宝）（2012年）	32
项目管理	978-7-111-32847-6	项目管理与实践应用（吴健）（2011年）	32
技术创新管理	978-7-111-43794-9	创新创意基础教程（谭贞）（2013年）	30
税务会计与税收筹划	978-7-111-45487-8	纳税会计与税收筹划（王树锋）（2014年）	35
审计学	978-7-111-35528-1	审计学（高强）（2011年）	33
会计学其他专业课	即将出版	会计岗位综合实训（刘军）（2014年）	35
会计学	978-7-111-46705-2	会计学基础（杨艳秋）（2014年）	35
会计学	即将出版	会计学原理（奚正艳）（2014年）	30
会计信息系统	978-7-111-44539-5	会计电算化（陈曙光）（2013年）	35
会计信息系统	978-7-111-38800-5	会计信息系统理论与实验教程（管彦庆）（2012年）	32
管理会计	978-7-111-42521-2	管理会计（王永刚）（2013年）	35
成本会计	978-7-111-31688-6	成本会计（束必琪）（2010年）	32
人力资源管理	978-7-111-43455-9	人力资源管理（第2版）（张小兵）（2013年）	30
总部运营管理	978-7-111-33247-3	总部运营管理（刘常宝）（2011年）	33
营销渠道	978-7-111-36412-2	营销渠道管理（郑锐洪）（2012年）	32
营销策划	978-7-111-40631-0	营销策划：理论、案例与实务（赵静）（2012年）	35
市场营销学（营销管理）	978-7-111-29816-8	市场营销实训教程（郝黎明）（2010年）	32
市场营销学（营销管理）	978-7-111-42825-1	市场营销学（曹垣）（2013年）	39
市场分析与软件应用	978-7-111-35559-5	市场分析与软件应用（蔡继荣）（2011年）	36
品牌管理	978-7-111-33029-5	品牌管理（刘常宝）（2011年）	32
客户关系管理	即将出版	客户关系管理（姚飞）（2014年）	35
国际市场营销学	即将出版	国际市场营销（双语）（张薇）（2014年）	29
物流管理	978-7-111-32831-5	物流学（王斌义）（2011年）	32
供应链（物流）管理	978-7-111-32991-6	供应链管理（黎继子）（2011年）	29
供应链（物流）管理	978-7-111-32774-5	供应链管理（王凤山）（2011年）	30
港口物流	978-7-111-32818-6	港口物流（王斌义）（2011年）	32

教师服务登记表

尊敬的老师：

您好！感谢您购买我们出版的＿＿＿＿＿＿＿＿＿＿＿＿＿＿＿＿＿＿＿＿教材。

机械工业出版社华章公司为了进一步加强与高校教师的联系与沟通，更好地为高校教师服务，特制此表，请您填妥后发回给我们，我们将定期向您寄送华章公司最新的图书出版信息！感谢合作！

个人资料（请用正楷完整填写）

教师姓名		□先生 □女士	出生年月		职务		职称：□教授 □副教授 □讲师 □助教 □其他
学校			学院		系别		
联系电话	办公： 宅电： 移动：		联系地址及邮编		E-mail		
学历		毕业院校		国外进修及讲学经历			
研究领域							

主讲课程	现用教材名	作者及出版社	共同授课教师	教材满意度
课程： □专 □本 □研 □MBA 人数： 学期：□春□秋				□满意 □一般 □不满意 □希望更换
课程： □专 □本 □研 □MBA 人数： 学期：□春□秋				□满意 □一般 □不满意 □希望更换

样书申请			
已出版著作		已出版译作	
是否愿意从事翻译/著作工作 □是 □否		方向	
意见和建议			

填妥后请选择以下任何一种方式将此表返回：（如方便请赐名片）

地 址：北京市西城区百万庄南街1号 华章公司营销中心 邮编：100037

电 话：(010) 68353079 88378995 传真：(010)68995260

E-mail:hzedu@hzbook.com markerting@hzbook.com 图书详情可登录http://www.hzbook.com网站查询